ÉTICA APLICADA

ANIMAIS

ÉTICA APLICADA

ANIMAIS

COORDENAÇÃO
MARIA DO CÉU PATRÃO NEVES
FERNANDO ARAÚJO

70

Título original:
Ética Aplicada: Animais

Revisão: Cátia Loureiro

Capa: FBA

Depósito Legal n.º 441529/18

Biblioteca Nacional de Portugal – Catalogação na Publicação

ÉTICA APLICADA

Ética aplicada: animais / coord. Maria do Céu Patrão Neves,
Fernando Araújo. – (Ética aplicada; 6)
ISBN 978-972-44-1956-5

I – PATRÃO NEVES, Maria do Céu
II – ARAÚJO, Fernando

CDU 179

Paginação:
EDIÇÕES ALMEDINA, S.A.

Impressão e acabamento:
PENTAEDRO, LDA.

para
EDIÇÕES 70

1.ª edição: maio de 2018

EDIÇÕES 70, uma chancela de Edições Almedina, S.A.
Avenida Engenheiro Arantes e Oliveira, n.º 11 – 3.º C – 1900-221 Lisboa / Portugal
e-mail: geral@edicoes70.pt

www.edicoes70.pt

Índice

II
PROBLEMAS DA ÉTICA ANIMAL

Bio-diversidade e co-Existência

Maria do Céu Patrão Neves e *Fernando Araújo*

É comum fazer-se remontar a atenção aos animais à celebérrima afirmação do filósofo utilitarista inglês Jeremy Bentham «A questão não é: eles [os animais] podem raciocinar? Ou então, eles podem falar? Mas, eles podem sofrer?», em *An Introduction to the Principles of Morals and Legislation*, publicada em 1789. E, todavia, é possível encontrar ao longo da história da humanidade pensadores destacados que, na sua reflexão filosófica, contemplam as relações dos homens com os animais como tema pertinente, defendendo uma convivência pacífica e, sobretudo, alguns exortando o homem a não causar sofrimento aos animais, nomeadamente, abstendo-se de comer carne. Referimo-nos particularmente a filósofos ocidentais desde a Antiguidade pré-clássica e clássica, como Pitágoras, Plutarco e Porfírio, aos iluministas Montaigne, Montesquieu, Condillac, destacando-se estes também por contrariarem a objectivação cartesiana do animal a uma máquina e recuperando-o como ser vivo.

Neste contexto, podemos afirmar que não só a proibição de matar animais para uso e fruição do homem, mesmo que para seu alimento, sempre teve os seus defensores – existindo inclusivamente uma ancestral exortação ao vegetarianismo –, mas também que a atenção ao estatuto dos animais e a recusa de os classificar como coisas, reconhecendo-os como seres dotados de sensibilidade, tem já um longo historial. Além disso, também a Oriente, em espiritualidades naturalistas, como se verifica com o hinduísmo, budismo ou jainismo, encontramos, a partir de diferentes bases teóricas, a recomendação do vegetarianismo e a consideração dos direitos dos animais.

O mérito ímpar de Bentham radica no desenvolvimento de um pensamento fundamentado e sistematizado acerca da realidade animal e também consequencialista, pragmático, no que se refere às atitudes devidas ao homem para com o animal. Fundador do utilitarismo filosófico, Bentham apresenta a utilidade como princípio supremo da moralidade no estabelecimento de que a acção moral deve realizar a máxima felicidade para o maior número de pessoas; enquanto jurista, e influenciado pela revolução francesa na concepção universalista dos direitos do homem, estende os direitos outorgados aos homens a todos os seres, atendendo à continuidade entre os diferentes graus da vida animal, considerando que todos os animais dotados de sensibilidade procuram, tal como os humanos, evitar o sofrimento e alcançar a felicidade.

Com Jeremy Bentham estão assim lançadas as bases para um forte movimento de defesa do bem-estar animal que desde então se desencadeou. Esta dinâmica, que se inicia no séc. XVIII, no Reino Unido, irradiando daí progressivamente para outros países e estendendo-se hoje a todo o mundo, evidencia-se sobretudo pela criação de diversas instituições e pela redação e implementação de legislação dedicada a zelar pelo bem-estar animal, primeiro no domínio da pecuária e da experimentação animal, abrangendo, mais recentemente, outros domínios da utilização humana dos animais.

A orientação utilitarista da ética animal prosseguiu até hoje, se bem que através de desenvolvimentos plurais. Entre estes destacamos os dois principais que caracterizam o debate contemporâneo sobre a relação do homem com os animais: o da libertação animal, protagonizado pelo filósofo australiano Peter Singer, e o dos direitos dos animais, protagonizado pelo filósofo norte-americano Thomas Regan.

Peter Singer, o mais directo herdeiro da obra de J. Bentham (que reactivou na contemporaneidade), publicou *Animal Liberation. A New Ethics for Our Treatment of Animals*, em 1975, que se revelou determinante para a formação intelectual do movimento de libertação animal. Ele defende que todos os seres dotados de sensibilidade, todos os animais capazes de sofrer e de sentir felicidade são merecedores de igual consideração e que os seus interesses devem ser igualmente acautelados (princípio da igualdade). O estatuto ético de um ser é-lhe, pois, atribuído não pela sua capacidade racional – o que constituiria um antropocentrismo indesejado –, mas pela sua capacidade de sentir, pelo que todos os animais «sencientes» exigem protecção – o zoocentrismo que advoga.

A comunidade moral alarga-se assim dos seres humanos aos seres sencientes, incluindo, por isso, seres não-humanos. Reconhecendo, não obstante, que apenas os humanos são agentes morais, Singer exige que estes tomem em consideração os interesses de todos os seres sencientes, sem qualquer forma de discriminação a qual, neste âmbito, constituiria um «especismo» (termo inventado pelo psicólogo Richard Ryder, em 1970), isto é, uma discriminação baseada apenas na espécie (assim como a cor da pele das pessoas ou o seu género não condiciona o seu estatuto moral, também o número de pernas ou o revestimento da pele não deveria ser considerado como factor discriminatório). Com efeito, a «libertação animal» a que Singer exorta é prioritariamente, antes do esvaziamento das gaiolas, o desnudamento humano de preconceitos em relação aos animais e o abolimento das fronteiras entre animais humanos e animais não-humanos.

Na passagem da sua reflexão teórica para a preconização de modos concretos de relacionamento com os animais que desafiam as práticas comuns, Singer torna-se controverso a vários níveis. Primeiramente porque considera que a igualdade (de interesses) de todos os seres sencientes não implica, afinal, uma paralela igualdade no seu tratamento, devido à importância da complexidade da vida mental para a satisfação dos interesses e, consequentemente, obtenção da felicidade por parte dos animais. O filósofo e activista afirma, então, que diferentes interesses justificam diferentes modos de tratamento – numa posição frequente, e justamente, denunciada como antropomórfica –, mas corroborando a hierarquia dos animais não-humanos estabelecida a partir dos seus respectivos níveis de senciência. Aliás, esta possibilidade de tratamento desigual de acordo com a complexidade de vida moral e nível de senciência não só estabelece uma hierarquia entre os animais – que alguns zoocentristas criticam – como conduziu também a priorizar animais não-humanos, como cães, a alguns humanos, como sejam recém-nascidos, doentes mentais profundos ou senis – alargando assim o domínio dos seus críticos (ou talvez somente intensificando as críticas) a todos os personalistas (antropocentrados).

A título de exemplo, acrescentemos que Peter Singer preconiza uma alimentação vegetariana, se bem que admita a utilização dos animais como alimento desde que o seu abate se processe de forma a evitar a dor; rejeita totalmente a vivissecção de animais, admitindo, porém, a sua selecção muito criteriosa para experimentação, em investigação biomédica, a serem substituídos sempre que possível e só podendo ser disponibilizados se se minimizar a sua dor e se os resultados previstos trouxerem um benefício significativo a muitos.

Um dos mais revolucionários críticos das permissividades no tratamento dos animais decorrentes da posição de Singer, e defensor de um pleno igualitarismo zoocêntrico e da protecção total, ou abolicionismo, relativamente à exploração dos animais pelos humanos, é Thomas Regan. Este considera que a libertação animal só será efectiva quando se reconhecer e respeitar absolutamente os interesses dos animais. Estes não podem, pois, ficar dependentes de boas-vontades e normativas morais, dos deveres dos humanos, e devem ser legalmente estabelecidos, como direitos. De facto, Regan, partindo do utilitarismo, vem a afirmar que esta filosofia não protege suficientemente os interesses dos animais que podem ser sacrificados ou apenas negligenciados em prol de um bem comum (mais vasto), de uma qualquer maioria (sempre humana), como se verifica, por exemplo, na admissibilidade do recurso a animais no âmbito da investigação científica, mesmo que sob algumas condições.

Em *The Case for Animals Rights*, de 1984, Tom Regan reivindica direitos para os animais (sendo o desencadeador deste movimento «dos direitos»). Ele justifica a sua posição afirmando que as necessidades básicas dos animais correspondem a interesses fundamentais e que só os concebendo como «direitos» (no sentido mais forte do termo), isto é, revestindo esses interesses de uma dimensão jurídica indelével, encontrada na noção de «direito», se pode estabelecer a obrigatoriedade de respeito incondicional desses mesmos interesses.

Regan fundamenta também o seu pensamento na teoria da evolução das espécies de Darwin e nos trabalhos em etologia animal desenvolvidos, por exemplo, por Konrad Lorenz e Jane Goodall, para afirmar que, dada a complexidade da vida mental de alguns animais, estes se apresentam como «sujeitos de uma vida» (*subjects-of-a-life*), isto é, são dotados de sensibilidade, manifestam desejos e preferências, são capazes de percepções, recordações, de acções intencionais tendo em vista os seus próprios fins e, principalmente, possuem um sentido de bem-estar (*welfare*) individual. Ser «sujeito de uma vida», da sua própria vida, que goza e que não é substituível, independentemente da sua pertinência para outros ou do seu reconhecimento por estes, significa que esta vida tem um valor inerente – no que Reagan denota inequivocamente a sua formação kantiana (ainda que remota), advogando o respeito absoluto por todos os seres com um valor inerente.

O «valor inerente» dos «sujeitos de uma vida» – os dois mais importantes aspectos da teorização de Regan – estabelecem o direito dos animais a não serem tratados como (coisas ou) meros meios dos fins dos outros (na expressão da inspiração kantiana acolhida por Regan). Assim sendo, Reagan, ao contrário de Singer, não admite, por exemplo, a criação e abate de animais para alimentação humana (ou qualquer utilização dos seus sub-produtos, preconizando o veganismo), mesmo que o seu bem-estar esteja garantido; tão pouco admite a sua utilização na investigação biomédica ou para quaisquer outros fins humanos, mesmo que de tal pudesse resultar o benefício de muitos humanos ou não-humanos (a perspectiva é individualista, o que, por vezes, distancia os zoocentristas dos ambientalistas que adoptam uma perspectiva holista na consideração de populações ou espécies). Os direitos fundamentais dos animais são, pois, primeiro, o direito à vida e, segundo, o de serem tratados com respeito.

As reflexões de Singer e de Regan constituem, assim, a base inicial e a invariável orientação utilitarista (no privilegiar da sensibilidade e da procura da felicidade) da ética animal que se tem desenvolvido extraordinariamente nas últimas décadas, enveredando por perspectivas díspares que, não raramente, têm convergido para intensificação da militância e a consequente radicalização das posições, em detrimento da sua base teórica. O espírito de militância é importante para a transformação das sociedades, e o activismo é uma expressão relevante de cidadania. Todavia, a militância tem a tendência para se tornar mais impositiva do que argumentativa, e a consequente radicalização reduz o pluralismo das ideias a um absolutismo e purismo morais contraproducentes na nossa era democrática de abertura e tolerância.

Eis por que o exacerbar da militância e do radicalismo se tornaram obstáculos para uma mais plena e genuína assunção dos requisitos do bem-estar animal por parte do cidadão comum, além de terem constituído uma debilidade de trabalhos de reflexão sobre esta matéria, o que este volume *Ética Aplicada: Animais* procura contrariar.

Com efeito, o espírito de militância é contrário à apresentação objectiva dos factos e à ponderação racional dos argumentos que o trabalho científico-académico exige. Tomando um exemplo genérico, não se pode afirmar simplesmente que os seres humanos, por serem também animais (que obviamente são), não são superiores aos demais.

É evidente que, sob uma perspectiva biológica, evolucionista na percepção do contínuo das espécies, naturalista, que os animalistas também adoptam, o ser humano corresponde a um nível superior de desenvolvimento e complexificação da vida. Este facto não precisa de ser negado para se acrescentar que todas as classificações e hierarquias são organizadas a partir de critérios específicos, e que se pretende agora adoptar um diferente critério de comparação entre os seres: já não o do exercício da razão, mas o da sensibilidade à dor e a capacidade de sofrimento o que, em todo o caso, não anula possíveis hierarquizações e classificações dos seres, nem retira ou despromove o ser humano da sua posição própria no quadro da evolução das espécies.

Já se tais diferenças biológicas fundamentam a existência ou não de uma diferença qualitativa entre o ser humano e os demais seres é discutível. Poderemos argumentar que a dimensão espiritual do ser humano – que se exprime na descoberta científica, como na produção artística e na vivência religiosa – corresponde apenas a um grau superior da evolução da vida, numa explicação quantitativa, como também que, sendo o espírito e a matéria realidades de natureza distinta, uma não decorre da outra, podendo a realidade psicofísica do ser humano ser condição para a emergência da espiritualidade, mas não a sua causa. A questão, sem dados científicos decisivos, permanece em aberto. Mas não pode ser ignorada, nem tão-pouco descartada como irrelevante.

Em todo o caso – e não nos permitindo distrair do essencial –, qualquer que seja a perspectiva por que enveredemos nesta questão jamais constituirá óbice para o estabelecimento de legislação que assegure o mais elementar bem-estar dos animais, cuja obrigatoriedade decorre do reconhecimento da sua senciência, dos seus interesses e do dever de respeito permanente desses interesses que sobre nós impende. Poder-se-á argumentar que enfraquecerá o propósito..., o qual, porém, só será válido se se basear em dados objectivos ou, na sua ausência, se se submeter ao diálogo plural na construção de consensos sociais, como sempre sucede nas questões éticas.

Mas não é apenas ao nível das amplas questões filosóficas que se evidencia como a militância mais radical atrofia o pluralismo das ideias e empobrece o debate. Também nos pequenos exemplos se verifica, como seja o da afirmação comum que os animais de estimação fugiriam se não estivessem confinados ao espaço a que os seus donos os limitam. Qualquer pessoa sabe, frequentemente por experiência, que tal não corresponde à realidade para todos os animais de estimação. Acontecerá, porventura, em relação a aves ou hamsters e a muitos outros também, mas não certamente em relação aos mais numerosos, os cães e os gatos. Quantas histórias de fidelidade de cães aos seus donos entretanto falecidos vão ocupando as notícias...? Consideramos que, em vez de negar a existência de animais que não se afastam dos seus donos quando têm possibilidade de o fazer, seria mais informativo e intelectualmente estimulante problematizar o impacto dos reflexos condicionados (por vezes designados «treino») na relação do homem com os instintos das diferentes espécies de animais de companhia (o dono chama e o animal acode, levanta a pata, rebola, etc.) ou, sobretudo, questionar o impacto biológico da domesticação que se tem exercido, ao longo da história da humanidade, como uma selecção artificial das espécies (a domesticação do lobo converteu-o em cão), mas também como criação de variantes dentro das espécies (a proximidade entre o cão e os homens produziu numerosas variedades caninas).

O aprofundamento destes aspectos – a par de outros que, em vez de incentivar o afastamento, a separação entre humanos e não-humanos, contribuíssem para a compreensão da vida animal e das condicionantes que lhe são impostas pelos humanos – será certamente mais proveitoso para aprendermos a viver com os animais numa relação respeitadora da natureza de cada um, respeitadora da identidade de cada espécie e reconhecedora do valor inerente à vida de cada indivíduo, o que se deverá traduzir em acções concretas que contribuam para o bem-estar efectivo dos animais. Eis o que é essencial na ética animal.

Este tipo de reflexão pedagógica, sobrepondo-se a paixões e sentimentalismos, talvez minimizasse contradições na sensibilidade social à situação dos animais, e evitasse também a antropomorfização dos animais de companhia a que hoje assistimos, numa interpretação deturpada e penalizadora do bem-estar animal.

Ilustrando o primeiro caso – as contradições –, referimo-nos, por exemplo, à crescente contestação social das touradas e da utilização dos animais nos circos, em contraste com a popularidade subsistente, ou crescente, de outros espectáculos animais, como os de golfinhos, ou de outras formas de confinamento animal como o dos jardins zoológicos. Argumentar-se-á que nos primeiros exemplos haverá a imposição de sofrimento aos animais e nos segundos se promove mais e melhor conhecimento acerca dos animais para um superior respeito em relação a estes. Porém, não é possível excluir que o treino do animal, num circo ou num aquário, não seja violento; e será sempre difícil justificar, sob a perspectiva abolicionista de Regan ou mesmo da libertação de Singer, o cárcere dos animais para, instrumentalmente, contribuírem para a educação (e menos ainda para entretenimento) dos humanos...

Ilustrando o segundo caso apontado – a antropomorfização –, referimo-nos, por exemplo, à crescente antropomorfização dos animais de estimação: vestimo-los e passeamo-los em carrinhos desenhados para bebés; organizamos-lhes festas de aniversário e cantamos-lhe os parabéns, soprando a vela por eles; contratamos babysitters ou cuidadores à hora, levamo-los a salões de beleza (pintam-se as unhas, fazem-se penteados...) ou a SPA adequados à espécie, ou marcamos uma estada num hotel (que não se confunde com um canil ou gatil), também podendo encomendar-se o tipo de funeral que se pretende, etc. Oferecem-se animais de estimação a jovens casais e aqueles tornam-se frequentemente num substituto de um filho: satisfazem a necessidade de troca de afectos dos humanos, mas, contrariamente a um filho, o animal mantém-se dócil e afectivo em qualquer circunstância, gracilizado, vulnerável e dependente. É nesta condição, antropomorfizado, que vive nas nossas casas e se torna membro da família, presente em todas as molduras da sala.

Os donos dos animais de estimação mais facilmente se tornam presas de acções de marketing (actualmente os negócios relacionados com os animais de estimação multiplicam-se e florescem) do que cidadãos esclarecidos e responsáveis no seu relacionamento com os animais. Afinal, em relação aos animais de estimação, a opção ética animalista correcta e consequente seria a de não os ter, ou, tendo-os, não os desnaturar e não os subjugar aos ditames antropomórficos de uma afectividade deslocada e desrespeitadora da natureza que se manifesta em cada indivíduo animal: não os castrar, não os confinar, não os sujeitar às convicções daqueles que circunstancialmente os dominam (pense-se na sujeição de cães e gatos a dietas vegetarianas, por exemplo).

Entre os mais recentes desenvolvimentos da ética animal, surgem teorias que procuram acomodar as características mais marcantes do actual relacionamento dos humanos com os animais não-humanos – em especial os animais domesticados e urbanizados – com o respeito fundamental e protecção essencial destes últimos – que não deveria permitir a subordinação invariável dos interesses dos animais aos interesses dos humanos. É neste contexto que pode ser compreendida a proposta de uma teoria política acerca dos direitos dos animais, protagonizada por Sue Donaldson e Will Kymlicka sobretudo na sua obra, de 2011, *Zoopolis*, que assinala efectivamente uma importante inflexão no pensamento animalista contemporâneo, na defesa da construção de uma sociedade multiespécies.

Sue Donaldson e Will Kymlicka, que inicialmente advogavam o reconhecimento aos animais de direitos invioláveis, desenvolveram posteriormente uma teoria que coloca a tónica nas relações entre não-humanos e humanos no âmbito da sua co-existência, da sua partilha de um mesmo espaço que é o planeta Terra. Enunciam três tipos distintos de relações: os animais domésticos, porque estão adaptados aos ambientes humanos, deveriam ser reconhecidos como concidadãos; os animais selvagens, que vivem afastados das comunidades humanas, constituiriam comunidades autónomas; os animais designados liminares, que não são selvagens porque vivem entre os humanos, nem domésticos porque os humanos não estabelecem qualquer relação com eles (por exemplo, ratos, considerados intrusos e perseguidos), teriam um estatuto de residentes.

Phillippe Reigné, na apreciação que faz da Zoopolítica de Donaldson e Kymlicka (2017), sublinha que a transposição de uma atenção centrada nos animais para o enfoque na relação entre animais humanos e não-humanos altera a evolução do pensamento animalista de distanciamento entre humanos e não-humanos, com o fim da domesticação e a separação dos animais domésticos, para o dirigir para um aprofundamento da interdependência entre todos.

Porém, e até apesar do extremar das mais comuns posições no âmbito da ética animal, o modelo desta nova sociedade que atribui a cidadania a todos os animais é, não obstante, claramente antropológico. Aliás, jamais nos será possível abandonar uma perspectiva antropocêntrica. É a partir de nós próprios que olhamos para o mundo e que estabelecemos relações com os outros seres. Não será expectável, nem seria legítimo, que nos tivéssemos de alienar de nós próprios para respeitar a genuinidade dos demais seres. A assunção da nossa identidade na relação com os outros não implica, todavia, necessariamente uma qualquer atitude narcisista, individual ou de espécie, invariavelmente condenável num mundo partilhado.

É neste quadro conceptual e prático multifacetado que *Ética Aplicada: Animais* destaca alguns pilares da problemática ética animal; os quais, mais do que pelas posições que traduzem, são, pelas interrogações que suscitam, verdadeiramente incontornáveis.

Assim, *Ética Aplicada: Animais* começa por identificar quatro questões fundamentais na sua transversalidade a praticamente todos os temas de ética animal. Daniel Lourenço enfrenta a primeira questão que se coloca à reflexão sobre os direitos dos animais: de que falamos quando nos referimos a «animais»? Incluímos ou excluímos a espécie humana, também ela animal? Decerto somos animais do ponto de vista naturalístico – mas que impõe esta constatação, o que será que decorre dela, em termos éticos e jurídicos? É o Direito um fenómeno que, gerado na cultura de uma espécie, esgota a sua legitimidade nas fronteiras dessa espécie? A pertença a uma espécie, humana ou outra, é, por sua vez, justificação para a preferência irrestrita por essa espécie, em detrimento de outras? No seu texto «Fronteiras da inclusão: implicações éticas do contínuo das espécies» Daniel Lourenço analisa todas as implicações dessas fronteiras naturais e convencionais e procura aplicar-lhes ensinamentos retirados da luta, interna à espécie humana, pela remoção de barreiras como condição de progresso moral e jurídico – apontando para a ideia de «contínuo das espécies» como alicerce para a consumação máxima do ideal de cosmopolitismo moral e jurídico.

Fernando Araújo, em «O estatuto animal dos humanos e o estatuto moral dos não-humanos», aborda as implicações da evolução dos «estudos animais» (*animal studies*) na modificação dos quadros fundadores dos juízos valorativos sobre o estatuto e a posição correspectiva das espécies animais, analisando descobertas que inviabilizam noções de exclusividade e superioridade da espécie humana, dados empíricos que evidenciam a existência, em não-humanos, de universos espirituais reveladores da existência de condutas e códigos morais ainda inexplorados por nós e, sobretudo, confirmações do mundo científico pós-darwinista que, contra a resistência da nossa tradição antropocêntrica, realçam o papel das características da «animalidade» na definição do que é próprio dos humanos. Reconciliam assim o próprio antropocentrismo com a ciência, enriquecendo a consciência da «humanidade em nós», despertando-a para a existência de capacidades e interesses morais para lá das fronteiras da nossa espécie, facilitando o alargamento, para lá dessas fronteiras, do círculo de protecção do Direito.

«Animais: objectos de deveres ou sujeitos de direitos?», de Raul Farias, recapitula sinteticamente a evolução jurídica portuguesa relativa ao estatuto dos animais, iniciada pela protecção indirecta através da «patrimonialidade» e do repúdio social do sofrimento dos não-humanos, evoluindo paulatinamente, a reboque do ambientalismo, para uma consideração, primeiro das espécies animais, e depois dos interesses individuais de alguns animais, mormente aqueles com os quais se tornou mais intensa a simbiose com os humanos; culminando na consagração, no Código Civil, de um estatuto de «não-coisa» – uma consagração não isenta de dificuldades e contradições, que são enumeradas e analisadas. Raul Farias sublinha a importância da evolução já registada e as oportunidades geradas com as próprias hesitações e insuficiências que a lei portuguesa evidencia, sobretudo no plano penal e civil: poderá o impasse quebrar-se, a favor dos interesses dos não-humanos mais carecidos de protecção efectiva, pela via constitucional ou pela do Direito Europeu? O repto fica lançado.

A primeira secção deste volume encerra com a reflexão de Tagore Trajano sobre «A política das espécies» em que o autor procura retirar do conceito de contínuo das espécies a implicação de que a partilha da Terra entre as espécies corresponde à necessidade de reconhecimento *político* de um estatuto de nivelamento e inclusão, bem como de estabelecimento *político* de salvaguardas jurídicas dos interesses eticamente relevantes de alguns não-humanos para que, nas relações entre espécies, possa prevalecer uma maior harmonia e o sofrimento possa ser minimizado. Para esse efeito, Tagore Trajano desenha os traços gerais da tradição científica darwinista e da sua culminação na revelação plena dos elos implicados na «animalidade» em nós – colocando especial ênfase no corolário do reconhecimento de «dignidade» ética e jurídica aos animais, que a Ciência tão claramente revelou partilharem a nossa natureza, o nosso ambiente e o nosso destino, vencendo o viés antropocêntrico com que, na tradição kantiana, essa noção de «dignidade» foi cunhada, em favor de uma ética de maior inclusão e de maior reverência pela vida.

No que se refere à segunda secção de *Ética Aplicada: Animais* dedicada a problemas candentes da ética animal, o espectro é variado e espelha bem a sua diversidade.

Jorge Marques da Silva traça um amplo panorama do processo evolutivo que conduziu à domesticação de alguns animais, ao seu «cativeiro e à sua exploração» nesse cativeiro, associando esse processo a uma convergência de circunstâncias que decorrem, não tanto de uma intencionalidade, mas sobretudo da evolução das formas predominantes de existência e subsistência da própria espécie humana. Sublinha-se que o número de espécies domesticadas é baixo, mesmo dentro do subgrupo dos animais capturados para alimentação; e fornece-se, como principal explicação, a utilização específica que a espécie humana tem feito dos animais que tem procurado domesticar – que vão da matéria-prima ao trabalho, da protecção à guerra, do entretenimento à companhia, e mais recentemente à instrumentalização a objectivos científicos. Dada essa multiplicidade de interesses que a espécie humana associa à domesticação, o texto conclui com a ponderação da necessidade de «normalização» dessas relações simbióticas.

Ana Elisabete Ferreira desenvolve uma reflexão sobre a experimentação animal, partindo da ponderação inicial sobre o conflito de interesses que o tema suscita: o interesse da cobaia em livrar-se do confinamento, instrumentalização e sofrimento que a experimentação lhe impõem, e o interesse da ciência que considera justificada a experimentação – centrando-se a ponderação sobre a possibilidade de estabelecimento de critérios estáveis de adjudicação (aplicados por Comissões de Ética) entre aqueles interesses conflituantes, em termos que satisfaçam o respeito dos interesses não-humanos, sem comprometerem a liberdade científica e académica, e os ganhos advindos, do progresso da ciência, para todas as formas de vida. Passa-se em revista a evolução cultural do tema, a sua progressiva consagração ética e jurídica, e a busca de meios científicos e didácticos alternativos, susceptíveis de promoverem uma minimização de conflitos de interesses, correspondendo à sensibilidade ética hoje dominante.

Inês de Sousa Real medita sobre os efeitos que a proximidade da espécie humana provoca na «condição animal», e sobre a forma como somos desafiados a reposicionar-nos eticamente, ficando impedidos de nos refugiarmos acriticamente no «especismo». Inês Real reflecte particularmente sobre a situação dos cães, que toma por paradigmáticos dos problemas, mas também das possibilidades e até oportunidades, que se geram no contacto próximo da nossa espécie com outras espécies animais – chamando a atenção para os processos de «desnaturação» que os cães sofreram na sua simbiose com os humanos, culminando numa comercialização que alicerça hoje uma indústria de animais de estimação (*pet industry*) de dimensão planetária; e partindo daí para uma análise do que significa a categoria «animais de companhia» e para o perigo que representa essa absoluta funcionalização aos interesses de «donos» humanos, do potencial de florescimento próprio de cada indivíduo sujeito a essa objectificação, e até a essa transferência não-solicitada de afectos.

Alexandra Reis Moreira faz incidir a sua atenção no tema específico dos «animais de companhia», identificando alguns dos equívocos em torno desta expressão, com as suas tonalidades antropocêntricas e instrumentalizadoras, e alguns dos problemas resultantes do tratamento privilegiado que a lei passou a conceder a esses animais; reconhecendo, em contrapartida, que, não obstante as dificuldades e riscos, os animais de companhia têm estado no foco da vanguarda ética e jurídica da consagração dos direitos dos animais, a ponto de gerarem agora híbridos normativos quando se insinuam em áreas como a do Direito de Família. Alexandra Moreira reflecte no que significam esses aparentes «triunfos» do estatuto de certos animais, analisando as áreas nebulosas que em torno deles se geraram na lei portuguesa; e pondera o quanto a condição de «animais de companhia» tem servido para que esses animais sejam instrumentalizados e privados das condições básicas de florescimento natural.

Nuno Vieira e Brito faz incidir o seu texto sobre a integração dos animais domesticados no processo económico produtivo, especificamente na produção pecuária e no agroalimentar, meditando nas tendências aparentemente contraditórias que se desenvolvem nesse processo: por um lado, a intensificação da exploração dos animais e da sua instrumentalização a interesses exclusivamente humanos, por outro, o aumento de consciência social sobre a condição dos animais integrados no processo produtivo, a impor garantias, «liberdades básicas», limitativas dos excessos de exploração. Passando em revista a extensa regulamentação nacional, comunitária e internacional nesta área, Nuno Vieira e Brito constata os muitos desenvolvimentos formalmente consagrados em matéria de ética e bem-estar animais, em aspectos técnicos e comportamentais de relevância para a existência concreta dos animais domesticados e envolvidos no processo produtivo – reconhecendo, todavia, o caminho extenso que resta percorrer.

Marisa Quaresma dos Reis aborda a questão da causa vegetariana, face à exploração intensiva, e agora industrializada, dos animais não-humanos como matéria-prima na cadeia alimentar que beneficia a espécie humana. Reconhecendo a formação de um hábito alimentar de componente carnívora dentro de um arco evolutivo de raízes remotas, assinala a explosão no consumo de carne e proteína animal com a industrialização e com a urbanização, mas assinala também o advento de tendências críticas, estribadas na multiplicação de alternativas alimentares e no aprofundamento da consciência relativa à insustentabilidade ética de muitos procedimentos persistentes na indústria da carne – nas etapas que levam, em via dolorosa, do cativeiro ao abate de biliões. Marisa Quaresma dos Reis termina enumerando e analisando os argumentos éticos favoráveis aos hábitos vegetarianos, apresentados como resposta efectiva e justa aos problemas éticos suscitados pelo estádio actual da indústria alimentar.

Rute Saraiva debruça-se sobre a vertente ambientalista da condição animal – e mais especificamente sobre o modo como a subsistência das espécies animais está dependente de um equilíbrio ecológico que a pressão dos interesses humanos ameaça sempre desfazer, ou desfaz mesmo, levando à extinção de algumas espécies animais. A articulação com o tema dos direitos dos animais suscita também a questão do estatuto moral a conferir às espécies como um todo, independentemente do reconhecimento de um estatuto moral aos indivíduos que as integram. Este tema, por sua vez, condiciona um outro, o da ponderação a atribuir aos animais na definição do que seja o valor do «ambiente» ou da «natureza» onde aqueles se encontram – um tema global, a envolver a cooperação internacional na repressão do tráfico e do abate, na identificação e defesa das espécies ameaçadas e até no investimento biotecnológico que possa permitir inverter a tendência evolutiva ou até recuperar espécies extintas.

Ricardo Santos e Lisa Mestrinho começam por traçar uma panorâmica sobre a evolução da simbiose entre humanos e cães, pontuada por momentos de representação cultural dessa trajectória evolutiva, para chegarem a uma reflexão sobre a condição presente dos cães, como animais domésticos em ambientes rurais e urbanos, como colaboradores em serviços especializados, como membros antropomorfizados das famílias humanas, como objectos de uma indústria de animais de estimação (*pets*), como consumidores de artigos e serviços especializados de «aburguesamento» da existência canina, e até como vectores de iniciativas terapêuticas a nível comportamental. Em consequência dessa presença constante e tão visível no núcleo familiar, até em ambientes urbanos, torna-se legítima a interrogação acerca da possibilidade de virem os cães a ser os primeiros beneficiários, ou até os únicos, do reconhecimento de «direitos dos animais» verdadeiramente subjectivados, individualmente titulados – uma possibilidade desafiante, mas não isenta de riscos.

Lisa Mestrinho e Ricardo Santos enfrentam as questões éticas que se apresentam na veterinária aplicada a animais de companhia: dado que a relação com estes mudou, a posição e estatuto de quem os conduz ao tratamento – dono ou «tutor»? – mudou também, e são crescentemente intensas as esperanças e representações relativas aos objectivos da intervenção veterinária, com implicações profundas quanto ao que é lícito fazer, ou deixar de fazer, ao «animal-paciente» antropomorfizado, «membro» de uma família humana. Por força disso, o veterinário deixa de ser um guardião do valor da saúde pública para se converter num prestador de serviços no superior interesse do próprio animal, apoiado numa tecnologia crescentemente sofisticada, e defrontado com utentes cada vez mais exigentes e mais empenhados na solicitude para com os «seus» animais de companhia: curar, paliar ou eutanasiar passaram a ser decisões de elevado melindre, exigindo uma revisão dos padrões da prática clínica veterinária.

E o volume encerra na consideração de uma questão abrangente que, afinal, ecoa em todas as suas páginas, a do «activismo animalista e dos seus fundamentos éticos», que Pedro Galvão desenvolve. O tema, só por si, pressupõe que, contra uma retórica auto-justificadora, se possa questionar se existem interesses animais eticamente relevantes que mereçam, através do activismo, protecção contra ameaças efectivas. Analisa-se, assim, sucessivamente: se existem interesses eticamente significativos; se esses interesses merecem protecção similar àquela que é concedida a interesses humanos, no sentido de se evitar uma antropomorfização na concepção de tais interesses; se, dadas as ameaças a esses interesses, bastará assegurar o bem-estar animal, ou necessária se torna uma consagração em direitos subjectivados, individualizáveis. Pedro Galvão sintetiza as principais controvérsias que agitam a fundamentação filosófica e ética do activismo animal – e, como se esperaria, é a pluralidade de vozes que emerge, dando conta de que o tema dos direitos dos animais, e da forma de efectivá-los, é actual, vibrante, aberto.

A ética animal é a do reconhecimento da biodiversidade, no seu valor intrínseco, e do investimento na sua coexistência, na partilha de uma casa comum, na sua coabitação pacífica.

O respeito pela diversidade deve fazer-nos perceber que a homogeneização das diferenças é sempre redutora, ao nível de todos os animais. Muitos têm reduzido as «pessoas» a «animais-humanos», visando a aproximação dos seres humanos aos demais seres animais. A intenção da consciencialização do que partilhamos com os demais animais é boa, mas a restrição do ser humano à sua dimensão biológica é redutora e não exprime a identidade de cada um de nós, nem tão pouco da humanidade. Muitos outros têm promovido os «animais não-humanos» a «pessoas», visando a aproximação dos animais aos seres humanos. A intenção de obter níveis de protecção da vida animal por analogia aos seres humanos é boa, mas a atribuição do estatuto de pessoa a partir da afirmação do valor inerente à vida animal ignora que a pessoa se forma ao longo da sua existência através da sua acção moral. Esta exige consciência de si, dos outros e do mundo, liberdade de acção e responsabilidade pela acção e pela omissão do que se pode, deve e não se faz.

O reconhecimento das diferenças nem sempre é discriminatório; pode ser também respeitador dos seres. A ética animal não precisa do artificialismo da supressão das diferenças. Aliás, a redução do diferente ao igual, na homogeneização dos seres (na sequência da antropomorfização dos animais) só pode ser empobrecedora da diversidade da vida.

O desafio que hoje enfrentamos não é o da homogeneização dos seres vivos, mas o do respeito pela vida dos seres nas suas diferenças; não é o da insistência na igualdade entre todos, mas é o da ênfase nas modalidades da co-existência de diferenças, a co-existência da diversidade de formas de vida.

Referências e leituras recomendadas

BENTHAM, Jeremy (1789), *An Introduction to the Principles of Morals and Legislation*,

SINGER, Peter (1975), *Animal Liberation. A New Ethics for Our Treatment of Animals*, Avon Books, 1990, 320 pp.

REGAN, Tom (1984), *The Case for Animals Rights*, California, University of California Press, 2004, 425 pp.

DONALDSON, Sue e KYMLICKA, Will (2011), *Zoopolis, a political theory of animals rights*, Oxford University Press, 2013, 338 pp.

I

TEMAS FUNDAMENTAIS

Fronteiras da inclusão: implicações éticas do contínuo das espécies

Daniel Braga Lourenço

Faculdade de Direito da Universidade Federal do Rio de Janeiro (UFRJ)
e Coordenador do Centro de Ética Ambiental
da Universidade Federal do Rio de Janeiro (UFRJ/UFF)

1. O dualismo Homem-animal

O pensamento ocidental se caracteriza por demarcar grandes oposições entre as quais podem citar-se: natureza e cultura; natural e artificial; corpo e alma; primitivo e civilização; razão e emoção; humano e animal. Muito embora o objeto deste trabalho não seja o de examinar o fundamento de validade das diferentes posições filosóficas a respeito do valor (valor intrínseco *vs.* valor instrumental) dos animais, pode-se afirmar que, em relação a estes últimos, esse modelo de visão de mundo dualista passou sistematicamente a corroborar a pré-compreensão do sentido de que os animais representariam uma condição de falta, de ausência, quando comparados à humanidade.

É curioso perceber que existe hoje um senso comum relacionado ao fato de que a humanidade se encontra inafastavelmente inserida na dimensão biológica da animalidade.

Afinal não há dúvida sobre o fato de que a espécie *Homo sapiens* integra o reino animal, perspectiva segundo a qual todos os animais são singulares e os homens são apenas mais uma espécie dentre tantas outras. De outro lado, a condição animal revela uma fronteira praticamente intransponível que separa essas duas categorias. Os animais representariam, como condição, aquilo que justamente se contrapõe ao fenômeno humano (condição humana), compondo um enorme bloco de seres que estão excluídos, por ausência de singularidade, do padrão considerado relevante para ingresso na subjetividade moral e jurídica. Esse sistema de exclusão funciona como uma espécie de espelho negativo da experiência humana de mundo.

A cultura, neste sentido, sublinha a exclusividade da participação do homem na condição sujeito, tornando-o num agente moral, numa pessoa, num alguém, e não algo. Será um ente que possui dignidade existencial própria, imanente, fato que lhe concede acesso imediato e automático a uma vasta gama de direitos fundamentais. A animalidade, por sua vez, ficará tradicionalmente conectada apenas e tão-somente ao mundo instrumental. Normalmente essa posição, que confere estatuto moral próprio ao homem e, paralelamente, nega esta atribuição aos animais, está conectada ao fenômeno do *antropocentrismo*[1], que significa justamente afirmar que o mundo não humano possui valor somente na medida em que atenda,

---

[1] A negação do *antropocentrismo* não passa necessariamente pela atribuição de valor intrínseco à natureza ou aos entes naturais não humanos. Explicando melhor, poderíamos nos opor ao antropocentrismo sustentando que o valor de cada organismo é medido em função da sua contribuição para o equilíbrio ou a estabilidade do ecossistema; ou, ainda, que não existe a própria categoria «valor intrínseco». A única coisa certa é que, para contrapormos a tese antropocêntrica precisamos de negar que o centro da preocupação moral sejam os interesses humanos. No entanto, este centro pode ser ocupado por outra coisa ou propriedade, ou mesmo partir-se da noção de que não exista centro algum.

direta ou indiretamente, a interesses, preferências, necessidades, utilidades ou conveniências humanas (o mundo não humano está atrelado a um valor relacional).

Nesta linha, pretende-se avaliar justamente em que medida esse dualismo proposto seria, ou não, justificável, e em que sentido a afirmação do contínuo das espécies colaboraria para minar as teses que privilegiam, de modos distintos, a exclusividade da inclusão moral dos homens, seja a partir do critério de discriminação com base na pertença à espécie (*especismo geral*), seja a partir do critério da excepcionalidade humana frente às demais criaturas (*especismo estrito*).

2. O critério da pertença à espécie e o fenômeno do especismo

Uma das formas clássicas de defesa da posição do *antropocentrismo moral*[2] é derivada do reconhecimento de que somente humanos são moralmente consideráveis, e possuem estatuto moral próprio pelo mero fato de serem humanos (somente seres pertencentes à espécie humana possuem valor intrínseco e dignidade existencial). No entanto, essa primeira posição biologista que associa a existência de um estatuto moral próprio exclusivo à espécie humana é criticada pelo fato de que a mera pertença a uma determinada espécie, assim como a

[2] O *antropocentrismo moral* não se confunde com o *antropocentrismo epistêmico* (inafastabilidade de que os seres humanos avaliam sempre a partir de uma perspectiva humana). O antropocentrismo epistêmico (ou antropocentrismo perspectivo) está associado à origem dos juízos valorativos e dos próprios valores (antropogenia), enquanto o antropocentrismo moral está relacionado a atribuição desses valores (âmbito de abrangência dos valores). O antropocentrismo epistêmico não conduz necessariamente ao antropocentrismo moral (Naconecy, 2006).

pertença a uma etnia/«raça», ou mesmo a um gênero específico, não consiste em uma propriedade moralmente relevante, sendo, por tal motivo, insustentável.

Conforme se verificará, o *antropocentrismo moral* está intimamente associado ao fenômeno do *especismo*, prática que envolveria o tratamento discriminatório e prejudicial daqueles que não pertencem a uma determinada espécie[3], embora não sejam noções necessariamente coincidentes, na medida em que poderíamos ser especistas sem sermos antropocêntricos. Este seria o caso, por exemplo, do favorecimento injustificado de uma determinada espécie de animal (por exemplo, dos cães). Tal postura poderia ser classificada como especista em relação às demais criaturas, incluindo o homem, mas não, evidentemente, antropocêntrica (que pressupõe, por coerência, uma posição favorável aos humanos)[4].

Na realidade, o termo especismo (*speciesism*) foi originariamente cunhado por Richard Ryder, psicólogo e professor da Universidade de Oxford, no artigo intitulado «Experiments on Animals», datado de 1970, e posteriormente publicado como parte do livro *Animals, Men and Morals* (GODLOVITCH, 1971). O referido autor utilizou o neologismo para designar uma forma de injustiça que significa tratamento diferenciado e prejudicial para aqueles que não integram a mesma espécie.

---

[3] As posições especistas normalmente não implicam hostilidade com o não humano. Jim Mason propõe o termo *misoteria*, combinação de dois radicais em grego, *miso* (ódio, aversão) + *theríon* (animal), para designar a posição de discriminação associada ao repúdio, desprezo ou ódio aos animais (MASON, 1998, p. 245). No sentido oposto, a posição de contrariedade ao antropocentrismo não implica com a *zoofilia*, compreendida como uma postura de vinculação afetiva com os animais.

[4] A posição do *especismo eletivo* denota justamente essa predileção por determinadas espécies em detrimento de outras. É usual, por exemplo, que no Ocidente cães e gatos gozem de um estatuto moral privilegiado, quando comparados com porcos e vacas.

O especismo, tomado em sentido estrito, ocorreria quando a discriminação ou a exploração fosse defendida com base exclusivamente no apelo à integração na espécie.

Ao que tudo indica, a definição de Ryder apresenta problemas, pois a posse de determinadas capacidades poderia eventualmente justificar a discriminação prejudicial de tratamento. Nesta linha, o conceito de especismo proposto por Ryder só seria verdadeiro se estas capacidades fossem moralmente relevantes. Basta tomarmos como exemplo a discriminação entre humanos com base no gênero: se alguém dissesse que poderíamos tratar as mulheres de modo desfavorável simplesmente pelo fato de, biologicamente, não pertencerem ao gênero masculino, seria certamente classificado como sexista. Tomando como base, por analogia, a definição proposta por Ryder para o especismo, no mesmo caso, se esta pessoa propusesse a discriminação das mulheres, não pelo fato de serem biologicamente mulheres, mas pelo fato de, supostamente, mulheres serem menos inteligentes que os homens, não seria sexista. Evidentemente, em ambos os casos, estamos diante do fenômeno do sexismo, seja ele apresentado com um argumento geral no primeiro caso, ou seja ele apresentado de forma um pouco mais sofisticada no último caso (sexismo estrito), mas ainda assim condenável. O mesmo raciocínio poderia ser aplicado ao especismo.

O especismo estrito, mais sofisticado, busca justificar a exclusão da animalidade da *comunidade moral* (universo dos entes que merecem consideração moral direta, que possuem valor moral próprio) a partir do reconhecimento de uma suposta excepcionalidade humana. Em outras palavras, os defensores dessa proposição buscarão identificar qualidades ou atributos vinculados unicamente à espécie humana como forma de demarcar e legitimar uma fronteira moral em relação aos animais. A experiência humana de mundo seria, portanto, ontologicamente distinta da das demais criaturas.

A proposição clássica do antropocentrismo está, pois, associada à noção de que determinados indivíduos poderiam ser privados de certos benefícios pelo fato de não possuírem as qualidades que estariam vinculadas, com singularidade, à espécie humana. Implica a exclusão moral dos não pertencentes ao âmbito do humano, configurando, neste caso, uma espécie de discriminação (Young, 1990, p. 196) relacionada à injustificada consideração desigual de interesses semelhantes (Horta, 2010, p. 248). As eventuais diferenças entre homens e não-homens não implicam, necessariamente, interesses fundamentais distintos ou a importância desigual desses interesses. Cabe observar, como faz Horta, que a igual consideração de interesses não requer que os interesses sopesados sejam necessariamente idênticos, nem que o tratamento dispensado seja exatamente o mesmo. As diferentes necessidades de cada indivíduo podem conduzir a que a isonomia represente tratamento diferenciado, mas nunca desigual. Mesmo entre seres humanos, há diferenças que podem dar margem à necessidade de tratamento distinto em determinadas situações. O mesmo vale, com mais razão, para os animais. Os interesses dos animais podem, em variados sentidos, ser distintos dos interesses humanos; mas a diferença de conteúdo entre os interesses de humanos e animais pode não significar diferença de sua importância e significado (Horta, 2010, p. 250).

3. A tese da excepcionalidade humana e o argumento da sobreposição das espécies

Conforme se verificou, o especismo pode ser baseado no mero fato biológico da pertença à espécie (animais podem ser tratados de maneira prejudicial por não participarem da espécie humana), ou pode estar associado à defesa de que determinadas espécies possuem alguns atributos ou capacidades que justificariam esse tratamento privilegiado. No caso humano, recuperando a noção anteriormente examinada do *antropocentrismo moral*, consubstancia a tese do *excepcionalismo humano*, segundo a qual:

> é justificável tratar desfavoravelmente aqueles que não possuem um atributo X em relação aos que possuem este mesmo atributo X, onde a posse de X é satisfeita somente por seres humanos e por todos os seres humanos. (Horta, 2014, p. 142)

Em resumo, discriminar desfavoravelmente outras espécies seria justificável a partir da noção de que os seres humanos possuem determinados atributos que justificam seu tratamento privilegiado. Essa noção é muito disseminada. Vários autores e pensadores sustentam a primazia do humano, em contraposição à animalidade, com base na ideia segundo a qual seres humanos possuem capacidades cognitivas especiais (tais como a razão, linguagem, pensamento abstrato, planejamento de futuro, capacidade de elaborar juízos morais, etc.); são capazes de manter relações especiais (sociais, afetivas, culturais, etc.); ou variados outros atributos.

Todavia, conforme assinala a definição de Horta, acima apontada, para que a proposição do excepcionalismo humano funcione, ela deveria cumprir rigorosamente três grandes requisitos: (a) as características apontadas como justificadoras da especialidade humana frente às demais criaturas deveriam estar presentes em todos os seres humanos; (b) somente os seres humanos deveriam possuí-las; e (c) tais atributos deveriam ser moralmente relevantes.

Desenvolveremos neste item o exame relacionado ao primeiro requisito (a), apontado anteriormente. Nos itens subsequentes, demonstraremos o não preenchimento dos demais requisitos (b) e (c).

O primeiro requisito – as características apontadas como justificadoras da especialidade humana frente às demais criaturas deveriam estar presentes em todos os seres humanos – pode ser combatido por meio do denominado argumento da sobreposição das espécies (*species overlap*), mais comumente conhecido como argumento dos casos marginais (*marginal cases*). Em resumo, este argumento sustenta que a atribuição de valor moral com base em capacidades, relações ou atributos supostamente caracterizadores de um padrão humano é uma estratégia equivocada, pois, por diversas razões, sempre existirão indivíduos humanos que não os possuirão.

O sentido fundamental para se compreender a «marginalidade» a que se refere o termo diz respeito a uma ausência, seja ela temporária ou definitiva, das capacidades ou critérios que, em termos comparativos, são supostamente caracterizadores de um padrão daquilo tido por «normal» ou paradigmático para os seres humanos. Vários autores, por diversas razões[5], preferem a terminologia argumento da «sobreposição das espécies», por entender que esta nomenclatura melhor reflete os elementos centrais do argumento levantado.

Conforme se enunciou, o núcleo duro do argumento da sobreposição das espécies consiste em apontar para o fato de que se os seres humanos não-paradigmáticos (desprovidos das capacidades tipicamente atribuídas à humanidade) são protegidos e integram a comunidade moral, então os animais também deveriam, por consistência, merecer tratamento equivalente.

---

[5] Embora o conceito de «marginal» queira designar indivíduos que não possuem as capacidades usualmente tidas como relevantes para a concessão de *status* moral, evoca um sentido pejorativo (de estar às margens da própria humanidade), pois pressupõe a existência de um conceito de um humano-padrão. O conceito de «normalidade» humana parece, de facto, bastante complexo e contestável.

Na mesma linha, Naconecy expõe as consequências da sobreposição das espécies com clareza ao apresentar a seguinte linha de raciocínio:

> (i) o interlocutor que é favorável à utilização de animais por parte dos humanos é convidado a dar uma justificativa para isso;
> (ii) a razão dada será a de que os animais não têm determinada aptidão;
> (iii) para qualquer aptidão citada, haverá alguns seres humanos que estão privados dela (os casos "marginais": pessoas com retardo mental grave, crianças recém-nascidas, idosos com demência senil avançada, bebês anencefálicos, doentes de Alzheimer, etc.);
> (iv) portanto, o interlocutor deveria também ser favorável à utilização desses humanos pela mesma razão por ele apresentada;
> (v) mas o interlocutor não concordaria com isso – o que mostra que ele é incoerente e preconceituoso. (Naconecy, 2006, pp. 162–163)

O argumento da sobreposição das espécies deixa, portanto, patente a incoerência da lógica da exclusão da comunidade moral de determinadas espécies por supostamente não possuírem determinadas características, atributos ou capacidades. Se não deixamos de proteger e tutelar seres humanos que carecem justamente dessas capacidades, não deveríamos deixar de proteger indivíduos pertencentes a outras espécies. Fundar, portanto, a concessão de direitos fundamentais na posse desses atributos deixa os próprios seres humanos vulneráveis, pois, por diversas razões, sempre haverá humanos que, por alguma razão, deixarão de possuí-los.

Dito de outra forma, se o preenchimento de uma capacidade (por exemplo, razão, linguagem, etc.) é necessário para a consideração moral[6], animais e seres humanos que não a possuírem não integrarão a comunidade moral. Todavia, os seres humanos desprovidos dessa capacidade em geral contam moralmente, pelo que não é o fato de possuírem, ou não, essa capacidade que deve pesar para a considerabilidade moral.

4. O contínuo das espécies

Para que a tese da excepcionalidade humana funcione, conforme já expusemos anteriormente, deveria ela cumprir rigorosamente três grandes requisitos: (a) as características apontadas como justificadoras da especialidade humana frente às demais criaturas deveriam estar presentes em todos os seres humanos; (b) somente os seres humanos deveriam possuí-las; e (c) tais atributos deveriam ser moralmente relevantes.

O primeiro requisito foi examinado no item anterior. O segundo requisito – para a validade da excepcionalidade humana, deveria ser demonstrado que somente os seres humanos detêm as capacidades apontadas como caracterizadoras, como demarcadoras, da comunidade moral – possui, também,

[6] Sobre este aspecto, Scanlon destaca que: «a considerabilidade moral não depende das capacidades individuais, mas da efetiva posse das capacidades tidas como padrão ou típicas da espécie a que o indivíduo pertence» (Scanlon, 1998, pp. 185–6, tradução nossa). Para muitos, essa seria uma forma de defesa do argumento da sobreposição das espécies, pois retira o exame das capacidades do caso concreto, do indivíduo, para fazer uma análise do que seria típico da espécie. Deste modo, humanos que não atingem essas capacidades ainda assim seriam privilegiados e considerados moralmente, pelo fato de pertencerem a um «tipo» de ser que normalmente possui essa capacidade. Seria «natural» para os humanos serem, por exemplo, racionais (Frey, 1977, p. 188). O problema, no entanto, persiste, pois precisaríamos definir o que é o «tipo». A espécie poderia ser um «tipo» natural? Ao que tudo indica, a resposta é negativa, dada a própria mutabilidade da espécie.

um contraponto teórico consistente na comunhão biológica e evolutiva destas mesmas capacidades entre as espécies animais (*argumento do contínuo das espécies*). Essencialmente, o reconhecimento da existência de um contínuo evolutivo entre as espécies prejudica a ideia de que haveria atributos únicos ou exclusivos. Na verdade, a comunidade científica reconhece que a maior parte dos animais compartilha evolutivamente desses mesmos atributos, com diferenças apenas de grau/intensidade e não de essência. A maior parte das habilidades e capacidades que os humanos possuem pode ser encontrada, em graus variados, em outros animais.

Evelyn Pluhar, apresentando novamente, com outra roupagem mais genérica, o argumento da sobreposição das espécies, aponta que a consequência prática da comunhão de características moralmente relevantes é a de que:

> (1) indivíduos que possuem uma mesma variedade de características moralmente relevantes são, similarmente, moralmente, inerentemente valiosos;
> (2) alguns animais não humanos possuem uma mesma variedade de características moralmente relevantes que os seres humanos; e
> (3) diante disso, alguns animais não humanos e alguns humanos são, de forma similar, inerentemente valiosos. (Pluhar, 1995, p. 65)

Historicamente, o substrato teórico da ideia do contínuo das espécies surge formalmente no século XIX. Foi em 1844 que a teoria da evolução natural entrou definitivamente no cenário dos debates acadêmicos com a publicação do trabalho anônimo[7] intitulado *Vestígios da História Natural da Criação*,

[7] Especula-se que o autor dessa obra teria sido um editor escocês chamado Robert Chambers.

sugerindo que as obras da criação divina evoluíam dinamicamente com o passar do tempo. Alguns anos depois, em 24 de novembro de 1859, era publicada a primeira edição de *Sobre a Origem das Espécies por Meio da Seleção Natural ou a Preservação de Raças Privilegiadas na Luta pela Sobrevivência*[8]. Darwin não deixava clara a descendência animal dos seres humanos, preferindo apenas citar que ela serviria para esclarecer «a origem do homem e sua história». Em 1871, quando há muito já estavam lançadas as bases da teoria da evolução, o biólogo publicou *The Descent of Man* («A Origem do Homem»), no qual explicita o que antes havia dito nas entrelinhas (origem comum entre homens e animais).

Embora hoje amplamente aceitas pela comunidade científica, houve objeções pertinazes e contundentes, principalmente vindas de setores ligados à Igreja, contra as ideias de Darwin, pois elas deixavam pouco espaço para a intervenção divina e «reduziam» os seres humanos à condição de meros animais. A antiga e arraigada noção de que a humanidade integrava um grupo privilegiado e seleto de seres dentro de uma hierarquia permanente e divinamente ordenada, a *Grande Cadeia do Ser* aristotélica, perde completo sentido. Estar atrás ou na frente

---

[8] Em 1855, Alfred Russel Wallace (1823–1913) publicou um artigo, «On the Law Which Has Regulated the Introduction of New Species», no qual conclui que «cada espécie surgiu coincidindo tanto em espaço quanto em tempo com uma espécie proximamente a ele aliada». Apesar de não falar abertamente em «seleção natural», em 1858 Wallace submete a Darwin seu ensaio intitulado «On the Tendency of Varieties to Depart Indefinitely from the Original Type», no qual enfatizava as razões da divergência evolucionária existente entre as espécies e suas similares. Em essência, o trabalho de Wallace chegava às mesmas conclusões da teoria sobre a qual Darwin tinha trabalhado durante vinte anos e que nunca houvera sido publicada. Muito embora Wallace não tivesse solicitado que publicassem seu artigo, Charles Lyell e Joseph Hooker decidiram apresentá-lo junto a trechos de um artigo de Darwin à Sociedade Lineana de Londres.

no tempo evolucionário não concede nenhum valor moral específico às espécies.

Além de, do ponto de vista científico e biológico, ter demonstrado que também os seres humanos eram animais, e não criaturas de algum modo especiais, Darwin, dando início aos estudos etológicos, publicou, em 1872, a obra *A Expressão das Emoções nos Homens e nos Animais*, que trouxe à baila as enormes similaridades emocionais e psicológicas entre humanos e não-humanos. As detalhadas pesquisas que desenvolveu, por meio da análise das expressões e reações dos animais, permitiram que chegasse à conclusão de que também as demais criaturas tinham, de fato, a capacidade de experimentar sentimentos complexos, como o sofrimento, a angústia, a ansiedade, o prazer, o medo, o desespero, entre outros tantos[9].

O fato é que a tese evolucionista aponta para o compartilhamento das capacidades tidas como moralmente relevantes para a inclusão na comunidade moral. Inteligência, linguagem (comunicação), cultura, consciência, e até mesmo, para alguns, o senso moral, por exemplo, não seriam atributos exclusivos da humanidade[10].

5. O critério da senciência e a inclusão da animalidade na comunidade moral

O terceiro requisito exige que, para haver diferenciação de tratamento entre indivíduos, deve haver uma diferença de

---

[9] A repercussão no meio acadêmico e a preciosidade da obra foram tão significativas, que se afirma terem sido responsáveis pelo surgimento de disciplinas fisiologistas e comportamentais tais como a etologia, a neurobiologia e a comunicação psicológica.

[10] Sobre as implicações morais do darwinismo, sugere-se a leitura da obra de James RACHELS intitulada *Created from Animals: The Moral Implications of Darwinism* (Oxford University Press, 1990).

capacidade que seja moralmente relevante para o tratamento em questão.

Evidentemente, a sofisticação cognitiva pode ser relevante para estabelecer diferenciações de tratamento. Em outras palavras, ser racional pode constituir, em determinadas circunstâncias, um fator moralmente relevante para justificar a diferenciação de tratamento (por exemplo, os limites de interferência e cuidado para com um recém-nascido podem, e devem, ser distintos dos dispensados aos adultos). No entanto, embora a capacidade cognitiva possa eventualmente ter um papel moral a desempenhar, verificamos anteriormente que, além dos problemas conceituais, tomada isoladamente pode consistir em um critério excessivamente oneroso, até mesmo para seres humanos, pois o âmbito da moralidade estaria automaticamente circunscrito àqueles que, plenamente, possam manifestar tal capacidade.

A alternativa mais frequente ao critério da razão, que passa a ser apontada expressamente pelos autores ligados ao utilitarismo, reside na avaliação da vulnerabilidade à dor e ao prazer (Singer, 2009). Estaria envolvida, portanto, em primeiro plano, a capacidade de o indivíduo ser prejudicado em seu bem-estar experimental (por exemplo, ao avaliarmos se estamos autorizados a submeter um coelho a um teste dermatológico que envolve colocar produtos químicos nos seus olhos, não está em jogo diretamente a maior ou menor capacidade cognitiva do coelho, mas sim a lesão direta ao seu corpo, ao seu bem-estar e à sua liberdade).

Assim é que a Ética Animal, com todas as suas variações, sustenta fundamentalmente que o critério moralmente relevante que pode justificar diferenciação de tratamento reside na avaliação da capacidade que um determinado ente possui de ser beneficiado ou prejudicado, de sentir dor ou prazer. Afirma-se, nesse sentido, que os indivíduos ditos sencientes seriam justamente os capazes de possuir sensações relacionadas a perdas ou benefícios de ordem experimental (vulnerabilidade ao sofrimento). Por conta disto, a senciência é normalmente tomada como o critério objetivo que tornaria possível o ingresso na comunidade moral; seria um pré-requisito para que alguém possa possuir interesses. O *sofrimento* seria um «mal moral»[11] ou estado mental desagradável ou aversivo (DEGRAZIA, 2014) que caracterizaria o interesse fundamental em não sofrer por parte daqueles que possuem essa capacidade. Naconecy delineia o conceito de senciência:

> (i) Dizer que um animal é senciente significa dizer que esse animal (a) tem capacidade de sentir; e (b) que ele se importa com o que sente. "Importar-se com" implica a capacidade de experimentar satisfação ou frustração (subjetiva).
> (ii) Para a Ética Animal em especial, dizer que um animal é senciente equivale a dizer que o animal é (a) capaz de sentir dor; e (b) desejar que ela acabe.
> (iii) Isso significa, mais especificamente, que o animal percebe ou está consciente de como se sente, onde está, com quem está, e como é tratado» (NACONECY, 2006, p. 117)

Como se depreende, o termo «senciência» normalmente está associado à capacidade para experimentar um ou alguns dos estados que denominamos sentimentos (DEGRAZIA, 1996;

---

[11] «Uma pedra não tem interesses porque não sofre. Nenhum modo de atingi-la fará diferença para o seu bem-estar. A capacidade de sofrer e sentir prazer, entretanto, não é apenas necessária, mas também suficiente para que possamos assegurar que um ser possui interesses – no mínimo o interesse de não sofrer. Um camundongo (pequeno rato doméstico, murganho), por exemplo, tem interesse em não ser chutado na estrada, pois, se isso acontecer, sofrerá» (SINGER, 2009, p. 13).

Kirkwood, 2006). Essa capacidade envolve o reconhecimento de uma subjetividade que depende de algum nível de atividade mental. À medida que os estudos psicológicos se tornaram mais sofisticados, percebeu-se que comportamentos sequenciais complexos normalmente estão associados a capacidades cognitivas e a reações emocionais:

> Com efeito, a fronteira dos "interesses relevantes" deve estabelecer-se no limiar da capacidade de sofrer, essa detecta-se directamente por expressões externas de dor, medo e ansiedade em muitos não-humanos – o "síndrome geral de adaptação" –, ou indirectamente pela existência de um sistema nervoso similar ao dos seres humanos. Poderá argumentar-se que, na detecção e avaliação directa da experiência do sofrimento, há limiares a partir dos quais se torna crescentemente difícil discernir a existência de capacidade de sofrimento em seres não-humanos; mas poderá sempre replicar-se que não é menos difícil detectar essa capacidade de sofrimento em seres humanos colocados em situações extremas, mormente em estados vegetativos. (Araújo, 2003, pp. 97–8)

Gary Steiner adverte para a importância relacional da senciência na medida em que ela possibilita a intersubjetividade. Identifica a senciência com a capacidade compartilhada por todos os seres cuja luta pela sobrevivência e pelo florescimento importa diretamente para eles, independentemente do fato de possuírem capacidade reflexiva para determinar quais coisas importam e como importam (Steiner, 2008). Os seres sencientes, de acordo com Cora Diamond, seriam *fellow creatures* (criaturas companheiras) que interagem subjetivamente com o mundo e podem estabelecer relações complexas de natureza biossocial, de mutualidade, de dependência causal, ou até mesmo de ordem política. Em resumo, os animais sencientes deteriam o que alguns denominam de *selfhood* (individualidade), são seres que possuem uma experiência subjetiva do mundo que os torna vulneráveis às alterações adversas do seu bem-estar experimental[12].

Portanto, em termos de relevância moral, a senciência desempenha um papel primordial na determinação dos seres que possuem interesses e valoração moral inerente (todos os seres sencientes merecem que seus interesses sejam levados em consideração)[13].

A relevância moral da senciência está atrelada ao fato de que o sofrimento é, em princípio, intrinsecamente ruim para qualquer sujeito que possa sofrer. Os seres sencientes possuem o interesse em manter seu bem-estar experimental, possuem o interesse fundamental de não sofrer. Este interesse, baseado nesta capacidade, deveria ser protegido de forma similar a interesses semelhantes (de intensidade e importância equivalentes) titularizados por seres humanos. Causar sofrimento, sem razões suficientemente fortes para tanto (sem uma causa justificante especial), consiste, portanto, numa conduta moralmente condenável. Essa conclusão constitui poderoso argumento para que combatamos o tratamento abusivo a que muitos animais estão submetidos.

---

[12] Para uma visão mais detalhada sobre o fenômeno da senciência, sugere-se a leitura de Mary Anne Warren, *Moral Status* (Oxford University Press, 2000) e de Terrence Deacon, *Incomplete Nature: How Mind Emerged from Matter* (Norton, 2013).

[13] Predomina a visão segundo a qual todos os animais vertebrados sejam sencientes, embora possam existir variações relativas ao grau/intensidade de senciência entre essas espécies.

Referências e leituras recomendadas

ARAÚJO, Fernando, *A Hora dos Direitos dos Animais*, Lisboa, Almedina, 2003.

BEIRNE, Piers, The Law Is An Ass: Reading E.P. Evans' *The Medieval Prosecution and Capital Punishment of Animals, Society & Animals*, v. 2, n.º 1, 1994, pp. 27–46.

DARWIN, Charles, *A Expressão das Emoções no Homem e nos Animais*, São Paulo, Companhia das Letras, 2000.

DEACON, Terrence W., *Incomplete Nature: How Mind Emerged From Matter*, Nova Iorque, Norton, 2013.

DEGRAZIA, David, *Taking Animals Seriously: Mental Life and Moral Status*, Cambridge, Cambridge University Press, 1996.

DEGRAZIA, David, «What is Suffering and What Sorts of Beings Can Suffer?», *in* GREEN, Ronald e PALPANT, Nathan (eds.), *Suffering and Bioethics*, Nova Iorque, Oxford University Press, 2014.DOMBROWSKI, Daniel A., Is the Argument From Marginal Cases Obtuse?, *Journal of Applied Philosophy*, v. 23, n.º 2, 2006, pp. 223–232.

FREY, Raymond G., Animal Rights, *Analysis*, n.º 37, 1977, pp. 186–189.

GALVÃO, Pedro, *Os Animais Têm Direitos? Perspectivas e Argumentos*, Lisboa, Dinalivro, 2010.

GODLOVITCH, Stanley e HARRIS, John, *Animals, Men and Morals: An Inquiry Into the Maltreatment of Non-Humans*, Londres, Grove Press, 1971.

HORTA, Oscar, What is Speciesism?, *Journal of Agricultural and Environmental Ethics*, v. 23, n.º 3, 2010, pp. 243–266.

HORTA, Oscar, The Scope of the Argument from Species Overlap, *Journal of Applied Philosophy*, v. 31, n.º 2, 2014, pp. 142–154.

KYMLICKA, Will e DONALDSON, Sue, *Zoopolis*, Nova Iorque, Oxford University Press, 2011.

LOURENÇO, Daniel Braga, *Direito dos Animais: Fundamentação e Novas Perspectivas*, Porto Alegre, Sergio Antonio Fabris, 2008.

MASON, Jim, «Misothery», *in* BEKOFF, Mark e MEANEY, Carron (eds.), *Encyclopedia of Animal Rights and Animal Welfare*, Chicago, Fitzroy Dearborn, 1998.

NACONECY, Carlos M., Ética & Animais: um guia de argumentação filosófica, Porto Alegre, EDIPUCRS, 2006.

PLUHAR, Evelyn, *Beyond Prejudice: The Moral Significance of Human and Nonhuman Animals*, Londres, Duke University Press, 1995.

SCANLON, Thomas, *What We Owe to Each Other*, Cambridge, Harvard University Press, 1998.

SINGER, Peter, *Libertação Animal*, São Paulo, Martins Fontes, 2009.

STEINER, Gary, *Animals and the Moral Community: Mental Life, Moral Status, and Kinship*, Nova Iorque, Columbia University Press, 2008.

WARREN, Mary Anne, *Moral Status*, Oxford, Oxford University Press, 2000.

YOUNG, I. M., *Justice and the Politics of Difference*, Princeton, Princeton University Press, 1990.

O estatuto animal dos humanos e o estatuto moral dos não-humanos

Fernando Araújo

Faculdade de Direito da Universidade de Lisboa (FDUL)
e Centro de Investigação de Direito Privado da FDUL (CIDP)

> O homem na sua civilização observa as criaturas pela lente do seu conhecimento e por isso vê as plumagens muito ampliadas e toda a imagem distorcida. Tratamos as outras criaturas com condescendência por causa do seu inacabamento, pela sorte trágica de terem ganho forma tão abaixo de nós. Mas nisso erramos, e erramos grandemente, porque os animais não podem ser medidos por comparação connosco. Num mundo mais antigo e completo do que o nosso, eles movem-se perfeitos e completos, dotados de extensões sensoriais que nós perdemos ou nunca atingimos, vivendo com vozes que nós nunca ouviremos. Não são nossos irmãos nem são nossos subordinados; são nações distintas, enredadas connosco nas malhas da vida e do tempo, companheiros de prisão no esplendor e nas agruras da Terra.
>
> Henry Beston[1]

[1] Beston, Henry, *The Outermost House. A Year of Life on the Great Beach of Cape Cod*, Nova Iorque, Henry Holt & Co, 1992 [1928], p. 25.

1. O assombro de algumas descobertas

Os animais, humanos e não-humanos, entreajudam-se: seja na defesa contra perigos, no acesso a alimentos, na protecção aos mais fracos, na partilha de informações, no incitamento à reciprocidade, na socialização lúdica e hierárquica, ou na comunhão do luto, constantemente observamos condutas que traduzem a presença de um tipo de «inteligência moral» expressa em compaixão, altruísmo, justiça – principalmente nas relações empáticas entre membros de uma mesma espécie ou grupo, mas ocasionalmente também em relações extra-grupo e interespécies.

Disciplinas como a «Psicologia Biológica», a «Etologia Cognitiva», ou as diversas aplicações científicas da visão evolucionista, têm vindo a estabelecer, de modo seguro, a realidade do estatuto moral dos não-humanos, no sentido de desvendar a profundidade e a riqueza das vidas cognitivas e emocionais de várias espécies não-humanas.

Muitas ideias tradicionais e muitos preconceitos sobre esses animais têm vindo a ser removidos, e hoje o respeito pelo estatuto moral dos não-humanos cresce na directa proporção dessas descobertas, que nos permitem ter um entendimento novo, não somente acerca das personalidades únicas dos indivíduos de diversas espécies, mas também acerca do modo como alguns desses indivíduos, quando gregários, estruturam, por um misto de necessidade e de deliberação (como os humanos), as suas relações sociais.

Refira-se que o número de cépticos em relação a estas descobertas está a diminuir a cada dia que passa.

Como é evidente, esse entendimento novo repercute-se na demarcação que tradicionalmente estabelecemos entre a nossa espécie e as demais: não somente colocando em crise os estereótipos com que julgávamos poder desenhar as possibilidades e impossibilidades cognitivas e emotivas dos demais animais, mas também fazendo vacilar a acrítica atitude paternalista com que, apoiados nesses preconceitos, julgámos poder – e nalguns casos até dever – interferir nas vidas de seres inteligentes e dotados de personalidades únicas e moralmente significativas.

Alargados os horizontes, o contínuo das espécies torna-se mais evidente, e as tradicionais arrogâncias sobre a nossa «excepcionalidade», ou sobre a nossa «superioridade», esbatem-se em favor de uma abertura empática e uma maior predisposição para o respeito.

Tudo isso conduz ao reconhecimento de que animais de algumas espécies são capazes de uma conduta moral, assente na representação de bem e de mal, como eles podem ser aferidos na interacção social: não a representação abstracta e sofisticada de que é capaz um filósofo versado em Ética – uma representação também inatingível pela maior parte da espécie humana, de resto –, mas a representação eficiente, contextual, imediata, que, à falta de penetrarmos na linguagem desses indivíduos não-humanos, conseguimos pelo menos ver transparecer nas suas condutas e nos contextos que os motivam a agirem, ou a absterem-se de agir.

Três dados empíricos, considerados com abertura de espírito, e devidamente ponderados, deveriam ter-nos predisposto há muito para reconhecermos um estatuto moral a outros animais, fora das fronteiras da nossa espécie:

1) por um lado, o facto de os animais gregários conseguirem, mesmo que temporariamente, chegar a situações de equilíbrio colectivo, através de redes de relações e de hierarquias mais ou menos complexas;
2) por outro lado, o facto de ser facilmente discernível, particularmente em espécies geneticamente mais próximas da nossa, uma liberdade individual de actuação que justifica a existência de prémios e de castigos colectivos, respectivamente correspondentes a comportamentos

pró- e anti-sociais, e que mobiliza toda a sua capacidade emocional e cognitiva, e toda a sua flexibilidade estratégica, na edificação de relações que, não preexistindo, são contingentes – podendo soçobrar quase instantaneamente, na ausência de motivação e de flexibilidade, em colapsos de descoordenação e no caos da violência;

3) finalmente, a tomada de atitudes que evidenciam uma vida interior rica nalguns não-humanos – a forma como eles mentem, seduzem, ajudam, confiam, retaliam, perdoam, fingem, escondem, temem – e, novamente no pressuposto da nossa abertura de espírito, nos interpelam, para nos interrogarmos sobre a verdadeira origem das mesmas atitudes, quando somos nós a assumi-las.

Além disso, partilhamos demasiado com outros animais para podermos honestamente ignorar os efeitos, sobre a moralidade humana, das teses «fisicalistas» que têm vindo a ganhar preponderância na neurociência, e que reduzem as nossas emoções, os nossos pensamentos, a nossa consciência, a segregações de processos físicos, à bioquímica do nosso sistema nervoso.

A aceitarmos essa inflexão recente na ciência, a abandonar-se a crença dualista, cartesiana, na outorga divina à nossa «alma» de faculdades «fantasmagóricas» (porque irredutíveis ao suporte físico em que se manifestam), o contínuo das espécies recobra o seu pleno alcance: se outros animais dispõem de sistemas nervosos similares ao da nossa espécie, funcionando precisamente da mesma maneira do nosso, por sobre uma anatomia que também pouco difere, que razão poderia encontrar-se para eles serem desprovidos dos estados subjectivos que, em nós, aquele funcionamento bioquímico produz?[2]

---

[2] Churchland, Patricia S., «The Neurobiological Platform for Moral Values», *in* De Waal, Frans *et al.* (orgs.), *Evolved Morality: The Biology and Philosophy of Human Conscience*, Leiden, Brill, 2014, pp. 147–160.

Dispondo de sistemas nervosos e de anatomias similares, nada impede que outros animais produzam fisicamente, e bioquimicamente, emoções, pensamentos, consciência – a subjectividade que acompanha o arco existencial da maior parte dos animais vivos (descontando situações de infância e de estados vegetativos induzidos pela idade, ou por trauma)[3].

E nada permite sustentar que só a espécie humana tenha acesso a um estatuto moral centrado nessa consciência – nem sequer que haja «graus» de consciência correspondentes a «graus» de moralidade. Se a moralidade é um dos produtos de um traço evolutivo de uma espécie, tal como ele pode ser traduzido em capacidades físicas e bioquímicas, então há outros animais que dispõem de um estatuto moral tão genuíno como o nosso: nem um grau abaixo, nem um grau acima.

Isso permite também ir afastando a ideia, já muito consolidada quando foi reiterada pela teoria de Charles Darwin, de que, fora da aculturação humana que conseguiria pacificar a coexistência por «desarmamento multilateral» (embora todos saibamos quão frágil e transitória consegue ser essa pacificação), todas as demais espécies estariam sujeitas à inelutabilidade de uma competição feroz, um processo cego e determinista de «sobrevivência dos mais aptos» que tudo resolveria pela força, pela violência, pela destruição, pela «lei da selva».

A literatura recente dos *Animal Studies* tem demonstrado, pelo contrário, que muita da conduta dos animais gregários desempenha, mesmo quando confrontada com situações radicalmente novas, o papel socializador que esperamos da intervenção de agentes morais evoluídos – reforçando a gregariedade inata através da observância deliberada (e não

---

[3] Para uma panorâmica neste domínio, KALAT, James W., *Biological Psychology*, 12.ª ed., Boston, Cengage, 2014, Cap. 11, «Emotional Behaviors», pp. 355–388.

raro lúdica e didáctica) de princípios de confiança, de cooperação e de justiça, tal como ela transparece na forma de comportamento própria dos indivíduos de cada espécie. Bastará pensarmos que, entre os primatas não-humanos, o comportamento observado é muito predominantemente «afiliativo» (com valores que tendem a situar-se acima dos 80% do tempo de observação), e só residualmente «agressivo» e «divisivo»[4].

Dentro das referidas particularidades etológicas de cada espécie, a conduta observada em diversos animais é tão impecavelmente dirigida aos fins que, na nossa espécie, consideramos moralmente aprováveis, que não podemos excluir que, dos *Animal Studies*, se parta para se empreender ocasionalmente o caminho oposto: ou seja, o de usar os comportamentos dos não-humanos como exemplos edificantes para a moralidade humana – não já, como antes, para instrumentalizarmos as espécies não-humanas como se se tratasse de meros ornamentos antropomórficos dos quais apenas se aproveitasse o que fosse traduzível para um simbolismo nosso, mas agora para percebermos que na *animalidade dos humanos* se abriga um potencial de edificação e preservação da moralidade que é, porventura, mais forte do que aquele que outrora julgámos corresponder às faculdades «fantasmagóricas» da nossa «alma».

Especificamente, que é dessa *animalidade*, e não de uma outorga inefável, ou da reminiscência de um arquétipo, que emergem as qualidades morais nucleares da equidade, do perdão, da lealdade, da compaixão, da consolação, do altruísmo, da honestidade – em contraste e dialéctica com os vícios morais correspondentes, num só indivíduo ou em indivíduos diversos, como é observável noutras espécies, tal como na nossa.

---

[4] De Waal, Frans, *Primates and Philosophers. How Morality Evolved*, Princeton, Princeton UP, 2006, pp. 1–80.

Além disso, a espécie humana não é de geração espontânea (nada é), e fomos precedidos, de acordo com o registo paleontológico, por hominídeos e, mais propriamente, por homininos: o *genus Homo* (e, dentro deste, cinco ou mais espécies de humanos: Denisovanos, Heidelberguenses, Floresienses, Neandertais e Sapiens), o australopiteco, o parântropo e o ardipiteco. Pelo que talvez a observação do comportamento de outros animais, e nomeadamente de outros primatas, possa ajudar à reconstrução conjectural da evolução do comportamento social nos humanos, e à explicação da génese remota da moralidade na nossa própria espécie – o que seria de evidente relevância desde sempre, se as «fantasmagorias» dualistas não tivessem vindo perturbar a visão realista acerca daquilo que somos.

A expressão *animalidade em nós* não é, pois, um devaneio poético ou literário: é a coisa mais segura e insofismável que sabemos acerca da natureza humana.

2. Bons e maus

Para admitirmos a existência de um agente moral, havemos de reconhecer, no mínimo, que existe a possibilidade de uma conduta reprovável face a um código partilhado, e que essa possibilidade é transcendida pela deliberação do agente de adoptar uma conduta aprovável, *normativamente* conforme, e logo *confirmadora* e *reforçadora* de um tal código de conduta.

Não há moralidade aí onde não houver oportunidade para o mérito e para o demérito, e essa oportunidade suscita o problema da deliberação, da intencionalidade.[5] Especificamente,

[5] Allen, Colin e Bekoff, Marc, *Species of Mind. The Philosophy and Biology of Cognitive Ethology*, Cambridge, MIT Press, 1997, Cap. 6, «Intentionality, Social Play, and Communication», pp. 87–113.

admitiremos que exista moralidade quando a observação de comportamentos permita fazer a distinção, dentro de um grupo, entre aqueles que seguem um caminho e aqueles que seguem o caminho oposto.

É porque há, entre os animais gregários, aqueles que, em determinadas circunstâncias, seguem a via anti-social e agressiva que é notável que haja outros indivíduos que, nas mesmas circunstâncias, seguem a via irénica, harmonizadora, pró-social. Não há uníssonos ou mimetismos – há deliberação num espaço de compossibilidades, e é essa intencionalidade que confere mérito ou demérito à resposta do animal.

Pense-se no teste da empatia entre ratos: colocados perante a opção de comer um chocolate e libertar um companheiro, muitos dos ratos – mas não todos – optam por libertar primeiro o outro rato e só depois se dirigem ao alimento; e isto mesmo quando já sabem, por experimentação continuada, que isso significará partilhar o chocolate; e isto mesmo quando o rato aprisionado é um desconhecido, ou quando o rato aprisionado não manifesta ansiedade. Os ratos não perdem tempo a abrir gaiolas vazias, ou a abrir gaiolas com objectos que não sejam alimentos. Esta conduta é observada desde a primeira experimentação, e, portanto, não depende do hábito ou da indução educativa; e, sublinhemo-lo, ocorre contra a erosão de incentivos alimentares aparentemente irresistíveis, porque implica a concorrência pelo chocolate.

Impõe-se a conclusão de que se trata de um comportamento pró-social espontâneo e deliberado, assente na observação da presença dos ratos aprisionados e na observação da oportunidade da sua libertação; trata-se de uma conduta entre membros da espécie que é «afiliativa», ou seja, favorável à coesão do grupo.[6]

---

[6] Bartal, Inbal Ben-Ami; Decety, Jean e Mason, Peggy, Empathy and Pro-

Mais ainda, é crescentemente discernível que muitos animais se «aculturam», no sentido de que educam os seus jovens e mantêm uma pressão «conformadora» sobre os adultos (com a notória excepção de alguns «alfas» que, por prerrogativa de liderança, se mantêm no «estado de natureza»); significa isso que existe, relativamente a esses animais, um código de conduta objectivo, percebido pelos membros do grupo como condição de inclusão ou de ostracismo, gerador de expressões de culpa, de gratificação e de dissimulação – e que não se trata somente de uma interpretação antropomorfizadora empreendida pelo observador humano das interacções dentro desses grupos de animais[7].

Veja-se, como uma das ilustrações mais impressionantes de uma norma de um desses códigos, a «aversão à iniquidade» manifestada pelos macacos-capuchinhos, que aceitam ser gratificados com alimentos menos desejáveis *na condição* de que outros membros da espécie não sejam recompensados com alimentos mais desejáveis – pois, caso contrário, passam a rejeitar o alimento[8].

A existência, a predominância, de condutas «afiliativas», que reforçam a espontaneidade gregária dos que as praticam, não nos fará perder de vista que, em todas as espécies, incluindo a nossa, não faltam exemplos de violência, de crueldade, de

-Social Behavior in Rats, *Science* 334, 2011, pp. 1427–1430; De Waal, Frans, *The Age of Empathy. Nature's Lessons for a Kinder Society*, Nova Iorque, Harmony Books, 2009, Cap. 3, «Bodies Talking to Bodies».

[7] De Waal, Frans, *Good Natured. The Origins of Right and Wrong in Humans and Other Animals*, Cambridge, Harvard UP, 1996, Cap. 3, «Rank and Order», pp. 89–132.

[8] Brosnan, Sarah F. e De Waal, Frans, Monkeys Reject Unequal Pay, *Nature* 425, 2003, pp. 297–299.

abjecção, de opressão pelo medo, de destruição gratuita, de transgressão de normas observadas, de quebras de empatia[9].

Impõem-se duas conclusões:

1) há condutas boas e más entre os não-humanos, comportamentos que eles mesmos sabem avaliar para daí retirarem consequências pragmáticas, reacções concretas, sejam elas individuais ou colectivas;
2) é possível passar de uma má para uma boa conduta, por aculturação, por aprendizagem, por sedimentação de *carácter* – como o ilustram os ratos e os morcegos, cuja propensão altruísta aumenta muito se tiverem eles próprios sido ajudados, no passado, por membros dos seus grupos.[10]

Desses tipos de reacção é que se dirá resultar a *objectividade* de um código de moralidade, entendido como um agregador social. Qual a representação subjectiva que cada ser não-humano faz desse código objectivo, quando ele seja discernível, é algo que não lograremos atingir enquanto não decifrarmos perfeitamente as linguagens da espécie a que pertence esse ser; e, mesmo aí, ficaremos à mercê da insinceridade que se insinua em toda a forma de comunicação, razão pela qual reconheceremos uma dificuldade similar na análise da representação subjectiva, pelos humanos, dos seus próprios códigos de moralidade. Em ambos os casos será preferível, portanto, atermo-nos à realidade objectiva de um código de conduta que vemos traduzido nas acções exteriorizadoras de intuitos

---

[9] De Waal, Frans, *Our Inner Ape. A Leading Primatologist Explains Why We Are Who We Are*, Nova Iorque, Riverhead Books, 2005, Cap. 4, «Violence», e Cap. 6, «The Bipolar Ape».

[10] Bekoff, Marc e Pierce, Jessica, *Wild Justice. The Moral Lives of Animals*, Chicago, University of Chicago Press, 2009, p. 7.

de cooperação, de justiça e de empatia – de humanos e de não-humanos.[11]

Exemplifiquemos com o intuito de justiça: o que diremos daquele corvo que persegue um indivíduo – de qualquer espécie, incluindo a humana – que tenha assaltado as reservas alimentares do seu bando, mesmo que o corvo retaliador não tenha assistido ao furto, bastando que outros corvos do grupo identifiquem o assaltante? Não estará ele a agir de acordo com uma noção partilhada de justiça, cooperando na prossecução de interesses comuns?[12] Comparando com a actuação do corvo, que mais poderá esperar-se da demanda de justiça por parte de um indivíduo humano que seja confrontado com a pirataria de recursos comuns do seu grupo? Talvez se espere menos, dado o *free-riding* sobre a promoção colectiva do valor justiça, uma promoção que se reveste de características de bem público…

3. A resistência antropocêntrica

Chegados aqui, mesmo alguns leitores mais tolerantes e desassombrados ouvirão o chamamento atávico de milénios de antropocentrismo, para comungarem nas habituais reservas formuladas contra a moralidade de não-humanos:

- não poderia colocar-se a expressão entre aspas, denotando o sentido alegórico em que é empregado?

---

[11] CLARK, Stephen R. L., *Animals and Their Moral Standing*, Londres, Routledge, 1997, Cap. 6, «Hume, Animals and the Objectivity of Morals (1985)», pp. 55–69.

[12] HEINRICH, Bernd, *Mind of the Raven. Investigations and Adventures with Wolf-Birds*, Nova Iorque, HarperCollins, 1999, Cap. 23, «Morality, Tolerance, and Cooperation».

- não deveria falar-se, antes, de uma protomoralidade, de que alguns animais estariam dotados, na estrita medida da demonstração episódica de condutas interpretáveis por um código que, longe de ser *objectivo*, é fruto de interpretação nossa dessas condutas?
- não deveria reconhecer-se que a moralidade é um jogo cifrado de produção e utilização humanas, e que, de entre as inúmeras motivações discerníveis na conduta dos não-humanos, decerto a de receber o galardão da moralidade será a mais artificial, irreal e inútil?

Compreende-se a resistência, que por um lado é fruto de inércia cultural na formação e preservação de estereótipos, e por outro lado é receio – não menos compreensível – de, reconhecida a moralidade no comportamento de outras espécies, reconhecido o inerente estatuto de agentes morais, termos de ajustar a forma como nos habituámos a lidar com essas outras espécies, eventualmente colocando um ponto final em velhas tradições de abuso e de indiferença.

Adoptemos aqui uma salutar posição nominalista acerca da definição do termo «moralidade», para evitarmos, desde logo, a contaminação de preconceitos: por um lado, a descrição do comportamento dos não-humanos por ciências como a «Psicologia Biológica» ou a «Etologia Cognitiva», ou mais genericamente por todos os *Animal Studies*, serve-se crescentemente de terminologia carregada de conotações morais – até por más razões antropomórficas, mas também por boas razões empáticas –; por outro lado, a atracção gravitacional das neurociências tem esvaziado, como já referimos, as pretensões dualistas da «espiritualidade misteriosa» de que os humanos seriam excepcionalmente dotados, e por isso a forma como hoje é possível fundamentar o estudo da moralidade humana tem de renunciar a postulados de «singularidade ontológica», em favor da descrição dos blocos físicos e bioquímicos constituintes da «consciência moral», e que são processos discerníveis, sem solução de continuidade, na anatomia e no sistema nervoso de animais de outras espécies – e sem surpresa, porque o evolucionismo demonstrou, e as descobertas paleontológicas têm confirmado, a existência de raízes estritamente comuns.[13]

Nesse moderno uso da expressão «moralidade», dispensamos, pois, conotações alegóricas ou o uso de aspas, para reconhecermos que há outros animais – não necessariamente todos, mas muitos – que actuam dentro de baias centrípetas pró-sociais da sua gregaridade, com acatamento e com transgressão de prescrições e proibições, geradores de prémios e castigos, de benefícios e danos, indutores de equilíbrios, desequilíbrios e reequilíbrios no grupo em que se integram.[14]

Muita da conduta observada não preencherá os requisitos – de liberdade, de deliberação – que tradicionalmente associámos à moralidade; ou seja, muita conduta, não obstante promover interesses pró-sociais e gerar harmonia intragrupal, será inata e determinista: o afecto maternal, a protecção aloparental, o sacrifício altruísta, não são *ipso facto* condutas morais, sendo de esperar que detectemos nelas forças irresistíveis, que entravam a opção e retiram, ao resultado, o mérito da deliberação livre.

Mas, mesmo antes da vaga recente do determinismo das neurociências, não poderíamos nós dizer exactamente a

---

[13] Smith, Christian, *Moral, Believing Animals. Human Personhood and Culture*, Oxford, Oxford UP, 2003, «Why Are Humans Moral Animals?», pp. 33–43; Wright, Robert, *The Moral Animal. Why We Are the Way We Are: The New Science of Evolutionary Psychology*, Nova Iorque, Vintage Books, 1995, *passim.*

[14] De Waal, Frans, *Peacemaking Among Primates*, Cambridge, Harvard UP, 1989, *passim*; Van Schaik, Carel P. e Aureli, Filippo, «The Natural History of Valuable Relationships in Primates», *in* Aureli, Filippo e De Waal, Frans (orgs.), *Natural Conflict Resolution*, Berkeley, University of California Press, 2000, pp. 307–333.

mesma coisa dessas condutas no seio da espécie humana?[15] A solicitude de uma mãe humana pelas suas crias, conquanto possa ser admirável, não se considerava já tributária da moralidade humana – sendo, quando muito, tributária de uma ordem de valores superior, a do amor, que dispensa, para se manifestar, do consentimento, da liberdade, da deliberação. E o que dizer quando descobrimos, na raiz dessa solicitude maternal, o determinismo neurofisiológico da oxitocina, uma simples hormona? E quando descobrimos que outros animais, nomeadamente os cães, segregam essa mesma hormona em condições equiparáveis às dos humanos?

Resta um último argumento em favor da exclusividade antropocêntrica nestes domínios: e se a moralidade, nos humanos, não for senão a vontade de erradicarmos a «animalidade em nós», ou seja, não for mais do que o desejo de dominarmos e suplantarmos os nossos impulsos «de primeira natureza» com um novo código kantiano, algo erigido com base numa liberdade absolutamente incondicionada? Não seria isso o suficiente para preservarmos a convicção de que a moralidade é «coisa nossa», uma criação exclusivamente humana?

Alguns argumentos bastarão para afastarmos essa última barreira semântica do uso do termo «moralidade» aplicado às sociedades de animais:

a) muitos seres humanos não têm essa ansiedade contra a «animalidade neles», e, no entanto, subscrevem e praticam uma moralidade – não sendo amorais –, o que,

---

[15] Matsuzawa, Tetsuro, «What Is Uniquely Human? A View from Comparative Cognitive Development in Humans and Chimpanzees», *in* De Waal, Frans e Ferrari, Pier Francesco (orgs.), *The Primate Mind. Built to Connect with Other Minds*, Cambridge, Harvard UP, 2012, pp. 288–305.

no mínimo, implica que possa haver outro fundamento para a nossa moralidade aculturada[16];

b) Kant usou o «absoluto incondicionado» para sustentar que tem de haver uma instância «transcendental» (não contaminada empiricamente) para *legitimar* as condutas; não parece legítimo fazer-se uma leitura «psicologista» de Kant para se converter – ou melhor, subverter – uma premissa de *legitimação* numa explicação sobre a *génese histórica* da moralidade;

c) de onde proviria então essa «segunda natureza» alegadamente separada da «primeira natureza»? De origens que a nossa ciência secularizada – e a nossa sociedade secularista – repudiaram há muito?[17]

d) que tipo de *animalidade* pretendemos repudiar *em nós*, se não há nenhum traço agregador único da conduta moral das diversas espécies não-humanas (e até de diversos grupos dentro dessas espécies)? Não obstante os paralelismos e as continuidades entre espécies, a ideia de uma *animalidade natural* com conotação protomoral não parece ser senão mais uma conjectura «fantasmagórica»;

e) que ganharíamos nós em tentarmos isolar a nossa moralidade dentro do Reino Animal, de que somos uma das espécies, no preciso momento em que a consciência do contínuo das espécies e o respeito pela condição dos não-humanos vão ganhando terreno nas culturas humanas, e vão condicionando já, efectivamente, alguma da conduta socialmente aceite?

---

[16] Bernstein, Mark H., *The Moral Equality of Humans and Animals*, Houndmills, Palgrave Macmillan, 2015, *passim*.

[17] Cf. De Waal, Frans, *The Bonobo and the Atheist. In Search of Humanism Among the Primates*, Nova Iorque, W. W. Norton, 2013, Cap. 4, «Is God Dead or Just in a Coma?».

4. Conclusões

Chegados aqui, concluamos com algumas questões e respostas que sintetizam o que ficou dito.

1. Os animais não-humanos dispõem de uma moralidade? Sim, é observável em muitos animais (e especialmente em mamíferos e primatas) um tipo de conduta pautada por normas colectivamente aceites, e susceptível de conferir à actuação individual desses animais um valor que se traduz numa reacção de aprovação ou de reprovação por parte do grupo em que eles se integram.
2. A moralidade dos animais não-humanos é a moralidade humana? Não. Não obstante haver inúmeros traços comuns, alguns ditados pelo próprio determinismo evolucionista, e muitos ditados por similitudes psicofisiológicas (o que vai dar ao mesmo), há divergências facilmente observadas nos critérios de aprovação e reprovação de condutas por parte de diversos grupos de animais – como as há no interior da própria espécie humana.
3. A moralidade dos animais tem relevância *prática* para os humanos? Sim, numa tripla dimensão: a) por causa da génese evolucionista partilhada, que permite conjecturar sobre as origens da nossa moralidade através da comparação com a moralidade de outros animais; b) por causa da nossa própria condição animal, que impõe limites e constrangimentos à nossa moralidade; c) por causa das espécies que vivem em simbiose com a espécie humana, espécies cuja presença é um desafio moral para nós.
4. A moralidade dos animais tem relevância *teórica* para os humanos? Sim, porque nos permite observar a evolução de comportamentos sociais à margem, e independentemente, da interferência humana, e nos permite

reflectir sobre a variedade de soluções contextuais que esses comportamentos traduzem – sem excluirmos que dessa «biodiversidade ética» possam retirar-se alguns ensinamentos úteis para a evolução dos próprios comportamentos humanos.

5. A presença de uma moralidade confere estatuto moral a quem a possui? Sim, porque para haver moralidade tem de haver espaço de liberdade e possibilidade de prática reprovável – sendo que na ausência de ambas não haveria nem actos meritórios, nem possibilidade de evolução comportamental pró-social.
6. Os seres humanos têm uma animalidade que é eticamente relevante? Sim, porque é na dialéctica entre o determinismo e a liberdade (ou, porventura, a ilusão neurológica do livre-arbítrio), como eles se manifestam na «primeira natureza», na «natureza *naturada*» do ser humano, que primeiro se detecta a sua moralidade, e primeiro se exprimem seja a sua vulnerabilidade ao mal, sejam as possibilidades de aperfeiçoamento pró-social da sua conduta.
7. Podem (e *devem*) as moralidades das várias espécies interferir umas nas outras? Sim, podem, já o fazem, para bem e para mal, em todas as situações de simbiose. Não, não devem: seja porque uma convergência de padrões de avaliação e reacção seria empobrecedora da «biodiversidade ética» que crescentemente observamos e respeitamos, e de que podemos eventualmente tirar proveito no futuro; seja porque, como se evocava poeticamente na citação inicial de Henry Beston, os outros animais são «nações distintas», que na sua maioria vivem longe de nós, sem nós, têm o seu próprio passado e o seu próprio destino, e asseguram, grupo a grupo, espécie a espécie, indivíduo a indivíduo, as condições próprias de florescimento de animais vivos no planeta.

Leituras recomendadas

ACKERMAN, Jennifer, *The Genius of Birds*, Nova Iorque, Penguin Press, 2016.

DE WAAL, Frans, *Are We Smart Enough to Know How Smart Animals Are?*, Nova Iorque, W. W. Norton, 2016.

PIERCE, Jessica, *Run, Spot, Run. The Ethics of Keeping Pets*, Chicago, University of Chicago Press, 2016.

SAFINA, Carl, *Beyond Words. What Animals Think and Feel*, Nova Iorque, Henry Holt & Co., 2015.

WALDAU, Paul, *Animal Studies. An Introduction*, Oxford, Oxford UP, 2013.

Animais: objectos de deveres ou sujeitos de direitos?

Raul Farias

Magistrado do Ministério Público

1. Teorias sobre o estatuto dos animais: deveres para o homem ou direitos para os animais? O percurso português

A recente publicação da Lei n.º 8/2017, de 3 de Março, que pretendeu «*estabelecer um estatuto jurídico do animal*» em Portugal, acentuou a crescente discussão nacional em torno do conteúdo dos denominados «*direitos dos animais*» e da sua caracterização face ao restante edifício jurídico vigente. Para o efeito, há que analisar a evolução da caracterização da natureza jurídica do animal na legislação nacional, pelo menos desde os primórdios das codificações civis e penais dos meados do séc. XIX.

O primeiro Código Penal Português, datado do ano de 1852, tinha subjacente a protecção penal dos animais numa dupla vertente: na gestão dos recursos cinegéticos e na protecção da propriedade privada.

Nesta última vertente, a protecção penal incidia sobre os animais domésticos, distinguindo então a legislação penal a protecção dos animais face às «*demais propriedades móveis*» que o homem poderia possuir, o que passou por estabelecer normas autónomas de punição em cuja construção jurídica o legislador utilizou expressões inerentes à existência de sensibilidade do animal perante actos de violência do ser humano, nomeadamente, com a previsão das acções típicas de «*matar*» ou «*ferir*» o animal.

Poderemos, nessa medida, afirmar que o legislador de 1852 foi, indiscutivelmente, o primeiro legislador português a ponderar de forma mais avisada a natureza jurídica dos animais e a sua natural distinção, em face da sua sensibilidade, relativamente às demais «*propriedades móveis*» que o homem poderia possuir.

Seguiu-se o Código Civil de 1867, denominado «Código de Seabra», que estabelecia no seu artigo 1.º que «*só o homem é sujeito de direitos e obrigações, nisso consistindo a sua capacidade jurídica e a sua personalidade*».

As disposições legais relativas aos animais foram inseridas no âmbito do Livro I do Código Civil, relativo à aquisição de direitos do homem, existindo, contudo, uma nítida vontade do legislador em os distinguir das demais coisas móveis. Isso resulta claro do estabelecimento de um vasto regime autónomo consagrado em capítulo autónomo (artigos 384.º a 410.º) no âmbito do denominado «*direito de ocupação*», a que aludia o Título III do referido Livro do Código Civil, por contraposição aos artigos subsequentes, igualmente em capítulo autónomo do mesmo Título, relativo ao direito de ocupação sobre as «*coisas inanimadas*».

O legislador seguia, por essa via, a derivação etimológica e acepção mais vulgar, no sentido de que o animal seria um ser vivo, dotado de sensibilidade e de movimento voluntário, mas cujo tratamento jurídico apenas deveria ser considerado na esfera da propriedade do homem, e enquanto elemento vivo da natureza susceptível de ser objecto de direitos adquiridos e exercidos pelo homem.

O legislador penal de 1886, embora mantendo o conteúdo das normas do Código Penal de 1852, introduziu uma norma autónoma qualificante do crime de dano sobre propriedades móveis ou de quaisquer animais pertencentes a outra pessoa ou ao Estado, verificando-se então a primeira «confusão» na previsão típica das propriedades móveis e dos animais, ao caracterizar-se a acção objectiva do ilícito penal como «*A destruição ou a danificação de efeitos ou propriedades móveis, ou de quaisquer animais pertencentes a outra pessoa, ou ao Estado*» (artigo 478.º).

Pela primeira vez, em termos penais, não se distinguia o modo de destruição e danificação das coisas móveis da morte ou ferimento dos animais, pese embora os tipos penais base (artigos 479.º e 480.º) ainda mantivessem estes dois últimos conceitos, iniciando-se então uma incoerência normativa que se manteria, por diversas formas, até aos nossos dias.

Decorreu um largo período sem nenhuma alteração dita de fundo nesta matéria, até à publicação do Código Civil de 1966, no qual se viria a assumir definitivamente o tratamento legal do animal enquanto coisa móvel.

Percebe-se facilmente essa assunção com o abandono da distinção legal anteriormente existente entre animais e «coisas inanimadas», ora se promovendo, em termos normativos, a coisa, nas suas diversas vertentes, como objecto exclusivo das relações jurídicas entre as pessoas (artigo 202.º, n.º 1).

É assim que, ao abrigo do disposto no n.º 1 do artigo 205.º do Código Civil[1], e por contraposição à exclusão do elenco de coisas imóveis previstas no artigo 204.º, os animais passam

---

[1] «*São móveis todas as coisas não compreendidas no número anterior*», sendo as do número anterior as coisas imóveis.

a ser civilisticamente considerados coisas móveis, o que motivou uma alteração drástica das anteriores normas da aquisição originária da propriedade por ocupação, em que «*os animais e/ou outras coisas móveis*» são tratados de forma igualitária em normas conjuntas (artigos 1318.º a 1323.º).

Este entendimento civilístico viria a repercutir-se no novo Código Penal que surgiu em 1982: a única referência específica na protecção do animal, enquanto algo distinto de uma coisa, surgiria no n.º 1 do artigo 271.º, relativo ao crime de difusão de epizootias[2], no qual se estabelecia que «*Quem difundir doença, praga, planta ou animal nocivo de natureza a causar dano a número considerável de animais domésticos, ou a quaisquer outros animais úteis ao homem, será punido com prisão de 6 meses a 3 anos ou multa até 100 dias*».

À semelhança da restante protecção penal no domínio da coisa enquanto património do ser humano, também aqui a protecção assentava, ainda, na natureza doméstica do animal e/ou na sua utilidade para o ser humano.

Outra norma que poderia ser considerada integrante da protecção penal dos animais, mas assente efectivamente na protecção da economia nacional, surgiria no artigo 25.º do Decreto-Lei n.º 28/84, de 20 de Janeiro, nos crimes contra a genuinidade, qualidade ou composição de alimentos destinados a animais.

É com a Lei n.º 90/88, de 13 de Agosto, que teve como objectivo a protecção, conservação e fomento do lobo-ibérico, que surge a primeira protecção autónoma penal específica de um animal, sem necessidade de reporte a interesses directos ou reflexos do ser humano (e aqui se integrando também a protecção dos recursos cinegéticos do Estado). Mas trata-se de um tipo de ilícito penal *sui generis*: o abate e captura do

---

[2] Surto de doença que ocorre em população animal não-humana.

lobo-ibérico são acções proibidas mas não são criminalizadas (artigos 2.º e 7.º), enquanto é considerado crime a detenção, transporte, comercialização e exposição de exemplares, vivos, mortos ou naturalizados, bem como dos seus troféus e peles sem a autorização do departamento governamental responsável pelos recursos naturais (artigo 3.º, n.º 1, e 7.º, n.º 2). Não se estabeleceu, contudo, nenhuma pena, inclusive no Decreto-Lei n.º 139/90, de 27 de Abril, que regulamentou a referida lei, o que, na prática, significou a manutenção da ausência de criminalização da punição de condutas no domínio da protecção do lobo-ibérico.

Entretanto, em 13 de Novembro de 1987, os Estados-membros do Conselho da Europa aprovaram a Convenção Europeia para a Protecção dos Animais de Companhia, a qual viria a ser ratificada por Portugal através do Decreto n.º 13/93, de 13 de Abril, e transposta para o regime nacional através do Decreto-Lei n.º 276/2001, de 17 de Outubro.[3]

Na sequência de tal ratificação, ainda viria a ser aprovada a Lei n.º 92/95, de 12 de Setembro, que estabeleceu medidas gerais de protecção dos animais, sem, contudo, estabelecer consequências práticas para a violação das proibições aí estabelecidas.

O primeiro momento em que nos apercebemos de que o legislador penal decide inverter a situação existente surge com

---

[3] A legislação portuguesa havia-se entretanto alheado do conteúdo da Declaração Universal dos Direitos do Animal adoptada pela Liga Internacional dos Direitos do Animal e pelas Ligas Nacionais, a qual foi aprovada pela Unesco em 1978, e posteriormente pela ONU, e na qual se destacavam o princípio da igualdade entre animais e do respectivo direito de existência (artigo 1.º), o direito do respeito pelo animal, inclusive quando morto (arts. 2.º e 13.º), o direito à longevidade natural (artigo 6.º) e, ao longo de toda a declaração, o direito ao bem-estar do animal, presente em praticamente todas as normas.

a revisão do Código Penal de 1995: mantendo-se o crime de difusão de epizootias, agora sob a epígrafe de «*perigo relativo a animais ou vegetais*» (artigo 281.º), surgiu o crime de «*danos contra a natureza*» (artigo 278.º[4]), no qual pela primeira vez se protegia o animal de forma indistinta, enquanto elemento integrador do bem jurídico ambiente e merecedor de tutela jurídica em função do disposto no artigo 66.º da Constituição da República Portuguesa. O referido ilícito penal viria a ser aperfeiçoado em sucessivas revisões do Código Penal, de forma a aumentar e delimitar o seu campo de aplicação[5].

A principal alteração no domínio da protecção penal do animal, enquanto algo distinto da coisa e independente do ser humano, viria a surgir com a 33.ª alteração ao Código Penal, introduzida pela Lei n.º 69/2014, de 29 de Agosto, que integrou um novo Título VI ao Código Penal, sob a epígrafe «*Dos crimes contra animais de companhia*», criando dois novos tipos de ilícito penal, o crime de maus-tratos a animal de companhia e o crime de abandono de animais de companhia, os quais,

---

[4] «1 – Quem, não observando disposições legais ou regulamentares, eliminar exemplares de fauna ou flora ou destruir habitat natural ou esgotar recursos do subsolo, de forma grave, é punido com pena de prisão até 3 anos ou com pena de multa até 600 dias.

2 – Para os efeitos do número anterior o agente actua de forma grave quando:

a) Fizer desaparecer ou contribuir decisivamente para fazer desaparecer uma ou mais espécies animais ou vegetais de certa região;

b) Da destruição resultarem perdas importantes nas populações de espécies de fauna ou flora selvagens legalmente protegidas;

c) Esgotar ou impedir a renovação de um recurso do subsolo em toda uma área regional.

3 – Se a conduta referida no n.º 1 for praticada por negligência, o agente é punido com pena de prisão até 1 ano ou com pena de multa.»

[5] Designadamente através da Lei n.º 59/2007, de 4 de Setembro, da Lei n.º 56/2011, de 15 de Novembro, e da Lei n.º 81/2015, de 3 de Agosto.

nitidamente, visam a directa protecção do bem-estar do animal de companhia.

O principal problema que a referida alteração colocou prendia-se com a definição do bem jurídico protegido pelas normas legais introduzidas pelo novo Título, na medida em que, dispondo o n.º 1 do artigo 40.º do Código Penal que «*A aplicação de penas e de medidas de segurança visa a protecção de bens jurídicos e a reintegração dos agentes na sociedade*», há que ter em conta o n.º 2 do artigo 18.º da Constituição da República Portuguesa, o qual estipula que «*A lei só pode restringir os direitos, liberdades e garantias nos casos expressamente previstos na Constituição, devendo as restrições limitar-se ao necessário para salvaguardar outros direitos ou interesses constitucionalmente protegidos*».

Resulta destas normas a afirmação da tutela subsidiária de bens jurídicos pelo direito penal, com a indicação expressa de que todo o bem jurídico penalmente relevante deve ter subjacente uma referência, expressa ou implícita, na ordem constitucional dos direitos ou deveres consagrados.[6]

---

[6] Relativamente à indefinição do bem jurídico protegido, o Tribunal Constitucional recordou, nos mais recentes Acórdãos n.º 179/2012 e 377/2015 (relativos às propostas de criminalização do enriquecimento ilícito), a linha jurisprudencial anteriormente adoptada por aquele Tribunal: «No que importa ao disposto no artigo 18.º, n.º 2 da CRP, enquanto parâmetro para aferir da legitimidade constitucional das incriminações, o Tribunal pronunciou-se, designadamente, no Acórdão n.º 426/91, em que deixou explícito que "o objetivo precípuo do direito penal é, com efeito, promover a subsistência de bens jurídicos da maior dignidade e, nessa medida, a liberdade da pessoa humana". Nessa medida, "a imposição de penas e medidas de segurança implica, evidentemente, uma restrição de direitos fundamentais, como o direito à liberdade e o direito de propriedade, que é indispensável justificar ante o disposto no n.º 2 do art 18.º da Constituição. Assim, uma tal restrição só é admissível se visar proteger outros direitos fundamentais e na medida do estritamente indispensável para esse efeito" e, igualmente de forma impressiva, no Acórdão n.º 108/99, em que destacou que "o direito penal, enquanto direito de proteção, cumpre uma função de ultima ratio. Só

Ou seja, os bens jurídico-penais devem possuir uma referência obrigatória à ordenação axiológica jurídico-constitucional, que não poderá, em caso algum, ser o bem-estar do animal de companhia, porquanto tal bem jurídico não existe no nosso ordenamento constitucional. O que significa que a protecção dos animais de companhia apenas poderá (e deverá) ser enquadrada no âmbito da protecção geral do ambiente enquanto bem jurídico constitucional, ao abrigo do disposto no artigo 66.º da Constituição da República Portuguesa, numa subvertente da protecção da fauna relacionada com os animais de companhia[7].

E é nesta sequência, inserida no âmbito do processo legislativo que culminaria na aprovação e publicação da Lei n.º 8/2017, de 3 de Março, que surgiu a discussão em torno da alteração do Código Civil português no sentido de alterar a natureza jurídica do animal, com vista a separá-lo do conceito jurídico-legal de «coisa».

---

se justifica, por isso, que intervenha para proteger bens jurídicos – e se não for possível o recurso a outras medidas de política social, igualmente eficazes, mas menos violentas do que as sanções criminais. É, assim, um direito enformado pelo princípio da fragmentariedade, pois que há de limitar-se à defesa das perturbações graves da ordem social e à proteção das condições sociais indispensáveis ao viver comunitário. E enformado, bem assim, pelo princípio da subsidiariedade, já que, dentro da panóplia de medidas legislativas para a proteção e defesa dos bens jurídicos, as sanções penais hão de constituir sempre o último recurso.» Para concluir, citando Figueiredo Dias, que «daqui decorre que "toda a norma incriminatória na base da qual não seja suscetível de se divisar um bem jurídico-penal claramente definido é nula, porque materialmente inconstitucional"».

[7] Saliente-se a existência de países onde a protecção dos animais foi erigida a princípio constitucional autónomo, como a Suíça, a Alemanha e a Eslovénia, destacando-se entre estes a Alemanha, por ter sido o primeiro país da União Europeia a adoptar tal postura, em 2002, com a revisão constitucional então operada e a introdução do artigo 20.º, sob a epígrafe «Protecção dos recursos naturais vitais e dos animais».

Esta discussão poderá ter tido como ponto de partida o facto de a qualificação civilista do animal como coisa se defrontar com quatro contradições essenciais.

A primeira contradição residirá no confronto entre a protecção da sensibilidade animal e o direito de propriedade: protegido por si só, o animal poderá ser protegido eventualmente até contra o seu proprietário, como aliás já sucede penalmente nos artigos 387.º e 388.º do Código Penal. A limitação do direito de propriedade do ser humano resultaria do próprio interesse do animal em preservar a sua vida, integridade física e bem-estar.

A segunda contradição residirá no reconhecimento normativo, já decorrente do ordenamento convencional, penal, contra-ordenacional e administrativo existente, decorrente da capacidade de sofrimento do animal: não existe nenhuma outra coisa pela qual as pessoas tenham obrigação legal de assegurar uma existência digna, evitando o sofrimento desnecessário ou gratuito.

A terceira contradição passará pela atribuição de um valor afectivo a alguns animais, que irão além do seu valor comercial ou económico.

A quarta contradição situar-se-á na própria sensibilidade do animal: o animal será a única coisa que, embora igualmente não dotada de razão, exterioriza sentimentos, o que, só por si, justifica a sua existência enquanto *tertium genus* face às pessoas e às coisas.

É no âmbito deste quadro que o legislador, tendo em conta a estrutura construída em torno da relação jurídica no domínio civil, poderia ter adoptado três posições:

- assunção do animal como sujeito civil, titular de direitos e deveres, numa espécie de personificação do animal, em posição de exercício equiparado à das pessoas colectivas;

- assunção do animal como um *tertium genus*, diverso das coisas por ser titular de direitos objectivamente reconhecidos pela sociedade, mas já não de deveres em função da sua ausência de razão;
- manutenção do *statu quo*.

A questão da atribuição de direitos ao animal levantaria, inquestionavelmente, determinados tipos de problema, acarretando mais riscos do que benefícios, nomeadamente[8], a atribuição de direitos:

- implicaria, tendencialmente, a imposição de deveres, colocando-se a questão do seu cumprimento pelo animal face à sua ausência de compreensão ou à indiferença perante a noção humana de ilicitude;
- seria forçosamente selectiva, tanto subjectiva como objectivamente, prendendo-se, na sua essência, com o seu bem-estar físico e emocional, o que redundaria num âmbito muito reduzido (os direitos essenciais à condição de animal seriam, segundo o espírito da Declaração Universal dos Direitos dos Animais, «*o direito a não desaparecer por culpa humana e o direito a não sofrer inutilmente por culpa do Homem*»);
- universais poderia constituir um risco de revolução civilizacional para o qual é duvidoso que estejamos preparados, seja porque isso redundaria inevitavelmente na proibição absoluta de experimentação científica, no veganismo e na proibição de utilização de técnicas anticoncepcionais, quer inclusive porque não podemos negar que nem todos os animais são herbívoros…

---

[8] Nesta parte, reproduzimos parcialmente os argumentos de Chapoutier, Georges, «Quelques réflexions sur la notion de droits de l'animal», *Journal International de Bioéthique*, 2013/1, p. 77 e ss.

Da nossa parte, a separação entre animal e coisa apenas poderia acontecer, quer em termos formais, quer em termos substanciais, face ao regime civil português, com a criação de um *tertium genus* em que o animal pudesse simultaneamente ser sujeito e objecto de relações jurídicas, sem deveres e com direitos inerentes, numa primeira linha, apenas à conservação da sua integridade física e à promoção do seu bem-estar.[9]

Não foi essa, contudo, a opção do legislador, que optou por uma solução dúbia e de duvidosa juridicidade.

De facto, o legislador optou por introduzir o subtítulo «*Dos animais*» no Título II do Código Civil dedicado às relações jurídicas, em subtítulo posterior ao «*Das pessoas*» e anterior ao «*Das coisas*».

Contudo, o conteúdo do normativo aí estabelecido nada traz de novo, em termos substanciais, à caracterização jurídica do animal.

Começa-se por referir, no artigo 201.º-B, que «*Os animais são seres vivos dotados de sensibilidade e objecto de proteção jurídica em virtude da sua natureza*».

Pela primeira vez, ao que se crê, previu-se como norma jurídica uma situação empírica/científica: assim como o planeta Terra não passou a girar em torno do Sol apenas no momento temporal em que a Igreja Católica assim o reconheceu, os animais não passaram a ser dotados de sensibilidade unicamente

---

[9] Apenas a título de curiosidade, e a propósito da pessoa humana, Pires de Lima e Antunes Varela referem, a respeito da definição de coisa prevista no n.º 1 do artigo 202.º do Código Civil, que «*Haverá, entretanto, quem diga que a noção deste artigo 202.º também peca ainda pelo facto de as relações poderem ter por objecto, não apenas coisas, mas também pessoas, como sucede no poder paternal e no poder tutelar. Tem-se duvidado, porém, que essa concepção corresponda à melhor forma de transportar para o domínio do conceitualismo doutrinário o regime daqueles dois institutos.*» (Lima, Pires de e Varela, Antunes, *Código Civil Anotado*, Vol. I, 4.ª Edição, [*s.l.*], Coimbra Editora, 1987).

com a entrada em vigor da Lei n.º 8/2017. Resulta da sua própria natureza, e até da sua própria etimologia, que os animais são, inerentemente, seres dotados de sensibilidade.

Igualmente, tem sido reconhecida a sensibilidade da flora[10], não sendo a sua situação distinta, em termos de construção normativa, face aos animais: o que poderá diferenciar a situação dos animais perante os demais entes vivos que possam ser considerados coisas é, efectivamente, a exteriorização clara dos seus sentimentos.Ou seja, a própria contraposição ora estabelecida entre os animais como «coisas sensíveis», por confronto com as demais «coisas insensíveis», poderá pecar inclusive por ser naturalisticamente incorrecta...

Por outro lado, a segunda parte da norma mostra-se, a nosso ver, dispensável, na medida em que todas as coisas são objecto de protecção jurídica face a agressões de terceiros que não sejam seus titulares e, em algumas situações, ante agressões do próprio titular da coisa[11].

Nos novos artigos 201.º-C e 201.º-D, que se seguem, estabelece-se que «*A proteção jurídica dos animais opera por via das disposições do presente código e de legislação especial*» e outrossim que «*na ausência de lei especial, são aplicáveis subsidiariamente aos animais as disposições relativas às coisas, desde que não sejam incompatíveis com a sua natureza*». Não são os nomes dados às realidades que as transformam juridicamente, mas o regime que lhes é dispensado. E o regime jurídico continuou (e continua) sendo o das coisas.

A classificação como *tertium genus* deve ser encarada como uma evolução do direito, que passe a considerar o animal uma

---

[10] *Vide*, entre outros, o artigo publicado online em: http://g1.globo.com/Noticias/Ciencia/0,,MUL1432575-5603,00-PESQUISAS+MOSTRAM+QUE+PLANTAS+REAGEM+AOS+PERIGOS+EXTERNOS.html.

[11] *Vide*, a título exemplificativo, o tipo legal de ilícito do crime de incêndio (artigo 272.º do Código Penal).

criatura, um ser vivo que deve ser protegido mais do que uma simples coisa inanimada.

A sensação de que se mudou algo para que ficasse tudo na mesma revela maior assertividade quando analisamos as alterações que simultaneamente foram introduzidas no Código Penal, em que o legislador se limitou a adicionar as palavras «*e animal*» onde anteriormente apenas se referia a palavra «*coisa*»[12], mantendo-se, por essa via, todas as referências às características das coisas (destruição, danificação, fungibilidade, dissimulação, etc.) inerentes aos animais, sem nenhuma atenção «*à sua natureza*» e aos princípios enunciados nos referidos artigos 201.º-B a 201.º-D do Código Penal.

No que tange às demais alterações introduzidas pela Lei n.º 8/2017 ao Código Civil, cumpre destacar a nova norma presente no Título II do Título III do Código Civil – o artigo 1305.º-A –, que estabelece um conjunto de deveres dos proprietários de animais para com aqueles na salvaguarda do seu bem-estar, sem, contudo, se estabelecer nenhuma sanção para a sua violação. Refira-se, aliás, que esse conjunto de deveres já se encontrava consagrado no plano criminal e contra-ordenacional (aí sim, com devida previsão punitiva), nada trazendo de novo ao sistema jurídico nacional a norma em apreço.

Por outro lado, a Lei n.º 8/2017 decidiu transportar para o domínio do Código Civil a querela doutrinária já existente no domínio do Código Penal sobre o conceito de «*animais de*

---

[12] Com curiosa exclusão do disposto no artigo 110.º, n.º 1, alínea b), do Código Penal, em que o legislador não incluiu os animais como podendo ser declarados perdidos a favor do Estado enquanto vantagem obtida na sequência da prática de um facto ilícito típico penal, muito embora agora considere que possa ser uma vantagem patrimonial obtida no âmbito da prática dos crimes de corrupção (*vide* nova redacção do artigo 374-B do Código Penal, introduzida pela Lei n.º 8/2017). Desconhece-se a fundamentação para essa exclusão.

companhia», com uma diferença: o Código Penal possui uma definição expressa do conceito de «*animal de companhia*» para o efeito daquele diploma legal; no Código Civil, previram-se novas normas relativas a animais de companhia desacompanhadas de qualquer definição para o domínio do direito civil, designadamente:

– a atribuição de indemnização «adequada» pelo desgosto ou sofrimento moral em que o seu dono tenha incorrido pela lesão grave do animal ou de que tenha provindo a respectiva morte, em montante a ser fixado equitativamente pelo tribunal (n.º 3 do artigo 493.º-A do Código Civil);
– a incomunicabilidade dos animais de companhia no âmbito do regime de comunhão geral de bens [alínea h) do artigo 1733.º];
– a necessidade, para o decretamento do divórcio por mútuo consentimento, de acordo sobre o destino dos animais de companhia [alínea f) do n.º 1 do artigo 1775.º];
– no caso de divórcio litigioso, a confiança a um ou a ambos os cônjuges dos animais de companhia, considerando, nomeadamente, os interesses de cada um dos cônjuges e dos filhos do casal e também o bem-estar do animal (artigo 1793.º-A);
– a absoluta impenhorabilidade dos animais de companhia [alínea g) do artigo 736.º do Código de Processo Civil].

E se o conteúdo das normas contidas nos artigos 493.º-A do Código Civil e 736.º, alínea g), do Código de Processo Civil não levantam dúvidas, e se mostram louváveis em face da especial relação de afectuosidade que existirá entre o dono e o seu animal, diversamente nos surge como confusa, controversa e incoerente a intervenção do legislador em sede de direito da família. Compreende-se que o legislador apenas quis estabelecer a possibilidade/necessidade de acordo/decisão relativamente ao destino do animal de companhia nos casos de divórcio, tendo em conta os interesses familiares e o bem-estar do animal. Todavia, a utilidade da previsão legal só fará sentido quando os animais se encontrem em regime de comunhão ou de compropriedade. De facto, se o animal for titulado por apenas um dos cônjuges:

- existindo acordo entre os cônjuges relativamente à posse futura do animal, a norma será desnecessária, na medida em que a transmissão da propriedade opera automaticamente por actos materiais;[13]
- numa situação de litigiosidade, a propensão natural do dono do animal será para atempadamente transmitir a terceiro o animal, por qualquer via e mesmo que simuladamente, de forma a obstar à possibilidade de transmissão para o outro cônjuge na sequência de decisão judicial, não existindo nenhum instrumento normativo que possa obstar a essa situação.

Ou seja, e neste último caso, até se estará a fomentar o aumento das situações em que o dono se vê obrigado a separar do animal para obstar a quaisquer consequências emergentes da litigiosidade conjugal, com as inerentes consequências para o bem-estar material/psicológico do animal.

Por outro lado, as normas que ora se pretendem introduzir nesta sede criam outras questões a que o legislador não dá nenhuma resposta, deixando um vazio normativo perigoso,

[13] Sublinhe-se ainda que, nos termos da Convenção sobre o Comércio Internacional de Espécies da Fauna e da Flora Selvagens Ameaçadas de Extinção (CITES), existem animais abrangidos por aquela Convenção que, podendo ser animais de companhia, carecem sempre de autorização do Instituto da Conservação da Natureza e das Florestas, I.P., (D.L. n.º 121/2017, de 20/09) para a sua detenção, o que obriga a que um eventual acordo das partes ou decisão judicial de confiança a outra pessoa que não o proprietário dependa de prévia autorização daquela autoridade administrativa.

nomeadamente, e em primeira linha: no que toca à ausência de solução processual para os casos de litigância conflituante provisória; no plano da possibilidade, ou não, de ser requerida a alteração, pelo cônjuge que ficou sem o animal de companhia, do destino fixado quer em acordo, quer por decisão judicial; da possibilidade de acordo/fixação de prestação de alimentos ao animal de companhia (nomeadamente no caso de comunhão ou compropriedade); do destino do animal no caso de separação em uniões de facto; na salvaguarda do «interesse do animal» nos divórcios por mútuo consentimento decretados nas Conservatórias do Registo Civil, uma vez que não existe nenhuma norma que vincule o conservador a controlar a legalidade ou o conteúdo desse acordo ou a salvaguardar os interesses do animal[14] (por ausência de alteração ao artigo 1776.º do Código Civil); nos problemas de transmissão da propriedade pelo cônjuge proprietário quando o animal de companhia se encontra confiado ao ex-cônjuge, atenta a ausência de qualquer direito de preferência.

Face a este quadro normativo e ao desenvolvimento histórico, dúvidas não restam de que, em termos nacionais, estaremos perante um quadro híbrido: no domínio penal, os animais são, no geral, e nos termos normativos específicos, sujeitos de direitos, protegidos na sua existência e bem-estar enquanto elementos da biodiversidade e estabilidade ecológica (artigo 278.º do Código Penal) ou enquanto animais de companhia (artigos 387.º e 388.º do Código Penal); diversamente, em sede civil, os animais não possuem uma protecção directa, mas unicamente uma protecção reflexa da protecção devida à propriedade de

---

[14] O que poderá levar os cônjuges, atentos ao princípio da autonomia contratual, inclusive a formular cláusulas de fixação de regime de alimentos e visitas no âmbito obrigacional, algo que o juiz não poderá efectuar em sede de divórcio litigioso, uma vez que se encontra vinculado à estrita observância do disposto no artigo 1793.º-A do Código Civil.

um ser humano, o qual, contudo, e em virtude do que agora dispõe o artigo 1305.º-A do Código Civil, possuirá actualmente um conjunto de deveres civis para com o bem-estar do animal, no âmbito do exercício do seu direito de propriedade, que apenas possuirão reflexo no domínio da punição penal e contra-ordenacional já anteriormente existente.

Significa isto que, no domínio civil, o animal continua sem direitos próprios, que possam ser exercidos através do instituto da representação pelo seu dono (em equiparação com as pessoas colectivas) ou por outra entidade (v. g. o Ministério Público, à semelhança do que se passa com os incapazes); situação que se repercute, aliás, no domínio penal, em sede de formulação de pedido de indemnização civil pela prática de crime contra animal de companhia, em que o arguido seja o próprio dono ou em que o animal seja tido como errante, apesar de legalmente possuir a qualidade de animal de companhia.

Sinais claros de que o nosso legislador ainda não vislumbrou de forma clara o trilho que pretende prosseguir, pese embora se mostre clara a assunção pela União Europeia de que devem ser trilhados todos os caminhos para ser assegurado o bem-estar de qualquer animal, atenta a sua sensibilidade, independentemente de se tratar de um animal de companhia, de um animal errante, de um animal de cativeiro, de animais para fins científicos ou experimentais ou mesmo de animais selvagens (*vide* artigo 13.º do Tratado sobre o Funcionamento da União Europeia[15]).

---

[15] «Na definição e aplicação das políticas da União nos domínios da agricultura, da pesca, dos transportes, do mercado interno, da investigação e desenvolvimento tecnológico e do espaço, a União e os Estados-Membros terão plenamente em conta as exigências em matéria de bem-estar dos animais, enquanto seres sensíveis, respeitando simultaneamente as disposições legislativas e administrativas e os costumes dos Estados-Membros, nomea-

Se em alguns países, como Portugal, se avança no plano da protecção animal com bastantes incoerências, noutros países consagra-se já o estatuto de pessoas não-humanas a mamíferos superiores, designadamente a cetáceos[16] ou primatas[17], reconhecendo-os como sujeitos de direitos específicos, convertendo numa discussão de realidade a normal discussão doutrinária entre os defensores da causa animal vertida em duas correntes: por um lado, a corrente da teoria dos direitos dos animais (*Animal Rights*), que se foca no reconhecimento de direitos subjectivos aos animais; por outro lado, a corrente subjacente à teoria do bem-estar animal (*Animal Welfare*), a qual tenta abranger apenas a ideia de protecção do seu bem-estar e a diminuição do seu sofrimento, não excluindo a possibilidade de exploração para fins alimentares, científicos ou lúdicos.

Estamos crentes de que o legislador português saberá igualmente, no futuro, e face aos exemplos que cada vez mais surgem do exterior, ponderar nos valores em causa, igualmente estabelecidos ao nível da União Europeia, gerando um equilíbrio entre a ética colectiva e a moral social na criação de uma verdadeira estrutura metodológica de ponderação na

---

damente em matéria de ritos religiosos, tradições culturais e património regional.»

[16] Aos golfinhos, na Índia, através da «Declaração dos Direitos dos Cetáceos» – *vide*, para melhor informação, o artigo jornalístico relativo a esta temática disponível online em: https://anda.jusbrasil.com.br/noticias/112009786/golfinhos-passam-a-ser-considerados-pessoas-nao-humanas-na-india; assim como a circular ministerial que fundamentou a sua vigência em: http://cza.nic.in/ban%20on%20dolphanariums.pdf.

[17] Na Argentina, a jurisprudência considerou que uma fêmea de orangotango de nome *Sandra* deveria ser considerada uma pessoa não-humana para o efeito de concessão de *habeas corpus*. Para melhor esclarecimento e leitura do acórdão integral, *vide* artigo jornalístico disponível online em: https://fernandoandrioli.jusbrasil.com.br/artigos/314571682/biodireito-a-tutela-jurisdicional-a-pessoa-nao-humana-o-caso-sandra.

construção um verdadeiro Direito do animal, que, diga-se em abono da verdade, não ocorreu no nosso país até à presente data.

2. Em que circunstâncias podem e devem os «melhores interesses» de um ser não-humano prevalecer em relação aos de um ser humano?

Esta é uma questão que tem sido bastante discutida no nosso ordenamento jurídico, sobretudo desde a criminalização introduzida pela Lei n.º 69/2014, nomeadamente no que toca à aplicação do instituto da legítima defesa como cláusula de exclusão da ilicitude penal da conduta de seres humanos face à agressão de terceiros a animais.

Nesta vertente de «confronto de direitos», temos claramente duas situações definidas que carecem de análise: a situação de legítima defesa de animal por ser humano; e a situação de legítima defesa autónoma do animal perante agressão humana.

A questão da legítima defesa de animais não é nova, sendo já anteriormente discutida face ao conteúdo do crime de danos contra a natureza, dado estar em causa a defesa do bem jurídico-constitucional «ambiente», que constitui em si um bem jurídico supra-individual.[18] Nos termos do artigo 32.º do Código Penal, constitui legítima defesa «*o facto praticado como meio necessário para repelir a agressão actual e ilícita de interesses juridicamente protegidos do agente ou de terceiro*». Neste âmbito, temos seguido a posição de Figueiredo Dias no sentido de que «tam-

[18] Não está em causa a situação dos animais que possuam proprietário e que sejam alvo de agressões ilícitas de terceiros, visto que terão sempre a sua posição jurídica protegida, nesta sede, no âmbito da protecção do bem jurídico individual património de que é titular o respectivo proprietário.

bém os bens jurídicos supra-individuais, colectivos ou universais são autênticos bens jurídicos, merecedores de tutela ao mesmo nível, pelo menos, dos bens jurídicos individuais (a questão actualíssima da "luta" contra o terrorismo internacional oferece um exemplo paradigmático). Não existe, por isso, razão de princípio para os excluir do catálogo dos interesses juridicamente protegidos para efeito de legítima defesa. O que sucede é apenas que a mais acentuada "funcionalização" destes bens jurídicos pode conduzir a restringir a necessidade (que inclui a adequação) dos meios de defesa ou mesmo eventualmente, em casos excepcionais, a eliminar a necessidade de defesa»[19].

Deste modo, à partida, nada obstará, em nosso entendimento, a que qualquer pessoa possa actuar em legítima defesa na protecção de animal que se encontre abrangido pela protecção penal ou civil de uma esfera normativa, desde que se mostrem preenchidos os demais pressupostos legais do instituto da legítima defesa. E, nessa medida, os interesses de protecção dos interesses do animal poderão sobrepor-se, em termos de adequação, aos valores dos bens jurídicos dos seres humanos agressores que possam ser atingidos pelo exercício da actividade de legítima defesa, incluindo o próprio proprietário do animal.

Diversa é a situação de reacção autónoma do animal face a uma situação de agressão eminente ou em curso praticada por ser humano contra si ou outro ser humano.

De facto, o instituto legal da legítima defesa reporta-se a situações praticadas por seres humanos em resposta a condutas ilícitas praticadas por outros seres humanos, com ponderação

---

[19] Dias, Jorge de Figueiredo, *Direito Penal, Parte Geral, Tomo I*, [*s.l.*], Coimbra Editora, 2004, pp. 387–388. Em sentido contrário, no sentido de só ser admitida a legítima defesa relativamente a bens individuais e, mesmo entre estes, a bens individuais específicos, *vide*, entre outros, Carvalho, Américo A. Taipa de, *A Legítima Defesa*, [*s.l.*], Coimbra Editora, 1995, pp. 476–487.

objectiva de diversos circunstancialismos incompatíveis com a ausência de razão de um animal, que se limita a fazer actuar os seus instintos naturais de defesa, em seu prol ou de outro ser humano (normalmente com o qual mantém uma relação afectiva próxima). Esta situação poderá conduzir, afinal, a uma situação injusta para o animal, já que a sua actuação, independentemente da sua finalidade, porventura possibilitará que o mesmo possa ser considerado um animal perigoso, nos termos do artigo 3.º, alínea b) ii), do D.L. n.º 315/2009, de 29/10, e que eventualmente seja determinado o seu abate, nos termos do artigo 15.º do mesmo regime legal.

Este é mais um aspecto em que o legislador do direito (do) animal terá necessariamente de reflectir, ponderando na criação de um conceito jurídico de direito de defesa do animal (ou a respectiva putatividade) na sua actuação face a uma agressão humana ilícita, como elemento que poderá afastar a sua injusta qualificação como animal perigoso ou a subsequente decisão do respectivo abate, assim se concretizando uma maior justiça e equilíbrio no posicionamento do dualismo homem/animal, em sede de consequências emergentes do confronto físico dolosamente provocado por ser humano contra animal, ou contra outro ser humano, em que o animal tende inevitavelmente a intervir.

Leituras recomendadas

DUARTE, Maria Luísa e GOMES, Carla Amado (coord.), *Animais: deveres e direitos, ICJP – Instituto de Ciências Jurídico-Políticas*, 2015 (também disponível em: http://www.icjp.pt/publicacoes/1/5105).

DUARTE, Maria Luísa e GOMES, Carla Amado (coord.), *Direito (do) animal*, [*s.l.*], Almedina, 2016.

BRITO, Teresa Quintela de, Os crimes de maus tratos e de abandono de animais de companhia: direito penal simbólico?, CEDOUA,

Revista do Centro de Estudos de Direitos do Ordenamento, Urbanismo e Ambiente, Ano 19, n.º 38, Coimbra, 2016, pp. 9–22.

Sant'ana, Manuel Magalhães, O conceito bioético de animal: implicações na relação entre humanos e não-humanos, *Revista Portuguesa de Bioética, Cadernos de Bioética*, Nova série n.º 4 (Abril–Maio), Coimbra, 2008, pp. 127–139.

Chapouthier, Georges, Quelques réflexions sur la notion de droits de l'animal, *Journal International de Bioéthique*, v. 24, n.º 1 (Junho–Março), Paris, 2013, pp. 77–85.

A política das espécies

Tagore Trajano de Almeida Silva

Faculdade de Direito da Universidade Federal da Bahia, Universidade Católica de Salvador (UCSal/Bahia), Asociación Latinoamericana de Derecho Ambiental

1. Introdução

É comum, na sociedade atual, uma indiferença humana em relação aos demais seres da Terra. Homens não se enxergam como animais e buscam reescrever sua herança no decorrer da história, negando sua ancestralidade.

O discurso da negação tem sido absorvido por gerações, estimulando uma relação conflituosa entre humanos e não--humanos.[1] Há um ruído na comunicação ao se transformar iguais em essência (= *reino comum*) em componentes a servirem

---

[1] Cf. CASSUTO, David N., The law of words: standing, environment, and other contested terms, *Harvard Environmental Law Review*, Vol. 28, [*s.l.*], 2004.

para os desígnios humanos. Animais seriam o outro, o qual se quer agredir, maltratar, utilizar ou dele alimentar.

Esquecem-se as descobertas de Darwin, não compreendendo que entre humanos e não-humanos a diferença é apenas de grau e não de categoria. Não há um local *Humano* privilegiado na ordem natural.[2]

Este capítulo tem como objetivo evidenciar a existência das semelhanças entre o humano e os não-humanos, com o intuito de restabelecer o elo perdido entre estes grupos. Ao desvelar certas artificialidades produzidas no trajeto, almeja-se que haja uma compreensão sobre a forma do pensar humano como um ser inserido em uma comunidade ainda maior, dos animais do Planeta Terra.

Sendo assim, a partir da seguinte premissa: houve um momento de ligação entre humanos e não-humanos que se data de 25 000 a 50 000 anos atrás; pode-se fazer os seguintes questionamentos: 1) como se desenvolveu o olhar humano para os demais seres? 2) Há um elemento de semelhança entre *todos* os animais? 3) O que une *Humanos* e *Não-humanos*?

As possíveis elucidações a serem evidenciadas no decorrer do texto irão destacar *A política das espécies* humana e não-humana, seu olhar, sua forma e a essência deste debate.

Ao final, o que se quer mostrar é a ligação entre ambos, inquietações que representam uma mudança de paradigma social na contemporaneidade. Estas transformações repercutem na forma de enxergar e entender o outro, e, principalmente, o lugar de cada indivíduo na sociedade.

---

[2] Darwin, Charles, «The Descent of Man», *in Comparison of the Mental Powers of Man and Lower Animals*. Disponível em: http://charles-darwin.classic-literature.co.uk/the-descent-of-man/. Tradução nossa.

2. O olhar humano sobre os demais animais

É possível afirmar que a forma de contato com os outros animais feita pelos humanos acontece em três momentos principais: a) na hora das refeições ao sentar à mesa; b) na utilização de cosméticos e medicamentos; e c) em momentos de entretenimento.[3] Em países como os Estados Unidos da América e a Europa, o uso de animais para alimentação, cosméticos e entretenimento somados são as maiores causas de maus-tratos aos animais.[4]

O consumo humano de carne fresca, ovos e leite tem causado uma onda de sofrimento pela qual todos os consumidores são responsáveis (em alguns casos) sem saber.[5] Desconhece-se o processo de como a alimentação chega às mesas das pessoas, criando um ciclo de vulnerabilidade que abarca todos os envolvidos: a) o dos que se alimentam, pois crêem que o consumo de animais é a única alternativa possível de sobrevivência; e b) dos não-humanos, que são criados e reproduzidos intensivamente como um utensílio a ser disposto em supermercados e mercearias para saciar a fome humana.

Este processo de *dumping animal* (descuido com a vida animal), nutrido pela falta de conhecimento e barateamento do processo de industrialização da produção animal, promove uma carência de informação sobre a dor e sofrimento impostos a esses seres.[6] A conclusão é a controversa ideia de que a

---

[3] Singer, Peter, Ética Prática, São Paulo, Martins Fontes, 1998, p. 72.

[4] Nesse sentido, ver Favre, David, O ganho de força dos direitos dos animais, *Revista Brasileira de Direito Animal*, v. 01, n.º 1 (jan/dez. 2006), Salvador, Instituto Abolicionista Animal, 2006.

[5] Matheny, Gaverick, «Utilitarianism and Animals», *in* Singer, Peter, *Defense of Animals: The Second Wave*, Oxford, Blackwell, 2006, p. 21.

[6] Sobre este tema, ver Silva, Tagore Trajano de Almeida, *Direito animal & ensino jurídico: formação e autonomia de um saber pós-humanista*, Salvador, Evolução, 2014, p. 113.

carne não-humana é imprescindível para a saúde e ganho de energia dos cidadãos das sociedades industrializadas.[7]

Diferentemente, médicos e pesquisadores indicam que a carne animal não é mais indispensável para a boa saúde ou a longevidade, uma vez que já se pode obter uma alimentação rica em proteína a partir de outras fontes. Para Peter Singer, a carne é um luxo e só é consumida porque as pessoas apreciam o sabor. Para o autor, deve-se refletir sobre o uso de animais para alimentação humana, já que, em uma tentativa de consideração igual de interesses de todos os seres, não se poderia permitir o sacrifício de outros animais em benefício exclusivo do homem. [8]

Na prática, transformam-se animais em objetos a serem utilizados pelos humanos. Para que a carne chegue às casas das pessoas a um preço acessível, a população tolera (até mesmo inconscientemente) métodos de produção de confinamento de bovinos, aves e suínos em condições impróprias e espaços exíguos que atentam contra a vida desses seres.[9]

Há um retorno às teorias de René Descartes, ao compreender os animais como objetos humanos (autômatos) passíveis, através do método racional e inteligível correto, de serem utilizados pelo ser humano.[10] Alimentar-se de animais é um hábito que a maioria dos humanos tem, e como qualquer outro hábito, necessita de força de vontade para acabar.[11]

Já no que concerne à experimentação com animais, não--humanos têm sido submetidos a pesquisas com a justificativa de serem necessários como etapa obrigatória no processo

---

[7] Sobre o tema, SINGER, Peter, *Vida ética*, Rio de Janeiro, Ediouro, 2002.

[8] SINGER, Peter, Ética Prática, *op. cit.*, p. 73.

[9] *Idem, ibidem, loc. cit.*

[10] DESCARTES, René, *Discurso do Método e Regras para a direção do Espírito*, trad. Pietro Nassetti, São Paulo, Martin Claret, 2007, p. 56.

[11] MATHENY, Gaverick, *op. cit.*, p. 21.

de segurança científica e metodológica para as descobertas humanas. Há uma utilização desses seres sem a intenção de proporcionar benefícios para os mesmos, mas sim para outros (humanos) que os descartam como meio para o avanço da ciência e de seus produtos.[12]

Dos animais utilizados em experimentações, apenas 25% dos relatos sobre as experiências chegam às páginas das publicações mundiais,[13] sendo cerca de 150 milhões de animais utilizados em procedimentos científicos e industriais[14]. Estas intervenções causam terríveis sofrimentos e privações aos animais, na maioria das vezes, em pesquisas que não trazem nenhum benefício para a espécie humana, uma vez que métodos alternativos, substitutivos e complementares já poderiam ser utilizados.

Como se não bastasse a forma como se percebem os animais nas refeições e no processo científico, ensina-se, do mesmo modo, às presentes e futuras gerações, um falso senso de percepção local do ser humano. Descontextualiza-se o homem ao não o enxergar como mais uma criatura dentre várias do planeta. Cria-se uma blindagem moral que gera o resultado negativo de retirar a responsabilidade por condutas e ações prejudiciais aos seres semelhantes, bem como ao planeta. Apenas o processo de conscientização dessas ações, ou seja, mudança de perspectiva, de olhar, poderá gerar a construção de um novo contexto social, dessa vez, harmônico, em vez de ficcional.

---

[12] Regan, Tom, *Jaulas Vazias*, Porto Alegre, Lugano, 2006, p. 213.

[13] Singer, Peter, *Vida ética*, *op. cit.*, p. 72.

[14] Sobre as normas do Parlamento Europeu e suas mudanças, ver Giménez-Candela, María Teresa, New rules to ensure the protection of animals in Spain: Spanish Animal Welfare Act. 32/2007, *Revista de Bioética y Derecho*, n.º 14., pp. 25–28, Setembro de 2008, p. 26.

Por este motivo, elucidar o porquê de não-humanos serem esboçados como pertencentes a determinados grupos – silvestres, domésticos, de produção, de entretenimento, de tração, dentre outros; tendo sempre como elemento aglutinador o interesse humano perante eles – é a questão basilar que se impõe aos estudiosos contemporâneos. Nessa direção, desde o século XVIII, por exemplo, jardins zoológicos como o de Viena, Madrid e Paris reproduzem uma concepção de ambiente artificial (exportado para o redor do mundo) – um tipo de *habitat* onde é negada aos animais a possibilidade de obter sua própria alimentação, desenvolver sua própria rede de relações sociais ou até mesmo se comportar de acordo com sua própria natureza.

John Coetzee, em *A vida dos animais*, oferece um bom exemplo ao expor que, na época da abertura dos primeiros zoológicos, os tratadores de animais tinham de protegê-los dos ataques dos espectadores, uma vez que eles sentiam o direito de insultar e humilhar os animais que estavam ali presos.[15] Para Coetzee, tratam-se os não-humanos como verdadeiros prisioneiros de guerra, meros objetos nas mãos do inimigo.

Para Dale Jamieson, se relacionássemos o conceito de animais com o conceito de liberdade, existiria uma presunção contra manter animais em cativeiro.[16] Segundo ele, diversas experimentações têm sido realizadas em animais aprisionados em zoológicos como modelos para pesquisas em seres humanos. Contudo, deve-se lembrar que poucos são os jardins zoológicos que realizam verdadeiramente pesquisas, seja no Brasil ou no mundo, e cumprem o papel de protegê-los contra

---

[15] COETZEE, John M, *A vida dos animais*, São Paulo, Companhia das Letras, 1998, p. 70.

[16] JAMIESON, Dale, «Against Zoo», *in* SINGER, Peter, *Defense of Animals: The Second Wave*, Oxford, Blackwell, 2006, p. 133.

formas de extinção, estimulando sua reprodução e sua recuperação para posterior inserção no seu *habitat*.[17]

3. Humanos e não-humanos são iguais?

É sabido que tanto humanos quanto não-humanos são animais, pertencem ao mesmo reino e dividem o mesmo *habitat*. Porém, parece ser as diferenças que persistem na relação entre estes seres.[18] O humano, ao se olhar no espelho, pensa ser um absurdo a constatação de que na sua árvore genealógica há um «macaco» que divide com ele uma herança fisiológica e genética.

Contudo, porque é tão difícil compreender que são as diferenças que unem os seres da Terra, sendo a busca pela sobrevivência o elemento comum entre humanos e não-humanos? Uma resposta nesse sentido começou a ser construída por Charles Darwin há cerca de 150 anos.[19]

Em *A Origem das Espécies*, o autor refuta os fundamentos filosóficos que sustentavam o domínio do homem sobre os demais animais. Com base nos estudos de Jean-Baptiste Lamarck (1744–1829), Erasmus Darwin (1731–1802) e Thomas Malthus (1766–1834), Charles Darwin avançou no sentido de desenvolver duas ideias principais: a) as espécies evoluem e se adaptam às circunstâncias que encontram; b) a seleção natural favorece os organismos mais bem equipados para sobreviver e se reproduzir.[20]

---

[17] *Idem, ibidem*, p. 142.

[18] Sobre a temática, ver em português Araújo, Fernando, *A Hora dos Direitos dos Animais*, Coimbra, Almedina, 2003, p. 45.

[19] Stefoff, Rebecca, *Charles Darwin: a revolução da evolução*, São Paulo, Companhia das Letras, 2007, p. 82.

[20] Browne, Janet, *A Origem das espécies de Darwin: uma biografia*, Rio de Janeiro, Jorge Zahar Ed., 2007, p. 83.

Contudo, não foi na obra *A Origem das Espécies* que Darwin demonstrou os elementos que unem os humanos e não-humanos. Em 1871, em *The Descent of Man and Selection in Relation to Sex* (A Descendência do Homem), Darwin expôs que tudo que se dizia humano – linguagem, moralidade, senso religioso, afeição materna, civilização, apreciação da beleza – havia se desenvolvido a partir dos não-humanos.[21]

A compreensão de que há mais elementos que unem humanos e não-humanos do que os que os distinguem desmistificou a hipervalorização da razão por parte dos racionalistas, tendo sido considerada uma posição radical e dura para muitos evolucionistas, tais como Alfred Wallace. Ele achava que, embora os humanos houvessem adquirido sua forma física por meio da evolução e da seleção natural, suas exclusivas qualidades de mente e alma lhes haviam sido dadas por forças espirituais.[22]

Foi Thomas Huxley, ao publicar *Evidence as to Man´s Place in Nature* (Evidências sobre o Lugar do Homem na Natureza) em 1863, quem corroborou em situar de vez os *Homo sapiens* no reino animal, devido à grande semelhança com gorilas e chimpanzés.[23] Apesar desse avanço, persiste no ideário popular e até mesmo no inconsciente das pessoas a noção de superioridade dos humanos perante os demais animais, resumida no seguinte juízo especista: «humanos são humanos e gorilas são animais»[24]. Como já mencionado, há um inquestionável golfo entre espécies a ser superado.[25]

---

[21] *Idem, ibidem*, p. 119.

[22] Stefoff, Rebecca, *op. cit.*, p. 89.

[23] *Idem, ibidem.*

[24] Dawkins, Richard, «Gaps in the Mind», *in* Cavalieri, Paola e Singer, Peter (eds.), *The Great Ape Project: Equality Beyond Humanity*, Nova Iorque, St. Martin's Press, 1993, p. 81.

[25] *Idem, ibidem, loc. cit.*

Hodiernamente, cientistas sabem que os organismos pertencem a uma mesma espécie, visto que possuem entre si uma proximidade do material genético, sendo ele comum. É com base nessas descobertas que autores vêm propondo uma nova classificação a não considerar critérios genuinamente antropocêntricos.[26]

Um exemplo trazido pela doutrina é o da classificação taxonômica que, a depender de determinada cultura, classifica fenômenos iguais às vezes de forma diferente.[27] Na taxonomia tradicional de Carl Linnaeus, os grandes primatas – chimpanzés, gorilas, orangotangos, gibões e bonobos – pertencem à família Pongidae, ao gênero *Pan* e às espécies *Pan troglodytes* (chimpanzé comum) e *Pan paniscus* (bonobos); diferentemente dos humanos, que integram a família Hominidae, o gênero *Homo* e a espécie *Homo sapiens*. Carl Linnaeus enfatiza as diferenças entre as espécies.[28]

Diferentemente, Richard Dawkins não observa razão para se separar biologicamente chimpanzés, gorilas e orangotangos dos seres humanos, uma vez que há um ancestral comum entre os demais primatas e os humanos. Os ancestrais com os chimpanzés e gorilas são muito mais recentes que o ancestral comum deles com os demais primatas asiáticos (gibões).[29] Para ele, a visão de Linnaeus transforma os seres humanos em primatas

---

[26] DUNBAR, R. I. M., «What's in a Classification?», *in* CAVALIERI, Paola e SINGER, Peter. (org.), *The Great Ape Project*, Nova Iorque, St. Martin's Griffin, 1993, p. 109.

[27] *Idem, ibidem.*

[28] GORDILHO, Heron J. S.; SANTANA, Luciano Rocha; SILVA, Tagore Trajano de Almeida *et al.*, Habeas Corpus impetrado em favor da chimpanzé Suíça na 9.ª Vara Criminal de Salvador (BA), *Revista Brasileira de Direito Animal*, v. 1, n.º 1 (jan/dez. 2006), Salvador, Instituto de Abolicionismo Animal, 2006, p. 270.

[29] DAWKINS, Richard, *op. cit.*, p. 82.

«artificiais», retirando a figura humana.[30] Nesse entendimento, Dawkins defende uma categorização que inclua a todos como «grandes primatas», uma espécie de «primatas africanos» com os seres humanos, acabando com a ficção existente.[31]

Esta é a concepção de Jared Diamond, ao asseverar que a comparação do ADN de humanos com a dos outros primatas corrobora a existência de mais semelhanças que diferenças entre ambos. Esta última seria muito menor do que os paleontologistas usualmente afirmam.[32] Estudos trazem uma mudança significativa na posição do homem no reino animal, ao dizer que a classificação elaborada por Linnaeus (tradicional) tem apenas reforçado a tendência antropocêntrica que estabelece uma dicotomia fundamental entre humanos e não-humanos, ou seja, entre o homem e os demais animais.[33]

Jared Diamond propõe que se siga uma nova taxonomia a partir da perspectiva do chimpanzé, na qual se inclua os três chimpanzés em uma mesma categoria, inclusive o chimpanzé humano.[34] A taxonomia proposta pelo entomologista Willi Hennig, chamada Cladística, assenta em uma classificação de acordo com as relações evolutivas ao se analisar a ancestralidade de cada espécie. Deste modo, conseguir-se-ia uma classificação uniforme e objetiva, visto que seria baseada na distância genética ou na proximidade entre os seres.[35]

Homens e animais teriam os mesmos recursos anatômicos, pertencendo a um mesmo grupo classificatório.[36] Neste

---

[30] *Idem, ibidem, loc. cit.*

[31] *Idem, ibidem,* p. 83.

[32] DIAMOND, Jared, *The Third Chimpanzés.* New York: HarperCollins. 1992. p. 96.

[33] *Idem, ibidem,* p. 95.

[34] *Idem, ibidem, loc. cit.*

[35] DUNBAR, R. I. M., *op. cit.*, p. 105.

[36] *Idem, ibidem, loc. cit.*

caso, poderia dizer-se que não há mais apenas uma espécie do gênero *Homo* na Terra, mas sim quatro: *Homo troglodytes* (chimpanzés), *Homo paniscus* (bonobos), *Homo sapiens* (seres humanos) e *Homo gorilla* (gorilas), com iguais direitos a serem consideradas.[37] A evolução deste pensamento encerraria o debate sobre o não-reconhecimento do ser humano no reino animal, dividindo com estes seres suas principais características e relações.

4. A dignidade animal como valor a unir humanos e não-humanos

O elo que une o entendimento sobre a política das espécies passa pela compreensão do valor dignidade e sua expansão além da espécie humana. Em uma primeira análise, poderia se arvorar dizer que a dignidade é um conceito eminentemente humano, contudo, percebe-se que este valor vem passando por transformações históricas recentes, confirmando a possibilidade de ampliação do conteúdo material deste termo.[38]

Para exemplificar, no pensamento filosófico e político da antiguidade clássica era digna (*dignitas*) a pessoa humana que ocupava determinada posição social, sendo este conceito atribuído pelo reconhecimento dos demais membros da comunidade.[39] Desta forma, poderia haver uma modulação do que seria digno, no sentido de admitir a existência de pessoas mais ou menos dignas dentro daquele grupo. De maneira diversa, os estóicos entendiam a dignidade associada à noção

---

[37] Diamond, Jared, *The third chimpanzee*, *op. cit.*, p. 97.

[38] RabEnhorst, Eduardo Ramalho, *Dignidade Humana e Moralidade Democrática*, Brasília, Brasília Jurídica, 2001, p. 9.

[39] Comparato, Fábio Konder, *Afirmação histórica dos Direitos Humanos*, 2.ª ed., São Paulo, Saraiva, 2001, p. 12.

de liberdade pessoal de cada indivíduo, ou seja, todos os seres livres são detentores de forma igual de dignidade.[40]

Na Idade Média, o ser humano passou a ser considerado à imagem e semelhança de Deus e, com exceção de São Francisco de Assis, a Igreja olhava para os demais seres com desprezo e indiferença.[41] O conceito de dignidade estava vinculado ao pensamento judaico-cristão, traduzindo, ademais, uma evidente noção de superioridade do ser humano em virtude de sua racionalidade e livre-arbítrio.[42] Para Tomás de Aquino, os animais existiriam para benefício dos homens, assim como os pulmões existiriam para benefício do coração, sendo que, desta forma, não se poderia falar em uma dignidade própria do animal.[43]

No âmbito do pensamento jusnaturalista dos séculos XVII e XVIII, a concepção de dignidade da pessoa humana passou por um processo de racionalização e laicização, mantendo-se apenas as noções fundamentais da igualdade de todos os homens em dignidade e liberdade.[44] Nesse sentido, para Kant, os animais não são autoconscientes, e, portanto, existem apenas como instrumento destinado a um fim, e esse fim é o homem, de modo que os nossos deveres para com eles são apenas indiretos, pois o seu verdadeiro fim é a humanidade.[45] Todas as

---

[40] SARLET, Ingo Wolfgang, *Dignidade da Pessoa Humana e Direitos Fundamentais na Constituição Federal de 1988*, 5.ª ed., Porto Alegre, Livraria do Advogado, 2007, p. 30.

[41] GORDILHO, Heron José, *Abolicionismo Animal*, Salvador, Evolução, 2009, p. 13.

[42] SILVA NETO, Manoel Jorge, *Curso de Direito Constitucional*, 2.ª ed., Rio de Janeiro, Lúmen Júris, 2006, p. 222.

[43] AQUINO, Tomás de, *Suma teológica*, São Paulo, Loyola, 2002, p. 904.

[44] SARLET, Ingo Wolfgang, *op. cit.*, pp. 31–32.

[45] KANT, Immanuel, *Fundamentação da metafísica dos costumes*, trad. A. Pinto de Carvalho, São Paulo, Editora Nacional, 1964.

demais espécies como produto da necessidade física são consideradas um meio para o ser humano.[46]

Immanuel Kant, em 1785, na sua obra *Grundlegung zur Metaphysik der Sitten* (Fundamentação da Metafísica dos Costumes)[47], expõe que apenas o homem tem o atributo da dignidade[48], valor absoluto de possuir vontade própria e autoconsciência com a capacidade de agir de maneira distinta de um mero espectador e de tomar decisões, perseguindo seus próprios interesses[49]. O princípio que diz que se deve tratar

---

[46] JONAS, Hans, *O princípio vida: fundamentos para uma biologia filosófica*, trad. Carlos Almeida Pereira, 2.ª ed., Petrópolis/RJ, Ed. Vozes, 2004, p. 70.

[47] KANT, Immanuel, *op. cit.*, p. 435.

[48] A razão refere assim toda máxima da vontade, concebida como legisladora universal, a toda outra vontade, e também a toda ação que o homem ponha para consigo: procede assim, não tendo em vista nenhum outro motivo prático ou vantagem futura, mas levada pela ideia da dignidade de um ser racional que não obedece a nenhuma outra lei que não seja, ao mesmo tempo, instituída por ele próprio. No reino dos fins tudo tem um *preço* ou uma *dignidade*. Uma coisa que tem um preço pode ser substituída por qualquer outra coisa equivalente; pelo contrário, o que está acima de todo preço e, por conseguinte, o que não admite equivalente é o que tem uma dignidade. [...]

Ora, a moralidade é a única condição capaz de fazer que um ser racional seja um *fim em si*, pois só mediante ela é possível ser um membro legislador no reino dos fins. Pelo que, a moralidade, bem como a humanidade, enquanto capaz de moralidade, são as únicas coisas que possuem *dignidade*. KANT, Immanuel, *op. cit.*, pp. 435–436.

[49] [...] o homem, e em geral *todo ser racional*, existe *como fim em si, não apenas como meio*, do qual esta ou aquela vontade possa dispor a seu talento; mas, em todos os seus atos, tanto nos que se referem a ele próprio, como nos que se referem a outros seres racionais, ele deve sempre ser considerado ao mesmo tempo como fim. [...] Os seres, cuja existência não depende precisamente de nossa vontade, mas da natureza, quando são seres desprovidos de razão, só possuem valor relativo, valor de meios e por isso se chamam *coisas*. Ao invés, os seres racionais são chamados *pessoas*, porque a natureza deles os designa já como *fins em si mesmos*, isto é, como alguma coisa que não pode ser usada unicamente como *meio*, alguma coisa que, consequentemente, põe um

o homem como um fim em si mesmo implica não só o dever negativo de não prejudicar ninguém, mas também o dever positivo de obrar no sentido de favorecer a felicidade alheia.[50]

Tom Regan ensina que esta relação pode ser modificada, evitando um excessivo antropocentrismo que restrinja a concepção de dignidade apenas aos seres humanos. Seres que agregam algum valor em sua existência devem ser merecedores de tutela jurídica e moral[51]. Propõe-se, então, uma ampliação do conceito kantiano de pessoa na tentativa de conceber uma dignidade além do humano, concedendo às demais espécies um valor intrínseco a ser respeitado e reconhecido. A dignidade não seria atributo exclusivo da pessoa humana, mas de todas as formas de vida.

Nesse passo, Hans Jonas defende uma dignidade da natureza a ser alcançada com a substituição dos antigos imperativos éticos, dentre os quais o imperativo kantiano.[52] Deve-se passar do imperativo kantiano, que determina um agir individual «[...] *onde o princípio da ação se transforme em uma lei universal*», para um novo imperativo, fundado na responsabilidade, que

---

limite, em certo sentido, a todo livre-arbítrio (e que é objeto de respeito). Portanto, os seres racionais não são fins simplesmente subjetivos, cuja existência, como efeito de nossa atividade, tem valor *para nós*; são *fins objetivos*, isto é, coisas cuja existência é um fim em si mesma, e justamente um fim tal que não pode ser substituído por nenhum outro, e ao serviço do qual os fins subjetivos deveriam pôr-se *simplesmente* como meios, visto como sem ele nada se pode encontrar dotado de *valor absoluto*. KANT, Immanuel, *op. cit.*, p. 429.

50 COMPARATO, Fábio Konder, *op. cit.*, p. 24.

51 FELIPE, Sônia T., «Liberdade e autonomia prática: fundamentação ética da proteção constitucional dos animais», *in* MOLINARO, Carlos Alberto; SARLET, Ingo Wolfang *et al.* (orgs.), *A dignidade da vida e os direitos fundamentais para além dos humanos: uma discussão necessária*, Belo Horizonte, Fórum, 2008, p. 56.

52 Sobre este tema, ver JONAS, Hans, *El principio de responsabilidad. Ensayo de una ética para la civilización tecnológica*, Barcelona: Espanha, Editorial HERDER, 1995, p. 205.

atribui ao homem um agir responsável, de modo «*que os efeitos dessa ação sejam compatíveis com a permanência da vida* [...]»[53]. Embora antropocêntrico, Jonas possibilita em sua obra *O princípio responsabilidade* um avanço interpretativo (verdadeira mutação cognitiva) a contribuir com uma mudança de paradigma, qual seja, ampliação do círculo moral ao estabelecer uma rede solidária entre os indivíduos, as demais formas de vida e o planeta[54].

Como exposto nas seções anteriores, esta mudança de percepção e interferência do paradigma antropocêntrico dominante evidenciar-se-á dentro das categorias de alimentação, vestuário e recreação.[55] A quebra com esta relação de dominação pode ser encontrada, também, nos trabalhos de Humphry Primatt. Em 1776, ele publica na Inglaterra *A Dissertation on the Duty of Mercy and the Sin of Cruelty against Brute Animals* (Dissertação sobre o Dever de Compaixão e o Pecado da Crueldade contra os Animais Brutos)[56], defendendo uma completa redefinição dos conceitos cultivados pela tradição moral e religiosa da época em relação aos animais[57].

Outro autor que aponta nesta direção é Henry Salt, que, a partir dos argumentos cunhados por Primatt em defesa dos interesses dos animais sencientes, proporá a inclusão de todos os animais no âmbito da comunidade jurídica. Salt funda uma crítica voltada na aparência e na dominação da razão, estabe-

---

[53] Siqueira, José Eduardo de, El principio de responsabilidad de Hans Jonas, *Acta bioeth.*, vol. 7, n.º 2, ISSN 1726-569X, pp. 277–285, 2001, p. 279.

[54] Ost, François, *A natureza à margem da lei: a ecologia à prova do direito*, Lisboa, Instituto Piaget, 1995, p. 327.

[55] Regan, Tom, *op. cit.*, p. 28.

[56] Primatt, Humphry, *The duty of Mercy*, Fontwell: Sussex, Centaur Press, 1992.

[57] Felipe, Sônia T., Dos Direitos morais aos Direitos Constitucionais: Para além do especismo elitista e eletivo, *Revista Brasileira de Direito Animal*, v. 2, n.º 1 (jan/jun. 2007), Salvador, Evolução, 2007, pp. 143–159.

lecendo deveres, diretos e indiretos em relação aos membros da espécie humana. Deveres positivos (de beneficência) e os negativos (de não-maleficência), para com os demais seres[58].

Durante o século XX, autores como Richard D. Ryder, Peter Singer, Stanley e Roslind Godlowitch, John Harris e Andrew Linzey estabelecem a necessidade de se rever criticamente a filosofia moral tradicional e adotar um único princípio para considerar moralmente todos os seres semelhantes, atendendo ao que ordena a justiça, ou seja, tratamento igual para os casos semelhantes.[59]

Os direitos não devem ser conferidos com base na aparência do organismo, mas sim com base na necessidade do movimento e na semelhança da sensibilidade e da consciência. Não-humanos são capazes de distinguir e preferir experiências, desviando-se das más e buscando as boas[60]. Este entendimento era totalmente condizente com as ideias de Charles Darwin, ao afirmar que as diferenças entre a mente de um ser humano e a de um animal não-humano certamente são de grau e não de categoria[61].

O conceito de dignidade surge, assim, como o elo de ligação da relação humanos e não-humanos, evidenciando que todas as formas de vida são merecedoras de valor e consideração, sendo fundamental o estímulo de uma nova relação entre humanos e não-humanos, com o intuito de alcançar este objetivo final.

---

[58] Felipe, Sônia T., Agência e paciência moral: razão e vulnerabilidade na constituição da comunidade moral, *in* E*thic@*, Florianópolis, v. 6, n.º 4, pp. 69–82, Agosto de 2007, pp. 71–72. Disponível em: http://www.cfh.ufsc.br/ethic@/et611art7.pdf.

[59] Felipe, Sônia T., *Ética e experimentação animal: fundamentos abolicionistas*, *op. cit.*, p. 280.

[60] Felipe, Sônia T., *op. cit.*, p. 67.

[61] Darwin, Charles, *op. cit.*

5. Considerações finais

Ao longo do capítulo, se evidenciou a forma como os humanos e não-humanos se relacionam no decorrer dos anos. Para a proposição de um novo rumo, é fundamental a compreensão dos erros e acertos obtidos na trajetória até o presente momento.

O planeta Terra é um recinto habitado por diversos grupos e seres, cada um com sua importância e papel. É este conjunto desordenado de relações – no entanto, harmônico em objetivos – que torna possível a vida e a sobrevivência frente aos infinitos desafios. Humanos e não-humanos fazem parte dessa grande teia da vida, que só é possível com a cooperação de uns com os outros. Saber o que pode e deve ser modificado nesta relação é a indagação que se faz ao próprio ser que se encontra em crise consigo e à procura de um novo caminho a ser escolhido.

Dentro desse debate político entre espécies, propõe-se o mesmo caminho eleito por milhares de ativistas, acadêmicos e *animal lovers* (admiradores dos animais) ao redor do mundo, qual seja, o respeito e amor interespécies, simbolizado pela dignidade animal. Se há grande razão ao se dizer que se tem um pouco de tudo dentro de si – bem/mal, claro/escuro, esperança/medo –, quer se optar por prestigiar os primeiros, ao invés dos demais nesta extensa complexidade.

Saber conviver em equilíbrio e bom senso com os díspares deixa um legado de harmonia e boa vontade para todos dentro da comunidade. Tratar das afinidades e divergências, almejando o melhor resultado possível sem discriminações interespécies, é o primeiro caminho para uma mudança de postura interna do humano, e uma mudança de olhar para os demais animais. Um processo de aceitação que começa com o reconhecimento da importância do outro, cheio de diferenças, contudo, com valor e importância iguais.

Referências e leituras recomendadas

ARAÚJO, Fernando, *A Hora dos Direitos dos Animais*, Coimbra, Almedina, 2003.

AQUINO, Tomás de, *Suma teológica*, São Paulo, Loyola, 2002.

BROWNE, Janet, *A Origem das espécies de Darwin: uma biografia*, Rio de Janeiro, Jorge Zahar Ed., 2007.

COETZEE, John M., *A vida dos animais*, São Paulo, Companhia das Letras, 1998.

COMPARATO, Fábio Konder, *Afirmação histórica dos Direitos Humanos*, 2.ª ed., São Paulo, Saraiva, 2001.

CASSUTO, David N., The law of words: standing, environment, and other contested terms, *Harvard Environmental Law Review*, Vol. 28, [*s.l.*], 2004.

DARWIN, Charles, «The Descent of Man», *in Comparison of the Mental Powers of Man and Lower Animals.* Disponível em: http://charles-darwin.classic-literature.co.uk/the-descent-of-man/.

DAWKINS, Richard, «Gaps in the Mind», *in* CAVALIERI, Paola e SINGER, Peter (eds.), *The Great Ape Project: Equality Beyond Humanity*, Nova Iorque, St. Martin's Press, 1993.

DESCARTES, René, *Discurso do Método e Regras para a direção do Espírito*, trad. Pietro Nassetti, São Paulo, Martin Claret, 2007.

DUNBAR, R. I. M., «What's in a Classification?», *in* CAVALIERI, Paola e SINGER, Peter (eds.), *The Great Ape Project*, Nova Iorque, St. Martin's Griffin, 1993.

FAVRE, David, O ganho de força dos direitos dos animais, *Revista Brasileira de Direito Animal*, v. 01, n.º 1 (jan/dez. 2006), Salvador, Instituto Abolicionista Animal, 2006.

FELIPE, Sônia T., Agência e paciência moral: razão e vulnerabilidade na constituição da comunidade moral, *in Ethic@*, Florianópolis, v. 6, n.º 4, pp. 69–82, Agosto de 2007, pp. 71–72. Disponível em: http://www.cfh.ufsc.br/ethic@/et611art7.pdf.

FELIPE, Sônia T., Dos Direitos morais aos Direitos Constitucionais: Para além do especismo elitista e eletivo, *Revista Brasileira de Direito Animal*, v. 2, n.º 1 (jan/jun. 2007), Salvador, Evolução, 2007, pp. 143–159.

FELIPE, Sônia T., «Liberdade e autonomia prática: fundamentação ética da proteção constitucional dos animais», *in* MOLINARO, Carlos Alberto; SARLET, Ingo Wolfang *et al.* (orgs.), *A dignidade da vida e os direitos fundamentais para além dos humanos: uma discussão necessária*, Belo Horizonte, Fórum, 2008.

GIMÉNEZ-CANDELA, María Teresa, New rules to ensure the protection of animals in Spain: Spanish Animal Welfare Act. 32/2007, *Revista de Bioética y Derecho*, n.º 14, Setembro de 2008, pp. 25–28.

GORDILHO, Heron J. S.; SANTANA, Luciano Rocha; SILVA, Tagore Trajano de Almeida *et al.*, Habeas Corpus impetrado em favor da chimpanzé Suíça na 9.ª Vara Criminal de Salvador (BA), *Revista Brasileira de Direito Animal*, v. 1, n.º 1 (jan/dez. 2006), Salvador, Instituto de Abolicionismo Animal, 2006.

GORDILHO, Heron J. S.; SANTANA, Luciano Rocha; SILVA, Tagore Trajano de Almeida *et al.*, *Abolicionismo Animal*, Salvador, Evolução, 2009.

JAMIESON, Dale, «Against Zoo», *in* SINGER, Peter, *Defense of Animals: The Second Wave*, Oxford, Blackwell, 2006.

JONAS, Hans, *O princípio vida: fundamentos para uma biologia filosófica*, trad. Carlos Almeida Pereira, 2.ª ed., Petrópolis/RJ, Ed. Vozes, 2004.

JONAS, Hans, *El principio de responsabilidad. Ensayo de una ética para la civilización tecnológica*, Barcelona: Espanha, Editorial HERDER, 1995.

KANT, Immanuel, *Fundamentação da metafísica dos costumes*, trad. A. Pinto de Carvalho, São Paulo, Editora Nacional, 1964.

MATHENY, Gaverick, «Utilitarianism and animal», *in* SINGER, Peter, *Defense of Animals: The Second Wave*, Oxford, Blackwell, 2006.

OST, François, *A natureza à margem da lei: a ecologia à prova do direito*, Lisboa, Instituto Piaget, 1995.

PRIMATT, Humphry, *The duty of Mercy*, Fontwell: Sussex, Centaur Press, 1992.

RABENHORST, Eduardo Ramalho, *Dignidade Humana e Moralidade Democrática*, Brasília, Brasília Jurídica, 2001.

REGAN, Tom, *Jaulas Vazias*, Porto Alegre, Lugano, 2006.

SARLET, Ingo Wolfgang, *Dignidade da Pessoa Humana e Direitos Fundamentais na Constituição Federal de 1988*, 5.ª ed., Porto Alegre, Livraria do Advogado, 2007.

SILVA NETO, Manoel Jorge, *Curso de Direito Constitucional*, 2.ª ed., Rio de Janeiro, Lúmen Júris, 2006.

SILVA, Tagore Trajano de Almeida, *Animais em Juízo: direito, personalidade jurídica e capacidade processual*, 1.ª ed., Salvador, Evolução, 2012.

SILVA, Tagore Trajano de Almeida, *Direito animal & ensino jurídico: formação e autonomia de um saber pós-humanista*, Salvador, Evolução, 2014.

SINGER, Peter, Ética Prática, São Paulo, Martins Fontes, 1998.

SINGER, Peter, *Vida ética*, Rio de Janeiro, Ediouro, 2002.

SIQUEIRA, José Eduardo de, El principio de responsabilidad de Hans Jonas, *Acta bioeth.*, vol. 7, n.º 2, ISSN 1726-569X, pp. 277–285.

STEFOFF, Rebecca, *Charles Darwin: a revolução da evolução*, São Paulo, Companhia das Letras, 2007.

II

PROBLEMAS DA ÉTICA ANIMAL

Do cativeiro à exploração dos animais

Jorge Marques da Silva
Departamento de Biologia Vegetal da Faculdade de Ciências
da Universidade de Lisboa e Instituto de Biossistemas
e Ciências Integrativas (BioISI)

1. Apontamento histórico

Na presente secção, faremos uma breve revisão dos conhecimentos actuais sobre o processo de domesticação animal, que veio permitir a produção de animais em cativeiro.

1.1. Da caça e recolecção à agricultura

O Homem sempre se relacionou com a Natureza. Até ao Neolítico, porém, o relacionamento que com ela manteve era, essencialmente, indistinto do relacionamento mantido entre os outros animais e a Natureza, isto é, podemos afirmar que se tratava de um relacionamento essencialmente biológico. Os

Homens eram caçadores-recolectores, utilizavam a Natureza quase tal qual esta se apresentava, sem a modificar, de modo deliberado. O advento da agricultura, no Neolítico, marca uma alteração significativa nas relações Homem-Natureza: este deixa de a usar (quase) tal como se apresenta, e passa a modificá-la muito mais profundamente, de acordo com os seus interesses. Nessa modificação da Natureza, assume particular relevância o processo de domesticação, quer de plantas, quer de animais, sendo este último o que particularmente nos interessa no presente contexto. A partir de então, a utilização de animais pelos seres humanos alterou-se e foi-se diversificando ao longo da História, de acordo com as transformações culturais e tecnológicas das sociedades.

1.2. Domesticação e cativeiro

A domesticação de plantas e animais é considerada o acontecimento mais importante dos últimos treze mil anos da história da humanidade. Ela deve interessar-nos a todos, cientistas, políticos e cidadãos em geral, porque está na base da maior parte da produção alimentar actual, determinou o aparecimento das primeiras civilizações, garantiu que o processo civilizacional tivesse continuidade e transformou a demografia global. A domesticação de plantas e a domesticação de animais estão intimamente ligadas e ocorreram simultaneamente, nas mesmas sociedades, integrando o mesmo processo de transformação tecnológica, social e cultural. Neste capítulo, porém, ocupar-nos-emos quase exclusivamente da domesticação animal.

A domesticação animal é o processo através do qual animais selvagens criados em cativeiro são modificados relativamente aos seus progenitores selvagens, e adaptados aos seres humanos e ao ambiente que estes propiciam, tornando-se mais úteis para estes. É, portanto, mais do que a simples captura e cativeiro; implica alterações diversas nos animais. Exemplificando: os elefantes de guerra usados por Aníbal eram, e são-no ainda, os actuais elefantes indianos, animais selvagens treinados para servir os humanos; não constituem indivíduos de uma população geneticamente distinta, nascida e mantida em cativeiro; isto é, não são animais domesticados. A domesticação animal implica um processo de selecção que conduz a alterações morfológicas, fisiológicas, genéticas e comportamentais hereditárias, tornando, em muitos casos, os animais domesticados marcadamente diferentes dos seus ancestrais selvagens. O caso mais significativo é o da domesticação do cão a partir do lobo, que é apresentado e discutido com mais detalhe na secção 2. Muitas das variedades animais mais marcadamente domesticadas, aliás, não poderiam já sobreviver no estado natural, tendo passado a estar dependentes do cuidado humano, o que levou alguns autores a considerar que estamos perante uma relação mutuamente benéfica (o que é, seguramente, discutível, pelo menos desde o advento da pecuária industrial e da generalização das utilizações contemporâneas dos animais ditadas pela biotecnologia).

1.3. Origens da domesticação animal

As origens da domesticação animal – e, portanto, as origens da pecuária – têm merecido intensa investigação.

Não foi, provavelmente, uma decisão consciente e deliberada que deu início ao processo de domesticação, uma vez que os pioneiros da produção animal não tinham nenhum modelo por onde se guiar, não sabiam que havia um objectivo a prosseguir, não conheciam as consequências que a domesticação lhes traria. E se tivessem previsto essas consequências – pelo menos as que se observaram a curto prazo –, talvez tivessem evitado dar os primeiros passos rumo à domesticação. De facto, elementos arqueológicos e etnográficos recolhidos por todo o mundo mostram que a transição da caça e recolecção para a agricultura e pecuária (isto é, a transformação social resultante da domesticação de animais e plantas) se traduziu, no período subsequente, em mais trabalho, menor estatura dos humanos adultos, pior situação nutricional e mais doenças.

Não tendo a domesticação animal constituído uma decisão intencional e deliberada, as suas raízes – como reconheceu Darwin – assentam provavelmente na tendência, comum a todos os povos, para tentar domar ou controlar os animais selvagens com que interagiam (incluindo candidatos tão improváveis como águias-pesqueiras, hienas e ursos-pardos). Portanto, as comunidades humanas que assentavam na caça e na recolecção manipulavam, há muito tempo, as plantas e animais selvagens que as rodeavam. O comportamento caçador-recolector, porém, começou a alterar-se no final do Pleistoceno (que corresponde, aproximadamente, na cronologia da pré-história humana, ao final do Paleolítico), devido a um clima cada vez mais imprevisível, ao decréscimo nas populações de grandes herbívoros, que eram a primeira opção dos caçadores, e à crescente ocupação humana dos *habitat* disponíveis. Para decrescer o risco de falhas imprevistas na obtenção de alimentos, as pessoas alargaram o espectro alimentar das suas dietas, para incluir alimentos que até então constituíam segundas ou terceiras escolhas, tais como uma maior abundância de pequenas peças de caça, e alimentos vegetais que exigiam maior preparação (trituração, embebição, etc.). Eventualmente, em algumas comunidades, foram transportadas certas plantas selvagens (como os cereais selvagens) dos seus *habitat* para outros mais produtivos e iniciou-se o seu cultivo. Isto provocou a sedentarização das populações, que até então eram sobretudo nómadas, e implicou a necessidade de confinar os animais às áreas habitadas, pondo em marcha a sua domesticação.

Estas alterações são particularmente bem conhecidas para o contexto do Crescente Fértil, zona situada no Sudoeste Asiático e o primeiro local de domesticação no mundo que gerou as espécies vegetais e animais mais valiosas. Para a maior parte das espécies aí domesticadas, o progenitor selvagem e a sua distribuição geográfica foram já identificados, e a sua relação com as espécies ou variedades domesticadas foi provada por estudos genéticos ou cromossómicos. As alterações morfológicas e fisiológicas introduzidas sob domesticação foram identificadas (frequentemente estabelecendo-se também a sua base genética) e a progressão histórica dessas alterações – sobretudo das morfológicas – foi estabelecida através do estudo dos vestígios encontrados nas sucessivas camadas do registo arqueológico.

Prosseguiremos descrevendo sucintamente as características dos animais domesticados.

2. Características dos animais domesticados

As espécies selvagens apresentavam diferentes características a necessitar – na perspectiva dos interesses humanos – de melhoramento. A diversidade existente, nessas características, entre os diferentes indivíduos das populações naturais, forneceu a base para esse melhoramento. Por exemplo, as galinhas foram seleccionadas para serem maiores, os grandes bovinos, para serem menores e as ovelhas para produzirem uma pelagem mais macia, tornando possível a obtenção de lã. Especialmente instrutivos são os casos em que a mesma espécie ancestral foi seleccionada, sob domesticação, para fins alternativos, resultando em tipos com aparências muito diferentes. Por exemplo, os cães foram seleccionados artificialmente para desempenharem funções tão distintas como caçar javalis, escavar o solo na caça a coelhos e outros pequenos mamíferos, levantar peças de caça e guardar rebanhos e até para nos servirem de alimento ou, simplesmente, para serem animais domésticos de companhia. Que zoólogo desprevenido, olhando para raças como o dogue alemão, o *fox terrier*, o podengo português, o serra-da-estrela, o *chow-chow* ou o chihuahua, imaginaria, a princípio, que eles pertencem à mesma espécie? Por outro lado, a par desta enorme diversidade, há características comuns aos animais domesticados: a maioria tem cérebros mais pequenos e órgãos dos sentidos menos apurados do que os seus antepassados selvagens, incluindo as recentemente domesticadas trutas. Cérebros activos e sentidos apurados são essenciais para sobreviver na Natureza; mas, na perspectiva dos seres humanos, representam, em cativeiro, o desperdício de uma quantidade significativa de energia.

Uma questão que tem intrigado os investigadores reporta-se ao baixíssimo número de espécies selvagens que foram domesticadas. As espécies animais selvagens que mais plausivelmente poderiam ter originado espécies domesticadas valiosas são os grandes mamíferos herbívoros e omnívoros terrestres, dos quais se conhecem 148 espécies selvagens cujo peso, nos adultos, ultrapassa os 45 kg. No entanto, apenas 14 dessas espécies foram domesticadas, o que nos leva a perguntar o que terá impedido a domesticação das restantes 134. Residirá esse impedimento nas características das próprias espécies não-domesticadas; ou, pelo contrário, residirá no comportamento dos povos que habitavam a sua área de distribuição geográfica? Por exemplo, terão sido as características das espécies de mamíferos africanas, ou terá sido a sua elevada abundância e disponibilidade para os habitantes humanos, que fizeram que nenhuma delas tenha sido domesticada na África subequatorial? Várias linhas de evidências independentes convergem para mostrar que as razões residem nas espécies animais, e não nos povos locais. Um exemplo é fornecido pelos criadores de cavalos europeus que se estabeleceram na África do Sul no início do século XVII e – tal como os seus congéneres africanos durante os milénios anteriores – tentaram domesticar as zebras. Acabaram por desistir, por duas razões: primeiramente porque as zebras são muito ferozes, tendo propensão para morder de forma violenta e persistente, muitas vezes mortal (causando, actualmente, nos jardins zoológicos, mais incidentes graves do que os tigres); em segundo lugar, porque têm melhor visão periférica do que os cavalos, tornando impossível laçá-las (detectam a corda e desviam a cabeça), mesmo para os mais competentes vaqueiros profissionais.

Entre as espécies de mamíferos selvagens que nunca foram domesticadas, os seis obstáculos principais provaram ser: i) uma dieta que não pode ser facilmente fornecida pelos humanos (não há, por isso, animais insectívoros domesticados); ii) taxas de crescimento lentas e longo espaçamento entre os nascimentos (é o caso, por exemplo, de elefantes e gorilas); iii) carácter imprevisível e agressivo (como o dos ursos-pardos e dos rinocerontes, entre outros); iv) dificuldades na procriação em cativeiro (observadas, por exemplo, em pandas e chitas); v) ausência de hierarquias de dominância e liderança (observadas nos carneiros selvagens e nos antílopes); e vi) tendência para o pânico em espaços confinados ou na presença de predadores (caso das gazelas e das várias espécies de veados, com excepção das renas). Muitas espécies selvagens reúnem cinco destas seis características, mas mesmo assim não puderam ser domesticadas porque a falta de qualquer delas é impeditiva do processo.

Em resumo, e abordando a questão pela positiva, as espécies animais escolhidas para domesticação apresentavam um conjunto de características comuns: eram dóceis (ou podiam ser seleccionadas para a docilidade) e não manifestavam medo dos seres humanos; eram não-territoriais, tolerantes com o convívio em manadas (grupos), isto é, os indivíduos apresentavam agressividade reduzida, e não manifestavam medo dos seus semelhantes; mantinham uma hierarquia de dominância, permitindo que os seres humanos assumissem o papel de líderes; e apresentavam hábitos reprodutivos fecundos e crescimento rápido.

Percorreremos seguidamente as diversas utilizações que as sociedades humanas foram dando, e dão actualmente, aos animais.

3. A utilização de animais pela humanidade

A humanidade relaciona-se com os animais de maneiras muito diversas. Tradicionalmente, usa-os como alimento, quer consumindo-os directamente, através de peças de caça e pesca ou animais de pecuária e aquicultura, quer indirectamente, consumindo os bens que produzem; e, das mesmas formas directa e indirecta, usa-os como fornecedores de matérias-primas para a indústria do vestuário e afins. Utiliza-os também como recurso lúdico de várias maneiras, da caça à tauromaquia, passando pelas lutas de galos e pela equitação. Utiliza-os também como companhia e como prestadores de serviços. E, mais recentemente, utiliza-os como modelos biológicos em testes laboratoriais, como fornecedores geneticamente modificados de medicamentos, ou como dadores em xenotransplantes. Entre as utilizações que maiores controvérsias têm gerado incluem-se a pecuária intensiva e a utilização em experimentação biomédica.

Não é fácil classificar toda esta diversidade de utilizações. Por um lado, podemos dividi-la em utilizações mais tradicionais e utilizações contemporâneas, emergentes na era da tecnociência; por outro lado, há utilizações dos animais enquanto produto, enquanto matéria-prima, e outras que a eles recorrem como prestadores de serviços. E há certamente algumas que não se enquadram em nenhuma destas categorias.

No presente texto, privilegiando a facilidade de leitura, optou-se por um sistema misto, apresentando as utilizações dos animais distribuídas por três categorias: os animais enquanto matéria-prima; os animais enquanto prestadores de serviços; e os animais no contexto da sociedade tecnocientífica.

3.1. Os animais enquanto matéria-prima

A utilização de animais na alimentação humana baseia-se na captura de animais selvagens na Natureza, através da caça, da pesca e de outros meios de recolha (por exemplo, apanha de caracóis e de vários tipos de molusco marinho). A caça de animais para suprir as necessidades alimentares da população humana é, actualmente, à escala global, pouco significativa, mas continua a ser importante em algumas sociedades tecnologicamente menos desenvolvidas (por exemplo, a caça de focas entre os Inuítes).

De facto, embora o recurso a espécies selvagens para suprir necessidades alimentares humanas, à escala global, tenha vindo a diminuir, vários autores têm, recentemente, chamado a atenção para o papel crucial que, localmente, ainda representa. A utilização média de alimentos de origem selvagem por comunidades agrícolas de 22 países de África (contabilizada a partir de 36 estudos independentes) é de 90 a 100 espécies por local, incluindo plantas e animais. Muitos destes alimentos selvagens são geridos activamente, sugerindo que há uma falsa dicotomia nos conceitos de «cultivado» e «selvagem»: os caçadores-recolectores cuidam do seu ambiente e os agricultores utilizam muitas plantas e animais selvagens.

Actualmente, o termo «selvagem» é, por norma, utilizado para referir ecossistemas e situações em que os seres humanos não interferiram. Contudo, hoje sabemos que os seres humanos influenciaram e geriram, se não todos, pelo menos a maioria dos ecossistemas e das suas plantas e animais. Na Papua-Nova Guiné, por exemplo, os porcos selvagens e domésticos são centrais para muitas estratégias de sobrevivência. Os porcos selvagens são caçados e geridos: os machos e fêmeas em idade reprodutora são colocados juntos para procriarem, as fêmeas são seguidas para localizar as ninhadas e os leitões são removidos para serem engordados em cativeiro, e os porcos selvagens são alimentados com palmeiras e raízes. Alguns grupos locais cultivam campos de batata-doce adicionais exclusivamente para alimentação dos porcos selvagens. Do mesmo modo, embora os casuares que habitam as florestas nunca sejam reproduzidos em cativeiro, as suas crias são capturadas, domadas e desenvolvidas em cativeiro.

Uma situação semelhante, de fusão entre o «selvagem» e o «cultivado», ocorre nas comunidades siberianas que pastoreiam e caçam renas. O traço comum a todos estes casos é a atenção extrema dedicada pelos habitantes à Natureza dos sítios onde vivem. O conhecimento e compreensão adquiridos formam a base para a gestão adaptativa do *habitat*, ao longo das gerações.

Contrariamente ao que se verifica na caça, a pesca é hoje, talvez mais do que nunca, uma actividade quantitativamente importante para a alimentação humana, à escala do planeta. Em 2014, o consumo mundial anual de peixe atingiu o valor recorde de 20 kg *per capita*, e metade desse peixe foi obtida através da pesca. A actividade piscatória encontra-se, contudo, fortemente condicionada devido aos valores criticamente baixos dos efectivos de muitas das espécies com interesse comercial.

As alternativas à caça e à pesca no fornecimento de proteína animal para alimentação humana são a pecuária e a aquicultura (piscicultura e maricultura). A aquicultura é uma actividade em elevado crescimento e compete progressivamente com a pesca; a pecuária, pelo contrário, é uma actividade há longo tempo bem estabelecida. Podemos distinguir a actividade pecuária que exige necessariamente o sacrifício da vida dos animais para satisfazer o consumo humano (isto é, consumo de carne e de produtos análogos) da que não exige, pelo menos directa e necessariamente, o sacrifício da vida dos animais, como é o caso da produção de leite e de ovos.

Os animais são igualmente utilizados pela humanidade para produção de vestuário e de adornos. Também aqui, podemos distinguir utilizações que implicam o sacrifício da vida dos animais (por exemplo, vestuário de pele ou de couro) das que não o exigem obrigatoriamente (por exemplo, obtenção de lã e a produção de seda pelos bichos-da-seda). A obtenção de peles faz-se cada vez mais através da produção de animais em cativeiro (por exemplo, martas e crocodilos), mas persiste alguma caça com esse intuito.

3.2. Os animais enquanto prestadores de serviços

Muitas espécies de animais (sobretudo grandes herbívoros – cavalos, burros, camelos, dromedários, búfalos, elefantes, etc. –, mas também, por exemplo, os cães, nas regiões árcticas) são ainda utilizadas como meios de transporte. Os animais – em particular, os cães – prestam-nos também vários serviços específicos: guia de cegos, auxiliares de busca e salvamento, apoio ao pastoreio, apoio a funções de policiamento e guarda doméstica. A utilização militar de animais é também um facto, desempenhando estes, nesse contexto, algumas das funções atrás referidas (transporte, guarda, etc.), ou outras mais específicas. Por exemplo, cavalos, elefantes e camelos foram usados em ataque montado. Embora a mais famosa utilização de elefantes em contexto militar seja a feita por Aníbal, na Segunda Guerra Púnica, os elefantes foram usados muito mais recentemente, na Segunda Guerra Mundial, quer pelos japoneses, quer pelos Aliados, e ainda na campanha da Birmânia, por serem capazes de realizar trabalhos pesados onde as máquinas não conseguiam chegar. Pombos foram utilizados em comunicações e para espionagem fotográfica; e cães, para detecção de bombas. A marinha dos Estados Unidos da América treinou golfinhos e leões-marinhos para vigilância subaquática, detecção de minas e recuperação de objectos.

Um tipo de utilização muito distinta dos animais é a lúdica. A mais generalizada é, certamente, o mero usufruto da companhia dos animais domésticos. A posse de animais de companhia pela nobreza e outros estratos da sociedade dominante tem um longo historial, remontando, pelo menos, ao Antigo Egipto. Existem murais desse período em que se podem ver faraós na companhia dos seus animais de estimação. Muitas gerações de imperadores chineses mantinham cães como animais de companhia e, quer gregos, quer romanos, cultivavam entusiasticamente essa prática. Na Europa medieval, sobretudo entre os séculos XIII e XV, a nobreza demonstrou interesse na manutenção de animais de companhia, embora enfrentando frequentemente a crítica da Igreja, que os considerava uma frivolidade e entendia que os alimentos despendidos com esses animais seriam mais bem empregados para alimentar os famintos. De facto, a posse de animais de companhia apenas foi aceite na Europa, de forma generalizada, no final do século XVII, e apenas se tornou comum entre os membros da classe média no final do século XVIII.

O culto dos animais domésticos na sua forma actual é, provavelmente, uma invenção da Inglaterra vitoriana. Nesse período, os animais de companhia eram vistos como uma ligação ao mundo natural, que, face aos progressos da ciência e da tecnologia, já não era perspectivado como uma ameaça.

Actualmente, há uma consciência crescente dos efeitos muito positivos que o convívio com os animais de estimação exerce sobre a saúde humana e o bem-estar psicológico das pessoas, reconhecendo-se o seu valor terapêutico.

Outro exemplo de utilização lúdica dos animais é a participação destes em espectáculos de circo ou em outros como os de ilusionismo, ou ainda em parques aquáticos, como se verifica com mamíferos marinhos.

Embora a palavra «circo» provenha do grego *kirkos*, que significa círculo ou anel, o circo antigo floresceu na Roma Antiga e já neste os animais desempenhavam um papel central, pois, entre as principais actividades que aí se desenrolavam, sobressaíam as corridas de cavalos e de quadrigas, as lutas entre animais treinados, e entre estes e gladiadores. O circo moderno terá nascido em Inglaterra, no século XVIII, e desde então incluiu números com animais: no início consistiam unicamente em espectáculos equestres; rapidamente foram também incluindo números com elefantes e grandes felinos. Mais recentemente, porém, face ao sofrimento induzido aos animais, um número crescente de países tem proibido a utilização destes em espectáculos de circo.

Também se pode incluir no usufruto lúdico dos animais a sua utilização em produções audiovisuais (cinematográficas, televisivas, etc.). Aliás, os animais têm desempenhado um papel relevante na história da arte como modelos pictóricos e escultóricos e, mais recentemente, como material plástico. Na arte contemporânea, na sequência de algumas instalações e *happenings* eventos exploratórios, surgiu um movimento designado por «arte animal», que explora os animais no sentido indicado, isto é, recorrendo aos seus corpos como forma de expressão plástica. Lamentavelmente, a vocação artística de impressionar e agitar consciências tem sido cumprida, por vezes, à custa de desmedido sofrimento animal, o que tem gerado significativa contestação. Um dos episódios mais polémicos foi protagonizado em 2007 por um artista costa-riquenho, então praticamente desconhecido, chamado Guillermo Vargas. Numa instalação apresentada em Manágua, Vargas prendeu um cão subnutrido e esfomeado a uma parede da galeria, colocando uma taça com alimento imediatamente fora do alcance do cão. Ao fim de alguns dias, o cão (alegadamente) terá morrido de fome. Esta situação provocou um mar de protestos, mas não constituiu, nem a primeira, nem a última utilização de animais, de forma abusiva e condenável, em nome da arte.

Os animais servem-nos também, por vezes, como símbolos religiosos (veja-se o papel das vacas sagradas na Índia) ou laicos (por exemplo, em clubes desportivos, que adoptam no estandarte animais que corporizam virtudes como a coragem – leão – ou o poder – águia).

As corridas de animais (equitação, corridas de cães, etc.) constituem um tipo distinto de espectáculo, mais ligado ao que alguns consideram uma actividade desportiva. Os espectáculos de lutas de animais (touros, galos, cães, ursos, etc.) adicionam-se a este conjunto. Uma situação muito particular consiste nos espectáculos tauromáquicos. As corridas de touros e os problemas éticos que suscitam serão abordados em próximo capítulo.

Nos antípodas destes espectáculos encenados localizam-se as actividades de observação e fotografias de animais na Natureza (observação de mamíferos marinhos, safaris fotográficos nas savanas, etc.). A observação de aves, pela sua popularidade e pelo elevado número de praticantes, merece particular destaque.

A caça e a pesca, além das funções de proporcionar alimentos, já discutidas, podem também constituir actividades recreativas e, no entender de alguns, até desportivas. Além dos animais capturados, há também que considerar os que são utilizados para apoiar estas actividades (cães de caça, falcões, furões, corvos-marinhos...). O coleccionismo pode, de alguma forma, ser associado a estas actividades (por exemplo, o culto dos troféus de caça), mas constitui em larga medida uma actividade independente, que pode implicar o sacrifício dos animais (por exemplo, colecção de borboletas) ou não (como é o caso da colecção de conchas, quase sempre recolhidas após a morte do organismo).

3.3. A utilização de animais nas sociedades tecnocientíficas

Sendo certo que a utilização dos animais em investigação – nesse caso, de filosofia natural – remonta à Grécia Clássica, o desenvolvimento da tecnociência (em particular, das biotecnologias) trouxe novas utilizações para os animais. A investigação biomédica assenta largamente na utilização de modelos animais, isto é, de espécies ou estirpes de animais que (espera-se) se assemelham, nos processos fisiológicos relevantes, à espécie humana. A ideia não é nova: Hipócrates, cerca de 450 anos a.C., já relacionava o aspecto de órgãos humanos doentes com os de órgãos animais em idêntica condição, com finalidades claramente didácticas. Porém, foi provavelmente Galeno, em Roma, nos séculos II e III da nossa era, o primeiro a realizar vivissecção (dissecção dos animais ainda vivos) com objectivos experimentais. A primeira investigação científica que recorreu sistematicamente à utilização de animais foi, possivelmente, a realizada por William Harvey, publicada em 1638, embora só o século XX, sobretudo após a compreensão do código genético, tenha impulsionado maciçamente a investigação biomédica, generalizando o uso de animais na experimentação.

Actualmente, o ratinho tornou-se na espécie predominante nos laboratórios de investigação. Em investigação cirúrgica, por exemplo, recorre-se frequentemente a porcos, devido à semelhança entre a sua anatomia interna e a anatomia interna humana. A investigação em biologia fundamental consagrou também um conjunto de organismos-modelo, que, espera-se, possuam determinados sistemas (fisiológicos, genéticos, etc.) cujas características se possam generalizar a outras espécies. É o caso da mosca-da-fruta na genética, do peixe-zebra na biologia do desenvolvimento, e do nematode *Caenorhabditis elegans* e, mais recentemente, dos ratos-toupeiras, na biologia do envelhecimento.

É difícil apurar com exactidão o número de animais utilizados na investigação científica, porque os valores são geralmente fornecidos de forma agregada, não distinguindo os animais que são utilizados, por exemplo, pelas ciências duras ou por psicólogos em investigação fundamental. Esse número será, contudo, significativo, se atendermos a que, ainda no final do século XX, existiriam 500 mil psicólogos em todo o mundo, e nos Estados Unidos da América, 8 a 10% desses profissionais fariam experimentação animal. A utilização de animais no ensino experimental das ciências biológicas constitui um caso especial da utilização de animais em laboratório. O número de animais é elevado, e o seu uso levanta problemas éticos acrescidos. De facto, enquanto se reconhece que, em algumas circunstâncias, não existem alternativas à experimentação animal, estas existem para a maior parte das necessidades de ensino. Cresce, portanto, a convicção de que só se deve recorrer aos animais nas fases mais avançadas da formação em biociências, já em transição para a investigação.

Na área da tecnociência e da bioindústria, os animais têm também sido utilizados para fornecer moléculas com interesse terapêutico. Essa utilização não é nova: diversos animais, partes de animais e produtos extraídos de animais têm sido, desde tempos pré-históricos e um pouco por todo o mundo, utilizados em medicina tradicional. O advento da medicina científica não retirou, mas antes acrescentou, importância a este recurso, pois, por razões económicas, estes produtos são os únicos a que conseguem aceder fracções importantes das populações dos países em desenvolvimento. Os animais utilizados são quase sempre invertebrados e, sobretudo, insectos, cujo complexo metabolismo secundário resulta na produção de uma grande variedade de moléculas com actividade biológica. Curiosamente, esta utilização não se restringe apenas a terapêuticas dirigidas a seres humanos, sendo também profusamente utilizada na medicina veterinária tradicional, e não está confinada a países em desenvolvimento, estando documentada a utilização de artrópodes e moluscos em preparados etnoveterinários em países europeus. Alguns dos produtos medicinais tradicionais descritos em estudos etnográficos têm transitado para a indústria farmacêutica contemporânea, quase sempre através da extracção dos seus princípios activos, acoplada, ou não, à transformação química parcial das moléculas purificadas. Adicionalmente, há hoje um intenso esforço de bioprospecção de organismos nunca antes utilizados, na qual os de origem marinha (espongiários, mais notavelmente) têm adquirido predominância. O facto de estarem em causa, quase sempre, animais muito pouco complexos torna esta actividade pouco crítica, do ponto de vista da ética.

As bioindústrias utilizam também a capacidade de manipulação genética para criar animais capazes de sintetizar substâncias de interesse para os seres humanos (designadamente, medicamentos). Uma área ainda emergente, e de viabilidade não garantida, é a utilização de animais como dadores de órgãos para xenotransplantes.

Finalmente, a utilização de animais em luta biológica (por exemplo, na agricultura) constitui um outro exemplo de uma utilização contemporânea dos animais, esta não derivando da biotecnologia, mas sim das tecnologias ecológicas. Ao contrário de várias das utilizações anteriormente referidas, esta não parece colocar problemas éticos relevantes.

4. Homens e animais: um futuro comum

A humanidade encontra-se irreversivelmente inserida na rede ecológica global, embora muitas vezes não tenhamos noção disso. Esta inserção torna inevitável que mantenhamos com os animais múltiplas e significativas relações. Neste cenário, as tendências abstencionistas (isto é, a perspectiva de que devemos cessar qualquer tipo de utilização instrumental dos animais), que emergem em alguns grupos activistas da sociedade, não parecem ser exequíveis. Por outro lado, a maior parte das utilizações de animais acima referidas levanta um conjunto de questões éticas complexas e diversificadas – por exemplo, devemos tratar de forma eticamente distinta os diversos tipos de animal? Ou, ainda, como pesar os interesses dos animais face aos interesses humanos? –, que serão abordados nos próximos capítulos e que tornam a investigação em ética animal num imperativo contemporâneo.

Leituras recomendadas

Darwin, Charles, *The Variation of Animals and Plants under Domestication*, Londres, John Murray, 1868.

Diamond, Jared, Evolution, Consequences and Future of Plant and Animal Domestication, *Nature* 418, 2002: pp. 700–707.

Fao, *The State of World Fisheries and Aquaculture 2016. Contributing to Food Security and Nutrition for All*, Roma, 2016.

Franklin, Adrian, *Animals and Modern Cultures: A Sociology of Human-Animal Relations in Modernity*, Londres, Sage, 1999.

Nuffield Council on Bioethics, *The Ethics of Research Involving Animals*, Londres, 2005.

Price, Edward O., *Animal Domestication and Behavior*, Nova Iorque, CABI Publishing, 2002.

Thornton, Philip K., Livestock Production: Recent Trends, Future Prospects, *Philosophical Transactions of the Royal Society B* 365, 2010: pp. 2853–2867.

Experimentação animal e Comissões de Ética

Ana Elisabete Ferreira

Centro de Direito Biomédico da Faculdade de Direito
da Universidade de Coimbra

O conceito de «experimentação animal» surge usualmente como designador da utilização animal em actividades diversas, predominantemente na investigação científica, na qual os animais, ou os seus órgãos ou tecidos, são utilizados em procedimentos diversos.

A reflexão – amplíssima – sobre a experimentação académica e científica levada a cabo a partir de animais encontra-se situada numa fenda bioética: há interesses eticamente relevantes na experimentação animal, que poderão, em parte, afigurar-se contraditórios. Também não se deve obliterar o facto de que o que até aqui nos trouxe foi o *caminho possível* do circunstancialismo, balizado: por um lado, pelo ensejo legítimo e louvável do progresso científico, médico e estético; e, por outro, pela construção progressiva e não menos relevante de um discurso da moralidade animal. Este discurso revela, aliás, um duplo sentido: da acção moral, enquanto condicionante da relação entre o homem e o animal não-humano, e da moralidade intrínseca do animal não-humano (aqui em fórmulas díspares que oscilam entre o problema da consciência, o problema da dignidade, e a apologia de uma moralidade naturalista, biologicamente radicada, de todos os animais).

A história da experimentação animal é, portanto, indissociável do quadro de valores dominante em cada espaço histórico-cultural, condicionado pelos consensos possíveis em cada domínio específico. A literatura nesta matéria é vasta e o seu ponto de fuga é, na maioria das vezes, marcadamente bioético. Se, para grande parte dos autores, o valor da experimentação animal no avanço científico e na melhoria da saúde humana é inquestionável, tal como é incontestável a liberdade de investigação – aliás, consagrada constitucionalmente –, outros autores, também com argumentos louváveis, desconsideram a relevância da experimentação animal no progresso científico, médico e farmacológico – a qual deixa assim maior espaço a evidenciar a protecção da integridade animal como valor em si mesmo. O nosso propósito não será, pois, o de voltar a esse debate de argumentos – ainda que, segundo nos parece, em permanente retorno hermenêutico –, mas tão-só o de colocar, de forma objectiva, o «aqui e agora» do problema da experimentação animal, detendo-nos especialmente nas questões de relevância prática e jurídica menos exploradas na literatura concernente.

1. Perspectivação histórica

Remonta a 1978 a Declaração Universal dos Direitos dos Animais, proclamada pela Unesco, na qual se estabelecem os denominados «direitos dos animais», nomeadamente, à existência, ao respeito e à integridade física e psíquica. Este documento, não obstante a sua importância no horizonte discursivo dos direitos dos animais, não alterou, do ponto de vista normativo e de modo significativo, o «estado de coisas» da utilização científica e académica de animais para fins de investigação.

Historicamente, a Directiva 86/609/CEE, do Conselho, de 24 de Novembro de 1986, representa o primeiro esforço comunitário relevante nesta matéria, e um impulso fundamental na positivação jurídica da doutrina de William Russell e Rex Burch sobre a experimentação animal (*The Principles of Humane Experimental Technique*, Londres, Methuen, 1959), sobejamente conhecida como «Teoria dos 3 R»: *Reduction, Refinement and Replacement* (Redução, Refinamento e Substituição).

Pode afirmar-se que, além da definição de conceitos e da harmonização de práticas nos Estados-membros da União Europeia, a Directiva de 1986 apresentava três objectivos gerais: 1) a proibição de experiências com recurso a espécies ameaçadas de extinção (no artigo 4.º); 2) a garantia de cuidados de ordem geral e de acomodação dos animais utilizados em experiências no sentido de evitar «dor ou sofrimento desnecessários, aflição ou dano duradouro» (no artigo 5.º); e 3) a defesa da formação e competências específicas dos profissionais, bem como a criação de autoridades especializadas por parte de cada Estado-membro, para garantia da boa prossecução dos princípios exarados na Directiva (especialmente, nos artigos 6.º, 14.º e 19.º).

No que concerne, especificamente, aos procedimentos de experimentação científica, são patentes os princípios de Russell e Burch:

Em primeiro lugar, o «princípio da redução», que tem como corolário basilar que o recurso a animais para experimentação só possa ser praticado quando não for possível outro método cientificamente satisfatório que não implique a utilização animal (artigo 7.º/2). Em segundo lugar, o «princípio do refinamento», que se prende com a necessidade de melhoria sistemática nos processos de investigação, com vista a, por um lado, reduzir os ensaios com animais e o número de animais aí utilizados e, por outro, assegurar, sucessivamente com maior acuidade, um mínimo de dor, sofrimento e aflição dos animais utilizados durante a experimentação. Neste sentido, exige-se que a realização de experiências seja sempre executada por pessoas especializadas e supervisionada por autoridades competentes (artigos 7.º/1, 14.º e 19.º), impõe-se a escolha criteriosa das espécies a utilizar (artigo 7.º/3), o uso de métodos que evitem, tanto quanto possível, a dor, a aflição e o sofrimento desnecessários (artigo 7.º/4), e requer-se a utilização de anestesia (artigo 8.º/1). Definem-se, depois, as condições de abate dos animais e os requisitos de conservação dos animais vivos (artigo 9.º).

Finalmente, é patente o «princípio da substituição», isto é, o princípio do câmbio sucessivo e maximalizado da experimentação com animais por procedimentos de investigação em que o recurso a animais seja mínimo ou, desejavelmente, nulo. Este princípio é declarado logo no preâmbulo da Directiva, que dispõe no sentido da utilização mínima de animais para investigação.

Esta Directiva apresentava, assim, objectivos claros no sentido da protecção animal e sua defesa face a utilizações arbitrárias e/ou fúteis em sede de experimentação científica. Esta primeira tentativa de harmonização de práticas na utilização de animais veio inspirar, naturalmente, a legislação interna dos Estados-membros e instituir definitivamente os princípios basilares da utilização de animais.

A Comunidade Europeia (CE), hoje União Europeia (UE), não se desonerou da protecção animal com a emanação deste documento em 86, tendo perseverado no refinamento das normas que instruem a actuação dos Estados-membros. O bem-estar animal é uma política expressa da União, definida no artigo 13.º do Tratado sobre o Funcionamento da

União Europeia (TFUE), que dispõe que «na definição e aplicação das políticas da União nos domínios da agricultura, da pesca, dos transportes, do mercado interno, da investigação e desenvolvimento tecnológico e do espaço, a União e os Estados-Membros *terão plenamente em conta as exigências em matéria de bem-estar dos animais, enquanto seres sensíveis,* respeitando simultaneamente as disposições legislativas e administrativas e os costumes dos Estados-Membros, nomeadamente em matéria de ritos religiosos, tradições culturais e património regional» (realce nosso).

Em 1998, a União Europeia adoptou a Convenção Europeia sobre a Protecção dos Animais Vertebrados Utilizados para Fins Experimentais ou outros Fins Científicos, que entrou em vigor em território da Comunidade em 1 de Novembro do mesmo ano. A Directiva 2010/63/UE do Parlamento Europeu e do Conselho, de 22 de Setembro de 2010, relativa à protecção dos animais utilizados para fins científicos, é, em certa medida, resultado de um esforço colectivo por parte de diferentes órgãos da União e, durante vários anos, no sentido de um consenso alargado sobre as práticas em causa, que permitisse uma revisão aturada da Directiva de 1986. Este esforço colectivo envolveu, nomeadamente, a Comissão Europeia, o Comité Económico e Social Europeu e o Comité das Regiões.

Efectivamente, nos vinte e quatro anos que separam as Directivas de 1986 e de 2010, o desenvolvimento científico e tecnológico, bem como o estudo biológico e psicológico de animais, alargou muito significativamente o horizonte das implicações do bem-estar animal, o que, naturalmente, concorreu para estreitar os limites da utilização animal que vigoram hoje.

2. A utilização de animais em investigação científica e no ensino. Recentes perspectivações da «Teoria dos 3 R»

A Directiva 2010/63/UE do Parlamento Europeu e do Conselho, de 22 de Setembro de 2010, relativa à Protecção dos Animais Utilizados para Fins Científicos, foi transposta para o ordenamento jurídico nacional pelo Decreto-Lei n.º 113/2013, de 7 de Agosto. Também neste caso, as notas preambulares apresentam grande densidade dogmática e são fundamentais na compreensão teleológica do diploma, ao definirem com grande clareza e objectividade os tópicos de compreensão basilares.

O âmbito de aplicação definido compreende os animais vertebrados vivos não-humanos, incluindo formas larvares de alimentação autónoma e formas fetais de mamíferos a partir do último terço do seu desenvolvimento normal, bem como os cefalópodes vivos.

Em termos gerais, este diploma estabelece que os cuidados a prestar aos animais e a sua utilização para fins científicos se rege, necessariamente, pelos princípios da substituição, da redução e do refinamento, pretendendo dar-se execução prática a tais princípios, nomeadamente no que concerne à escolha dos métodos que deverão ser aplicados, preferindo-se, em todo o caso, a utilização de métodos alternativos, isto é, de métodos de investigação que não impliquem a utilização de animais.

É afirmado, também, peremptoriamente, que «os animais têm um valor intrínseco», que deve ser respeitado, e que «devem ser tratados como criaturas sencientes». A sua utilização em procedimentos deve ser limitada aos domínios em que essa utilização proporcione benefícios para a saúde humana ou animal, ou para o ambiente, podendo afirmar-se que é este, actualmente, o corolário dominante da utilização animal para estes fins: a utilização animal só se afigura legítima quando seja razoavelmente expectável que de tal utilização sobrevenham benefícios para a saúde humana, para a saúde animal e/ou para o ambiente.

Consequentemente, a utilização de animais para fins científicos ou educativos apenas deve ser considerada quando não existir uma alternativa não-animal.

No que respeita a práticas e procedimentos em investigação, vigora a obrigação de seleccionar o método que seja susceptível de proporcionar resultados satisfatórios com um mínimo de dor, sofrimento ou angústia para os animais.

De modo a oferecer consistência aos princípios referidos e, nas palavras do próprio diploma, a «aumentar a transparência, a facilitar a autorização de projetos e a verificar a sua conformidade», estabelece-se uma classificação da severidade dos procedimentos com base nos níveis estimados de dor, sofrimento, angústia e dano duradouro infligidos aos animais. É fixado um limite máximo de dor, de sofrimento e de angústia a partir do qual os animais não podem ser submetidos a procedimentos científicos, sendo proibida a realização de procedimentos severos que causem dor, sofrimento ou angústia prolongados e insusceptíveis de serem aliviados.

À semelhança do que sucedia já na Directiva de 1986 da Comunidade Europeia, volta a ressaltar o valor da biodiversidade em si mesma e um especial cuidado na utilização de espécies ameaçadas de extinção.

O Decreto-Lei n.º 113/2013, de 7 de Agosto, prevê ainda a realização de inspecções periódicas aos criadores, fornecedores e utilizadores de animais, com base numa avaliação do risco, e cada utilização de animais é avaliada em termos de «validade, utilidade e relevância científicas ou educativas», devendo os danos susceptíveis de ser infligidos aos animais ser ponderados a partir do ponto de fuga dos benefícios que, previsivelmente, resultarão dessa utilização.

Ademais, o referido Decreto-Lei veio prever a instituição, pelo criador, pelo fornecedor e pelo utilizador, no seu estabelecimento, de «um órgão responsável pelo bem-estar dos animais», ao mesmo tempo que consagrou a obrigação de disponibilização de cuidados veterinários em permanência em todos os estabelecimentos, e procedeu à criação de uma Comissão Nacional para a Protecção dos Animais Utilizados para Fins Científicos, com o objectivo de prestar aconselhamento à autoridade competente e aos órgãos responsáveis pelo bem-estar animal, «a fim de promover os princípios da substituição, da redução e do refinamento».

Finalmente, o referido Decreto-Lei estabeleceu o regime sancionatório aplicável à violação das suas regras.

É patente nos diplomas legais em vigor o esforço de concretização da «Teoria dos 3 R»: passámos de um discurso de conceitos amplos e imprecisos para um discurso obrigacional, de regras concretas, e no qual se patenteia já não apenas a função primária e organizadora do Direito, mas, autenticamente, a sua função sancionatória e a prerrogativa plena da coercividade do Estado. Além de os procedimentos serem especificados, necessariamente legitimados por um juízo *a priori*, necessariamente fiscalizados na sua execução, e necessariamente averiguados *a posteriori*, o prevaricador dos dipositivos jurídicos de protecção animal conta com sanções concretas.

Um dos aspectos mais relevantes na perspectiva que ora nos convoca é a criação da Comissão Nacional para a Protecção dos Animais Utilizados para Fins Científicos. Os artigos 55.º e seguintes definem a criação, o funcionamento e as atribuições desta Comissão, que representa um ânimo muito considerável na efectivação da filosofia prática, eticamente comprometida, que subjaz à norma.

A Comissão Nacional para a Protecção dos Animais Utilizados para Fins Científicos é uma entidade criada junto da

Direcção-Geral de Alimentação e Veterinária, que, por sua vez, se encontra sob a alçada do Ministério da Agricultura. Tem por objectivos principais, como logo se adivinha, o aconselhamento na aquisição, criação, alojamento e cuidados a prestar aos animais, na perspectiva de assegurar as melhores práticas nos respectivos procedimentos e a harmonização comunitária. A composição e funcionamento desta Comissão encontra-se definida na Portaria n.º 260/2016, de 6 de Outubro.

Estes valores e objectivos inspiram, por certo, a recente criação de diversas comissões de ética para a utilização de animais, que adiante analisaremos com maior detalhe.

É evidente que o tema da protecção dos animais tem vindo a adquirir relevância legislativa nos últimos anos. A discussão agudizou-se, em Portugal, particularmente a partir do ano de 2010, aquando da publicação em Diário da República da Resolução n.º 96/2010, de 16 de Julho, que propunha a criação de uma rede nacional de biotérios – que não veio à existência. Por esta altura, ficou evidente a dificuldade de articulação dos interesses em conflito: por um lado, a necessidade de progresso científico, nomeadamente através de ensaios clínicos de medicamentos, em que o desiderato do recurso nulo a experimentação animal comprometeria os arrimos da eficácia e da segurança; por outro, a necessidade de redução do recurso a animais, sopesada por argumentos que procuram desmentir a utilidade da utilização animal.

A delicadeza ética e a relevância jurídica do assunto levaram a que o Conselho Nacional de Ética para as Ciências da Vida (CNECV) emitisse parecer sobre a questão (Parecer n.º 62/CNECV/2011, que teve como Relatores Maria do Céu Patrão Neves e Maria de Sousa). Este Parecer começa por assinalar a evolução histórica do problema da experimentação animal, sublinhando o impulso da investigação médica e da revolução biológica e antropológica do século XIX na tomada de consciência da relevância da hoje denominada «bioética».

Com efeito, segundo nos parece, a teoria evolutiva darwiniana representa um arcobotante fundamental neste discurso, ao reconhecer a proximidade antropológica dos diferentes animais, e ao subsidiar uma ampla investigação sobre a teoria da mente – capacidade de reconhecer emoções, desejos e expectativas em si próprio e nos outros, e o *páthos* associado a tais processos –, nomeadamente nos primatas superiores (Call e Tomasello, 2008).

Um longo e sinuoso caminho na comprovação, biológica e etológica, da senciência, consciência e ansiedade de determinados animais permitiu, nomeadamente, que hoje se reconheça uma especial protecção a um grupo de animais que, efectivamente, apresenta uma relação distinta com o meio ambiente, com os seus pares e com os outros animais: no nosso ordenamento jurídico é estabelecido que, em regra, os espécimes de primatas não-humanos não podem ser utilizados em procedimentos (artigo 8.º do referido Decreto-Lei n.º 113/2013).

Segundo o Parecer do Conselho Nacional de Ética de 2011, «estima-se que o número total de animais usados em investigação científica, por ano e apenas no espaço europeu, ascenda a 12 milhões, não obstante o seu número ter vindo a diminuir desde a década de 80 do século passado, na maior parte dos países europeus». Em alguns países europeus, a partir do ano de 2000, este número desceu para metade, continuando, não obstante, a apresentar-se muitíssimo considerável.

O decréscimo da utilização de animais deve-se, essencialmente, a dois factores: por um lado, as preocupações éticas foram vazadas em normas jurídicas, que representam significativas restrições à utilização de animais; por outro, a crescente variedade de métodos alternativos à utilização de animais, de entre os quais o CNECV destaca as técnicas *in vitro* sobre células e sobre tecidos reconstituídos, o recurso a organismos inferiores, técnicas imunológicas, métodos físico-químicos, modelos matemáticos e computacionais (nomeadamente, *in silico)*, «modelos humanos voluntários» (terminologia amplamente criticável) e a telemetria (MAGUIRE e NOVIK, 2010).

3. Modelos alternativos: ponderação de custos e benefícios

Uma efectiva redução da utilização de animais para fins científicos passa, realmente, pela utilização de modelos alternativos na investigação científica e, em particular, nos ensaios clínicos de medicamentos para uso humano.

A experimentação científica actual recorre, com frequência, à utilização de animais transgénicos. Esta utilização, apesar de todo o dilema bioético que a perpassa (desenvolvidamente em SATEESH, 2008), é considerada por alguns um modelo alternativo, na medida em que permite uma diminuição significativa do número de animais utilizados: ao introduzir-se em animais menores e/ou não dotados de uma teoria da mente características de animais mais complexos, nomeadamente primatas, que se deseja estudar, evita-se o recurso a estes últimos. Por exemplo, um roedor tem um metabolismo diferente do de um humano que, por sua vez, é idêntico ao metabolismo de um bonobo (chimpanzé-pigmeu); sendo possível adicionar ou modificar genes que imitem o metabolismo deste, o primata já não terá de ser utilizado. Ao mesmo passo, sendo possível introduzir características fisiológicas de diferentes espécies ou desactivar certos genes num número limitado de animais, evita-se a repetição de experiências e, consequentemente, a multiplicação de animais e espécies utilizados. Naturalmente, não pode obliterar-se que os animais transgénicos são também animais, pelo que não poderá considerar-se que esta utilização respeita o princípio da substituição.

Outra possibilidade experimental, no universo da biotecnologia, é a xenotransplantação, isto é, a transplantação de órgãos entre indivíduos de espécies diferentes, que pretenderia fazer face à carência de órgãos humanos para transplante, em várias áreas clínicas. Teoricamente, muitos problemas médicos seriam solucionados e muitos ensaios seriam evitados se a transplantação entre espécies se encontrasse estabilizada. Todavia, trata-se de uma técnica difícil, muito controversa ética e juridicamente, e com riscos em larga medida desconhecidos (Ramos, 2007; Boneva, 2001, 2004).

Quer o recurso a animais transgénicos quer a xenotransplantação implicam o recurso a animais, e nessa medida não configuram autênticas alternativas à sua utilização. Mas existem já alguns métodos verdadeiramente alternativos, que prescindem totalmente da utilização de animais em determinadas áreas de investigação.

Para melhor compreender o seu enquadramento, devemos deter-nos com algum cuidado na moldura legal da investigação clínica, em que a experimentação assume maior preponderância. Em Portugal, a investigação clínica é amplamente regulada pela Lei n.º 21/2014, de 16 de Abril, que compreende todo o estudo sistemático destinado a descobrir ou a verificar a distribuição ou o efeito de factores de saúde, de estados ou resultados em saúde, de processos de saúde ou de doença, do desempenho e/ou da segurança de intervenções, ou da prestação de cuidados de saúde, aqui se incluindo, nomeadamente, os ensaios clínicos de medicamentos de uso humano, a investigação clínica de dispositivos médicos, os estudos clínicos alimentares, de terapêutica não convencional, e os estudos clínicos sem intervenção. A boa parte destas matérias será aplicável, a breve trecho, o Regulamento (UE) 536/2014 do Parlamento Europeu e do Conselho, de 16 de Abril de 2014, que vem derrogar a Directiva 2001/20/CE.

A utilização de animais em experimentação assume ainda, hodiernamente, um papel hegemónico nos ensaios pré-clínicos de medicamentos de uso humano, e a regulamentação desta matéria assenta em princípios susceptíveis de colidir com a primazia do bem-estar animal. O primeiro e mais relevante de tais princípios encontra-se positivado no artigo 3.º da Lei n.º 21/2014, que designa «o primado do ser humano» e que pode sintetizar-se desta forma: os estudos clínicos devem ser realizados no estrito respeito pelo princípio da dignidade da pessoa humana e dos seus direitos fundamentais; os direitos dos participantes nos estudos clínicos prevalecem *sempre* sobre os interesses da ciência e da sociedade; e na realização dos estudos clínicos devem ser tomadas todas as precauções no sentido da minimização de eventuais danos para os seus direitos de personalidade e para a sua integridade física e mental.

Ora, a razão primacial para recorrer a animais na experimentação prende-se com o controlo da segurança e da eficácia dos medicamentos de uso humano (Junod, 2005). Com efeito, antes de um fármaco ser testado em seres humanos, ele será, grande parte das vezes, testado em animais. Esta experimentação permite despistar os riscos e os efeitos secundários mais relevantes, analisar o metabolismo do fármaco e testar os seus efeitos farmacológicos e farmacodinâmicos propriamente ditos. A alternativa à utilização de animais como «cobaias» poderia ser, em parte dos casos, a experimentação primária em seres humanos, o que a consciência jurídica geral, vazada na legislação vigente, tem considerado inaceitável.

Há, contudo, que ter em conta algumas distinções importantes: por um lado, os ensaios clínicos de medicamentos são apenas uma das áreas em que se usam animais. Também se usam animais para fins cosméticos e meramente educativos. Nestas áreas, o recurso a animais poderia (ao menos teoricamente) ser nulo, uma vez que aí se impõe, muitas vezes, um sofrimento fútil, desnecessário, em que uma ponderação de valores ditaria, certamente, a preponderância do bem-estar animal. Por outro lado, mesmo dentro dos ensaios clínicos de medicamentos, o recurso a animais na experimentação não garante, por si só, que o fármaco seja realmente seguro e eficaz em seres humanos. Estes dois tópicos reflexivos são importantes.

O grande argumento a favor do uso de modelos alternativos em investigação assenta na ideia de que, se a experimentação em animais não garante que o cosmético ou o fármaco em causa seja seguro e eficaz quando ministrado em seres humanos, então é inútil realizar testes em animais. Esta é uma visão que, naturalmente, está longe de ser incontestada, e é importante perceber que o uso de modelos alternativos de experimentação ainda apresenta limitações importantes (Hester e Harrison, 2006).

Dentro dos referidos modelos alternativos, os mais largamente utilizados são as técnicas de cultura celular *in vitro* e a simulação computacional *in silico*. Ambas, por meios diferentes, simulam as reacções dos tecidos humanos ao contacto com produtos. A sua utilização é cada vez mais ampla, e apresentam grandes vantagens face à experimentação animal, além da questão ética basilar: não comportam custos de armazenamento, alimentação e manutenção, e a dinâmica dos procedimentos é mais facilmente controlável (Cohen, 2004; Flynne, 2008). A grande limitação destes modelos consiste, segundo os especialistas, no facto de não providenciarem informação suficiente sobre o complexo de interacções dos sistemas vivos: nos seres vivos, um estômago, um pulmão ou um pedaço de pele não existem nem subsistem fora de um complexo dinâmico de sistemas, órgãos, tecidos e células, e cada ínfima parte de um corpo está sujeita ao comportamento e à produção de outras partes do corpo. Deste modo, o grau de predição destes modelos de experimentação só seria suficientemente amplo se fosse possível mimetizar o todo do funcionamento de um corpo (Lipinski e Hopkins, 2004).

Tende a ser incentivada a substituição da utilização de animais não-humanos pelo recurso a ensaios directamente em humanos. Trata-se aqui da utilização de microdoses: a microdosagem de fármacos ou cosméticos é minimamente ofensiva para o organismo humano, e a sua utilização prolongada permite, na maioria das vezes, avaliar devidamente os aspectos farmacocinéticos e farmacodinâmicos dos produtos em utilização. Contudo, alguns autores questionam veementemente que se trate de uma verdadeira alternativa, na medida em que esta utilização não permite avaliar devidamente a toxicidade dos produtos usados. Assim, o produto, ainda que eficaz, poderá não ser seguro, o que implica que se continue a recorrer a animais para essa avaliação (Rani, 2008).

Este modelo apresenta, em nosso ver, outros desafios, de cariz essencialmente bioético e também jurídico. No universo farmacológico haverá riscos desconhecidos e graves. Casos célebres de insuficiência de experimentação anterior à comercialização de fármacos, como o da talidomida nos anos sessenta (que foi prescrita a milhares de grávidas em cerca de 46 países para combater os enjoos, vindo a revelar-se causa de mais de dez mil casos de malformações congénitas, por interferir na formação fetal) – quando as regras para a comercialização de novos fármacos eram pouco exigentes –, ilustram bem esse facto. O ordenamento jurídico hodierno consagra princípios, apoiados por largo consenso e referentes às expectativas jurídicas mais unânimes, que não devem obliterar-se: o primado do ser humano, no sentido de sobrepor o seu valor aos interesses da ciência e das políticas sociais; os princípios da autonomia e da capacidade, que subjazem ao direito à informação e ao consentimento; e, finalmente, o princípio da especial protecção dos mais vulneráveis.

A reflexão conjugada destes princípios pode evidenciar algumas dificuldades no recurso a seres humanos para experimentar produtos, medicinais ou outros, *a priori*, sem que antes haja sido devidamente testada a sua estabilidade, a sua reactividade, a sua toxicidade, a sua interacção com outros produtos, etc.; dependerá, naturalmente, da boa vontade de um número muito considerável de seres humanos. Ademais, acreditando que exista um largo número de pessoas dispostas a submeter-se a ensaios de produtos não previamente testados em animais, uma questão da maior importância se impõe, e é esta: que seres humanos? Quais dos seres humanos poderão ou deverão ser participantes nestes tipos de ensaio?

A legislação relativa aos ensaios clínicos de medicamentos, paradigmaticamente, prevê as condições mínimas de protecção dos participantes num ensaio. A primeira refere-se à informação: que sejam explicados aos participantes, de modo completo e em linguagem adequada à sua capacidade de compreensão, os objectivos, os riscos e os inconvenientes do estudo clínico, bem como as condições em que este é realizado, além da possibilidade que lhes assiste de, a qualquer momento, se retirarem do ensaio.

Os participantes têm, necessariamente, de consentir por escrito na sua participação nos ensaios, e tal consentimento, como bem se sabe, pressupõe a sua capacidade de entender e querer, o que exclui dos ensaios, em princípio, os menores de idade (considerando-se aqui, como no âmbito da saúde em geral, os 16 anos, desde que o menor apresente o discernimento e alcance perceptivo necessários, conforme o disposto no artigo 38.º/3 do Código Penal) e aqueles que, sendo adultos, têm o seu discernimento ou compreensão coarctados por uma irregularidade psíquica. Embora, actualmente, seja possível que um ensaio clínico integre participantes menores ou incapazes adultos, tal ocorre em condições estritas (cf. artigos 6.º a 8.º da Lei da Investigação Clínica; artigos 28.º a 32.º do Regulamento (UE) n.º 536/2014 do Parlamento Europeu e do Conselho, de 16 de Abril de 2014).

No caso dos menores, e além dos requisitos gerais relativos à informação e à forma e condições do consentimento, a sua participação só é lícita se o ensaio tiver uma relação directa com o quadro clínico do menor ou, pela sua natureza, apenas possa ser realizado em menores e comporte benefícios directos para o grupo de participantes, sendo esse requisito essencial para validar dados obtidos em estudos realizados em pessoas capazes de dar o consentimento informado ou obtidos através de outros métodos de investigação; e o ensaio tiver sido concebido para prevenir a doença ou o mal-estar, para reabilitar, para minimizar a dor, o mal-estar, o medo ou qualquer outro risco previsível relacionado com a doença e com o grau de sofrimento desta, devendo o limiar do risco e o grau de sofrimento ser especificamente fixados e objecto de permanente verificação.

No que concerne aos incapazes adultos, a sua participação está limitada àquelas situações em que (além de se verificarem todos os pressupostos anteriormente enunciados) o estudo clínico com intervenção seja essencial para validar dados obtidos em estudos clínicos realizados em pessoas capazes, ou através de outros métodos de investigação, e estiver directamente relacionado com o quadro de perigo de vida ou de debilidade de que sofra o participante em causa.

Com a entrada em vigor do Regulamento (UE) n.º 536/2014 do Parlamento Europeu e do Conselho, de 16 de Abril de 2014, que se prevê para o ano de 2018, também a condição da mulher grávida ou lactante fica especialmente tutelada no âmbito dos ensaios clínicos, que só devem ser realizados se comportarem benefícios directos para a saúde das grávidas ou lactantes em causa, ou para saúde do embrião, do feto ou do recém-nascido, que superem os riscos e sobrecargas que o ensaio implica ou se não for possível realizar um ensaio clínico com eficácia comparável em mulheres que não estejam grávidas ou que não sejam lactantes, e o ensaio represente um risco mínimo para as grávidas ou lactantes em causa e para o embrião, feto ou recém-nascido.

O que tem vindo a ser dito evidencia que os ensaios clínicos com participantes humanos menores ou incapazes adultos, bem como grávidas ou lactantes, depende da prévia verificação da eficácia e segurança dos produtos, só sendo levados a cabo nestes grupos de especial vulnerabilidade quando não seja possível efectuar a verificação necessária através de participantes capazes, além de se exigir peremptoriamente, no caso dos incapazes adultos, uma relação directa com o quadro clínico do participante em causa.

A normatividade anteriormente descrita consubstancia uma protecção positiva especial destes participantes, que implica que sejam previamente estabelecidos patamares de eficácia e segurança, graus de risco e de sofrimento expectáveis e seu limite admissível, para que possam realizar-se ensaios clínicos neste âmbito.

Não se colocam os mesmos problemas no que respeita aos adultos capazes, que consentem por si mesmos na participação num ensaio clínico. Contudo, ainda aqui há que ter em conta que a realização de estudos clínicos tem sempre como premissa uma *avaliação prévia* em que se conclua que os potenciais benefícios, no presente ou no futuro, superam os riscos e inconvenientes previsíveis, e essa avaliação parte sobretudo da análise dos ensaios pré-clínicos, que actualmente ainda são, maioritariamente, realizados em animais.

Tudo o que nos leva a considerar a importância de um forte investimento nos métodos alternativos de natureza laboratorial e tecnológica, em detrimento da experimentação animal comum, sobretudo, mas também do método da microdosagem.

4. Comissões de Ética Animal

Tendo em conta todas as considerações feitas acerca da experimentação animal, parece-nos incontestável a importância crescente de comissões de ética especializadas na matéria. A sua necessidade não é um tema novo em Portugal. Já em 2005, a doutrina jusbiomédica apelava à sua constituição junto de hospitais e faculdades de Medicina, e outros locais onde se situam centros de investigação que recorrem à experimentação animal (Pereira, 2005), chamando a atenção para a falta de controlo ético da utilização animal. Porém, só recentemente estas comissões começam a ser constituídas regularmente e a cumprir a sua missão.

O Decreto-Lei n.º 113/2013, ao implementar uma Comissão Nacional de Protecção dos Animais Utilizados para Fins Científicos, inaugurou um complexo procedimento e uma linha de objectivos para futuras comissões de ética de âmbito mais restrito.

Actualmente, diversos organismos portugueses têm instaladas comissões de ética animal, nomeadamente, faculdades de Medicina, de Medicina Veterinária e de Farmácia, instituições dedicadas à investigação e ao desenvolvimento, e instituições detentoras de biotérios. Não obstante a diversidade na constituição destas comissões de ética, existe um padrão de valores e metas dominante, que passa pela harmonização de práticas na utilização de animais e pela redução efectiva do número de animais utilizados em investigação científica, sua substituição por modelos de procedimentos distintos, e pelo refinamento das práticas.

A generalidade das comissões de ética animal que presentemente operam no nosso país assume a avaliação de projectos e protocolos de investigação, emite pareceres no sentido da autorização e certificação de tais projectos, desenvolve e implementa métodos de monitorização da investigação, vigia e contabiliza eventos adversos, irregularidades ou acidentes na investigação, avalia as credenciais científicas dos intervenientes em experimentação animal e, dentro das suas competências, propõe alterações metodológicas e anula autorizações de experimentações. Paralelamente, cumpre um papel importantíssimo na divulgação de legislação, normas de orientação e pareceres éticos concernentes a esta matéria.

Em Portugal, encontra-se já amplamente sedimentada uma outra tipologia de comissões de ética, que não se confunde com a superintendência da ética animal, mas que assume um importante papel na vigilância da investigação clínica. Referimo-nos às comissões de ética para a saúde. Desde 1995, as comissões de ética para a saúde encontram-se regulamentadas em Portugal (Decreto-Lei n.º 97/95, de 10 de Maio), e funcionam junto das instituições e serviços de saúde públicos e unidades privadas de saúde. Estas comissões de ética, comummente designadas por CES, têm como objectivo primeiro zelar pela observância de padrões éticos no exercício das ciências médicas, *lato sensu.*

Além desta função genérica, assumem uma série de deveres específicos na área da investigação clínica: emitem, por sua iniciativa ou mediante solicitação, pareceres sobre questões éticas no domínio das actividades da instituição ou serviço de saúde respectivo; pronunciam-se sobre os protocolos de investigação científica, nomeadamente os que se refiram a ensaios de diagnóstico ou terapêutica e técnicas experimentais que envolvam seres humanos, celebrados no âmbito da instituição ou serviço de saúde respectivo; pronunciam-se sobre os pedidos de autorização para a realização de ensaios clínicos na instituição ou serviço de saúde respectivo; e fiscalizam a sua execução, especialmente no que respeita aos aspectos éticos e à segurança e integridade dos participantes, avaliando, a todo o tempo, a possibilidade de suspensão ou revogação da autorização para a realização dos mesmos. Ademais, as CES aferem da qualificação científica adequada para a realização de ensaios, relativamente aos profissionais de saúde da instituição ou serviço de saúde respectivo, e promovem a divulgação dos princípios gerais da bioética e a legislação em vigor.

Apesar de as comissões de ética para a saúde terem, por imposição legal, natureza pluridisciplinar, não colmatam, de modo algum, a carência de comissões de ética animal, desde logo, porque o seu «ponto de fuga» e os seus objectivos não podem confundir-se: como logo se compreende, nem tudo o que é adequado da perspectiva da dignidade humana será adequado do ponto de vista do bem-estar animal. São âmbitos diferenciados e as competências e propósitos de cada tipologia devem ser bem demarcados. Nessa medida, esperamos e confiamos que as comissões de ética especializadas em bem-estar animal venham a multiplicar-se e a desenvolver-se, pois só de uma perspectiva especificamente centrada nos animais poderá, de facto, controlar-se a sua utilização arbitrária, o sofrimento e ansiedade que lhes são infligidos, a necessidade ou futilidade da sua utilização, caso a caso, e o acompanhamento do progresso dos modelos alternativos à experimentação animal.

Leituras Recomendadas

Araújo, Fernando, *A Hora dos Direitos dos Animais*, Coimbra, Edições Almedina, 2003.

Boneva, RS. & Folks TM., «Xenotransplantation and Risks of Zoonotic Infections», *in Annals of Medicine*, 2004; 36 (7), pp. 504–517.

Call, Josep e Tomasello, Michael, Does the chimpanzee have a theory of mind? 30 years later, *Trends in Cognitive Sciences*, vol. 12, n.º 5, pp. 187–192.

Cohen, JE., «Mathematics is biology´s next microscope, only better; biology is mathematics´ next physics, only better», *in PLOS Biology*, 2004, 2:e439.

De Waal, Frans, *Primates and Philosophers – How Morality Evolved*, Princeton, Princeton University Press, 2006.

Flynne, WG., *Biotechnology and Bioengineering*, Nova Iorque, Nova Biomedical Books, 2008.

Hester, Ron e Harrison, Roy (eds.), *Alternatives to Animal Testing*, Cambridge, RSC, 2006.

Junod, V., «Drug Marketing Exclusivity under United States and European Union Law», *in Food and Drug Law Journal*, Feb 2004, 59 (4), pp. 479–518.

Lipinski, C. & Hopkins, A., «Navigating Chemical Space or Biology and Medicine», *in Nature*, 2004 Dez., 432 (7019), pp. 855–861.

Maguire, T. & Novik, E., *Alternative Technologies to Animal Testing*, Boston, Artech House, 2010.

Conselho Nacional de Ética para as Ciências da Vida, Maria do Céu Patrão Neves, Maria de Sousa (relatoras), Parecer 62/CNECV/2011 sobre «Aspectos Éticos sobre experimentação animal».

Pereira, André, «O Bem-Estar Animal no Direito Civil e na Investigação Científica», *in* Patrão Neves, Maria do Céu e Lima, Manuela (eds.), *Bioética ou Bioéticas na Evolução das Sociedades*, Coimbra, Gráfica de Coimbra, 2005, pp. 151–163.

Ramos, A., «Xenotranplantação – Considerações éticas», *in Revista Lusófona Ciência e Medicina Veterinária*, 1: (2007), pp. 1–4.

Rani, PU. et al, «Phase 0 – Microdosing srategy in Clinical trials», in Indian Journal of Pharmacology, 2008, vol. 40, issue 6, pp. 240–242.

Reinhardt, Christoph (ed.), *Alternatives to Animal Testing: New Ways in the Biomedical Sciences, Trends and Progress*, Weinheim, VCH, 1994.

Russell, William e Burch, Rex, *The Principles of Humane Experimental Technique*, Londres, Methuen, 1959.

Domesticação, desnaturação e renaturação

Inês de Sousa Real

Mestre em Direito Animal e Sociedade, pela Universidade Autónoma de Barcelona

Partilhamos a nossa existência com uma multiplicidade de outros animais, cujos respectivos interesses nem sempre têm sido fáceis de harmonizar com os interesses do ser humano. Conforme sublinha Carla Amado Gomes, «os animais podem ser encarados, por questões culturais, religiosas, sociais, sob múltiplas perspectivas, o que torna esta temática particularmente heterógenea e plena de contradições»[1].

A recente valorização dos animais no Direito e a área emergente do Direito Animal têm acendido o debate em torno da condição animal (da nossa própria condição).

---

[1] GOMES, Carla Amado (2015), *Direito dos animais: um ramo emergente?*, registo documental e intervenções produzidas no âmbito da conferência subordinada ao tema Animais: Deveres e Direitos – A propósito da nova legislação de criminalização de maus-tratos a animais, ICJP, 2015, p. 51.

Historicamente, este debate tem tido avanços e recuos nos seus diferentes planos: social, jurídico, científico e ético. Na perspectiva de Pedro Delgado Alves (2014), importou ultrapassar o confronto de diferentes teses[2] para alcançar, recentemente, a importante conquista da alteração do Estatuto Jurídico dos Animais no Código Civil Português, por meio da qual foi reconhecido que «os animais são seres vivos dotados de sensibilidade e objeto de proteção jurídica em virtude da sua natureza» (artigo 201-B). Mesmo chegando a um (aparente) consenso, reunido em torno do reconhecimento de que os animais não são «coisas», dogmaticamente as posições distanciaram-se no que respeita às possíveis soluções ou posições jurídicas-filosóficas quanto ao seu estatuto jurídico e moral.

Esta recorrente reflexão jurídica, política e social em torno dos direitos dos animais conduz-nos não só ao necessário (e incontornável) descentramento antropológico da Ética, mediante o alargamento da esfera moral e jurídica a outros entes que não apenas o ser humano, como a uma reflexão sobre a nossa própria condição, sobre a nossa própria «mortalidade, a nossa morbilidade, a nossa vulnerabilidade, a nossa dependência, a nossa animalidade» e o impacto que têm no descentramento da ética relativamente à condição «isoladora (e exaltadora) da condição humana»[3] (Araújo, 2003, p. 8).

---

[2] Alves, Pedro Delgado (2014), *Desenvolvimentos recentes da legislação sobre animais em Portugal: uma breve crónica legislativa*, Animais: Deveres e Direitos – Conferência promovida pelo ICJP em 11 de Dezembro de 2014, Maria Luísa Duarte e Carla Amado Gomes (coordenadoras), Maio de 2015, p. 5 e ss.

[3] Ou nas palavras de Darwin, Charles (1838): «O homem, na sua arrogância, considera-se uma grande obra digna de intervenção de uma divindade. Penso que é mais humilde e verdadeiro considerar que foi criado a partir de animais.» Citado em Clark, Ronald W., *The Survival of Charles Darwin: A Biography of a Man and an Idea*, Nova Iorque, Random House, 1984, p. 178, Cambridge University Library.

A idealização ou o reconhecimento de que os animais não-humanos podem ser titulares de direitos tem desconstruído a pretensa ideia de exclusividade do ser humano enquanto ente jurídico ou sujeito moral.

As conclusões aparentemente optimistas a que convida o debate não devem descurar uma visão mecanicista dos animais, que marcou os séculos XVII e XVIII, trazida por pensadores como René Descartes ou Immanuel Kant, os quais consideravam os animais meras «máquinas» ou «autómatos» destituídos de qualquer pensamento ou consciência, afastando a possibilidade de estes poderem ter um estatuto moral.

A capacidade de sofrimento que os animais partilham com o ser humano (e até de alguns animais em exteriorizar esse sofrimento) tem sido um dos fundamentos para o reconhecimento da consideração ética que lhes é devida e de um interesse legítimo tutelado ao não-sofrimento. Neste mesmo sentido avançaram diferentes autores, como o pessimista Schopenhauer, o pai do utilitarismo como filosofia moral Jeremy Bentham[4], Stuart Mill, filósofo utilitarista que desenvolveu a teoria do dano: a única razão para restringir a acção de outro indivíduo é evitar que provoque sofrimento a outros. Para Mill, importa maximizar o bem-estar colectivo, definido como a soma do

---

[4] «Poderá chegar o dia em que o resto da criação animal adquira aqueles direitos que só a mão da tirania lhe poderia ter retirado. Os Franceses já descobriram que a negrura da pele não é razão para entregar irremediavelmente um ser humano ao capricho de um algoz. Um dia poderá reconhecer-se que o número de patas, a vilosidade da pele ou o término dos sacros *são razões igualmente insuficientes para entregar um ser sensível ao mesmo destino. Que outra coisa deverá traçar a fronteira insuperável? Será a faculdade do discurso? Mas os cavalos ou os cães adultos são animais incomparavelmente mais racionais ou comunicativos do que um bebé de um dia, uma semana ou mesmo um mês. Mas supondo que isto não era verdade, que importaria isso?* A questão não é: eles podem raciocinar? Ou então, eles podem falar? Mas, eles podem sofrer?», BENTHAM, Jeremy, *An Introduction to the Principles and Morals and Legislation*, Oxford, Clarendon Press, 1789.

bem-estar (ou da utilidade) dos indivíduos que compõem a colectividade considerada, apresentando-se como uma teoria teleológica e consequencialista em que o fim das nossas acções é a felicidade e em que o correcto é definido em função das melhores consequências, as quais, por sua vez, são estabelecidas em função da maximização imparcial da felicidade dos afectados pelas nossas acções.

Ao interesse no não-sofrimento, como fundamento moral baseado na compaixão, seguiu-se: a doutrina especista de Peter Singer[5], a qual se insurge contra a discriminação de alguns seres baseada apenas no facto de estes pertencerem a uma espécie biológica não-humana, criando uma «barreira» moral entre humanos e não-humanos[6]; a doutrina dos direitos dos animais de Tom Regan[7], que considera os animais «sujeitos de uma vida»; a mais recente posição de Javier de Lucas, que, perspectivando os direitos dos animais analogicamente aos direitos humanos, vem defendendo que o direito ao não-sofrimento, o direito a não ser torturado, é tido como um direito inquestionável e internacionalmente reconhecido e que, como tal, deve ser reconhecido também como o primordial dos animais não-humanos; e a igualmente recente posição mais arrojada

---

[5] SINGER, Peter, *Animal Liberation,* [*s.l.*], Harper Collins, 1975; SINGER, Peter, *Practical Ethics,* 2.ª edição, [*s.l.*], Cambridge University Press, 1993.

[6] O termo «especismo» surgiu pela primeira vez num ensaio do psicólogo Richard Ryder, intitulado *Experiments on Animals,* de 1971, p. 81. Em 1975, Ryder redefine a noção no seu livro *Victims of Science* (p. 64), no qual apela para o conceito de interesses, relacionando o especismo e racismo, como formas de preconceito baseadas em aparências – se o outro indivíduo parece diferente, é classificado como não estando no âmbito da moral. No entanto, o conceito de «especismo» veio a ser popularizado mais tarde com Peter Singer.

[7] REGAN, Tom, *The Case for Animal Rights,* Los Angeles, University of California Press, 1983.

de Steven Wise[8], que entende que o Direito deve considerar outros *entes jurídicos* que não apenas a pessoa humana, reconhecendo os animais como «pessoas (jurídicas) não-humanas».

Centremos a nossa atenção na última questão, da qual consideramos emanarem as demais em debate no âmbito do Direito ou Ética Animal: a *domesticação*.

2. «O melhor amigo do Homem»

A domesticação dos animais acompanha a evolução da humanidade, e há evidências que remontam ao período do Paleolítico (cerca de 15 000 anos a. C.) de que a primeira espécie domesticada – o *Canis lupus familiaris* (cão) – teve origem numa selecção natural dos lobos, apesar de alguns autores

---

[8] Wise, Steven: «Today, all animals are on the "thing" side of the law, and all humans are on the "person" side. If you look back 150 years, there were humans on the "thing" side of the law – women, children, slaves. We are trying to open another hole in the wall and move some animals from the "thing" side to the "person" side. In other words, if a corporation can legally be considered a "person", why not a chimp?", *in* The Daily Beast: (http://www.thedailybeast.com/articles/2016/05/26/the-case-for-treating-animals-as-humans.html?via=mobile&source=facebook, consultado em 27 de Maio de 2016); A este respeito, recomenda-se ainda a leitura das obras do autor citado *Drawing the Line: Science and the Case for Animal Rights*, Cambridge, Perseus Publishing, 2002, e *Though the Heavens May Fall*, Cambridge, Da Capo Press, 2005. Refira-se ainda que o autor citado de forma arrojada tem lutado pelo reconhecimento dos animais não-humanos nos tribunais norte-americanos, tendo formulado um pedido de *habeas corpus* para os chimpanzés *Tommy*, *Kiko*, *Hércules* e *Leo*, no âmbito do qual reuniu evidências de diferentes peritos relativamente às capacidades cognitivas destes animais, como, por exemplo, a capacidade de percepcionarem e anteciparem o confinamento eterno. Informação disponível para consulta em: http://www.nonhumanrights.org/.

defenderem que ser humano e animal convergiram numa domesticação mútua[9].

Price (1984) define a *domesticação* como um processo de adaptação dos animais ao ser humano, produzido pelo cativeiro e pelo meio ambiente onde se encontram introduzidos, por meio do qual ocorrem uma série de modificações genéticas no animal ao longo de gerações.[10]

Diferentes estudos e publicações[11] concluem que os cães foram domesticados em diferentes pontos do globo e que este processo tornou os seres humanos na sua principal fonte de informação e de vantagem de sobrevivência. Os cães alteraram o seu comportamento, sendo capazes de interpretar o comportamento social e comunicativo humano, de compreender as expressões, o foco de atenção do ser humano e até o seu humor[12].

Deste processo de domesticação, resultou uma empatia e confiança mútuas: não apenas o cão passou a seguir o Homem até aos confins da Terra, como refere Safina (2015), como também este se deixou encantar pela profundidade do olhar canino e pela saudação do seu «abanar de cauda». Alguns autores, como Safina ou Zwart, defendem que o processo de domesticação teve impactos no próprio ser humano, cujas alte-

---

[9] Safina, Carl, *Beyond Words: What Animals Think and Feel*, [*s.l.*], Henry Holt, 2015, p. 223 e ss; Pierce, Jessica, *Run, Spot, Run: The ethics of keeping pets*, Chicago e Londres, The University of Chicago Press, 2016, p. 10 e ss.

[10] Price, E., Behavioral aspects of animal domestication, *Quarterly Review of Biology*. 59, 1984: pp. 1–32.

[11] Ostrander, Elaine A.; Wayne, Robert K.; Freedman Adam H. *et al.*, Demographic history, selection and functional diversity of the canine genome, *Nature Reviews Genetics* 18, 25 de Setembro de 2017. doi:10.1038/nrg.2017.67; Serafim, Teresa, «Afinal os nossos cães vieram todos de um único sítio?», *Público* online, 2017.

[12] Larson, Greger, *Dogs were domesticated not once, but twice… in different parts of the world*, Oxford University, 2016.

rações se repercutem no plano biológico ou químico, dando como exemplo o aumento da produção de oxitocina, por causa da empatia existente com os animais[13].

De qualquer modo, este processo acarretou modificações em várias características originais dos seres vivos domesticados, chegando em muitos casos ao desenvolvimento de dezenas de raças, como é o caso dos cães e gatos, mas também de inúmeros outros animais, sobretudo aqueles com interesse para a pecuária.

Existe um inegável misticismo na relação entre o ser humano e os lobos, ou pelo menos o seu descendente, o *Canis lupus familiaris*. O que nos terá levado a escolher uma parceria com esta espécie em detrimento de outras, até geneticamente mais próximas, permanece até hoje no domínio da especulação, ou talvez não, se tal como Saint-Exupéry tivermos presente «que o essencial é invisível aos olhos»[14]!

A história evolutiva da domesticação animal ou, em particular, do «melhor amigo do Homem», não é feita apenas de empatia, havendo um lado mais obscuro na domesticação (como adiante veremos), na medida em que, tradicionalmente, o ser humano tem relegado os animais para a condição de «coisas», tratando-os como um bem ou propriedade de que dispõe livremente, de acordo com as suas necessidades, interesses ou desejos, numa perspectiva românica da *jus utendi, fruendi et abutendi* (direito de usar, fruir e dispor).

Mas dando um salto temporal até aos dias de hoje, não são apenas os cães quem beneficia deste estatuto e é detido como animal de companhia. Uma série de outras espécies, como

---

[13] Ostrander, Elaine A., Wayne, Robert K., Freedman, Adam H. and Davis, Brian W., *Nature Reviews Genetics* (2017), «Demographic history, selection and functional diversity of the canine genome», *doi:10.1038/nrg.2017.67, Published online, 25 September 2017.*

[14] Saint-Exupéry, Antoine de, *Le Petit Prince*, EUA, [s.n.], 1943.

os gatos, os pássaros, os peixes, ratos, animais exóticos, entre outros, passaram a repartir o espaço nos lares humanos.

A finalidade com que detemos hoje animais assume uma multiplicidade de perspectivas associadas não apenas à companhia ou à protecção (guarda). O melhor amigo do Homem é hoje domesticado por diferentes razões, do mero «gozo estético» na detenção de algumas raças que foram sendo apuradas, passando pela sua «utilidade» ou aptidão em determinadas actividades desportivas e pelo interesse na reprodução com fins lucrativos, à sua utilidade para a ciência, educação e terapias alternativas, policiamento, actividades militares, busca e salvamento, entre outros exemplos que poderíamos enunciar.

Para lá da perspectiva utilitarista que tem marcado o uso que fazemos dos animais, esta história evolutiva também tem sido assinalada pelos laços afectivos que têm sido desenvolvidos nesta parceria.

Em 2011, perto do estuário do Tejo, na zona de Alcácer do Sal, uma equipa de cientistas descobriu um cão com 7600 anos, de acordo com a datação por radiocarbono. O animal encontrava-se sepultado num amontoado de conchas, contido num buraco pouco espaçoso, com os membros recolhidos e flectidos, numa posição artificial que sugere um ritual de enterramento. Já a descoberta de um cão mais antigo, com 8000 anos, nos concheiros de Muge, no concelho de Salvaterra de Magos, não indiciava nenhum registo de ritual de enterramento. Um dos arqueólogos envolvidos referiu que esta descoberta foi importante para compreender o universo mental dos grupos de caçadores-recolectores e que «foi uma surpresa agradável» verificar que «havia afecto das pessoas em relação a estes animais»[15]. Também a letra da lei não é alheia a

---

[15] Firmino, Teresa, «Abriu-se uma caixa de madeira e lá dentro revelou-se uma sepultura de um cão com 7600 anos», *Público* online, 2012.

referências aos laços particulares que unem o ser humano aos animais de companhia[16].

Não obstante, para Daniels e Bekoff a domesticação assume sempre uma forma de escravatura, em que os humanos são os deuses e senhores dos animais.[17]

Em *Run, Spot, Run* (2016), Jessica Pierce caricatura como uma só casa consegue albergar uma imensa pluralidade de animais, criaturas cujos olhos a observam por detrás das grades das suas gaiolas, terrários e aquários. A rotina dos cuidados que presta a todos esses animais e que nos vai descrevendo, como a necessidade de fornecer alimento vivo a alguns animais que se encontram fora do seu *habitat*, assim como o seu curto ciclo de vida, despertam na sua voz interior o dilema moral de manter animais em cativeiro e de alimentar o negócio da comercialização de animais de companhia, condicionando toda a sua existência.[18]

Pierce retrata o processo de desnaturação animal[19], que trouxe mudanças genéticas, comportamentais e a alteração na

---

[16] Resulta do preâmbulo da Convenção Europeia para a Protecção dos Animais de Companhia, do Conselho da Europa de 13/11/1987, ratificada por Portugal através do Decreto n.º 13/93, de 13 de Abril, «[...] que o homem tem a obrigação moral de respeitar todas as criaturas vivas» e o reconhecimento «dos laços particulares existentes entre o homem e os animais de companhia».

[17] Daniels, Thomas J. e Bekoff, Marc, «Domestication, Exploitation and Rights», *in* Bekoff, Marc e Jamieson, Dale (eds.), *Interpretation and Explanation in the Study of Animal Behavior*, Vol. 1, Interpretation, Intentionality and Communication, Boulder: CO, Westview Press, 1990, pp. 345–77.

[18] Pierce, Jessica, *op. cit.*, p. 8.

[19] A desnaturação – tal como a renaturação – consiste num fenómeno físico que ocorre durante os processos de replicação, transcrição e recombinação da molécula de ADN, sendo que a desnaturação ocorre quando as pontes de hidrogénio entre as cadeias complementares se rompem e as fitas se separam.

própria aparência dos animais, problemas de saúde decorrentes do apuramento das raças e da consanguinidade, agrilhoando até os seus instintos de sobrevivência, de manifestação do seu repertório natural e até reprodutivos, reconduzindo-os – nas palavras da autora – a um tédio existencial.

E que dizer da selecção artificial de animais de companhia, com vista ao apuramento das raças, em que os animais não podem escolher com quem acasalar, sendo cruzados visando o apuramento genético da raça? Realidade que assume contornos ética e legalmente questionáveis quando nos deparamos com as chamadas «*puppy farms*», locais de reprodução e comercialização de animais de companhia para fins lucrativos, em que tão frequentemente as associações de protecção animal denunciam situações de maus-tratos.[20] E que dizer dos acumuladores de animais com «síndrome de Noé», doença causada pela acumulação excessiva de animais?[21]

---

[20] Em Abril de 2012, centenas de activistas italianos trouxeram ao mundo imagens de uma das maiores libertações colectivas já vistas na história dos Direitos Animais e que veio mais tarde a culminar com a condenação dos responsáveis pelo estabelecimento, pelo crime de maus-tratos a animais de companhia:

https://www.anda.jor.br/2015/01/responsaveis-maus-tratos-beagles-green-hill-sao-condenados-italia/.

[21] A este propósito, Cipriano, Rita, «Síndrome de Noé. Quando acumular animais é doença», *Observador*, 2015: http://observador.pt/especiais/sindrome-de-noe-quando-acumular-animais-e-doenca/.

Esta patologia, conhecida também como síndrome de Diógenes, caracteriza-se, regra geral, como uma condição clínica, uma perturbação, que leva à quebra e rejeição de padrões sociais e que, de acordo com a Recomendação do Provedor de Justiça (2013), se reflecte num descuido pessoal e habitacional severo, no contexto do qual a pessoa recolhe na via pública objectos que acumula no interior do seu domicílio, muitos deles conspurcados, e dá guarida, sem condições, a um número exorbitante de animais de companhia. De acordo ainda com a referida Recomendação, a conduta acumuladora pode derivar, por vezes, de perturbações mentais diversas não directamente rela-

A acção humana da domesticação, apesar dos vínculos afectivos que em regra envolve, encerra assim algumas preocupações éticas destacadas por Pierce, como:

- os milhões de animais de companhia existentes e o seu número crescente;[22]
- a maioria dos detentores de animais de companhia não questionar os efeitos da domesticação no verdadeiro bem-estar dos animais;
- a exploração e a crueldade presente na indústria da comercialização de animais de companhia;
- as diferentes patologias de violência contra animais (maus-tratos, abandono e outras formas repudiáveis de violência como a bestialidade) e a sua conexão com a violência contra pessoas;
- os danos directos aos animais e alguns efeitos de sinergia.

E Jessica Pierce conclui que «os animais estão a sofrer».[23]

---

cionadas com a síndrome de Diógenes. Existem alguns casos, ainda que poucos, em que aos indivíduos em causa não foi sequer diagnosticada nenhuma doença mental. (Em 2013, o Provedor de Justiça recomendou à Direção-Geral da Saúde a elaboração de um guia para ajudar as autoridades de saúde municipais a lidarem com casos de síndrome de Diógenes. Documento disponível para consulta em: http://www.provedor-jus.pt/?idc=35&idi=15239.) No entanto, quando este tipo de desordem ocorre associada à acumulação de animais, a pessoa sofre de ansiedade perante o pensamento de perda ou ameaça de lhe ver retirados os animais.

[22] Um estudo da GfK estima que cerca de 2,151 milhões (ou seja, 56% de lares portugueses) possuam, pelo menos, um animal de estimação. A alteração dos núcleos familiares e a noção, cada vez maior, de que os animais de estimação contribuem para o bem-estar físico e psicológico dos donos é uma das razões apontadas para justificar o crescente aumento de animais de estimação. Estudo citado pelo P3: http://p3.publico.pt/pet/noticias/23818/em-portugal-mais-de-metade-dos-lares-tem-um-animal-de-companhia.

[23] Pierce, Jessica, *op. cit.*, p. 19.

Existem outras preocupações éticas, mais subtis, que têm permanecido abaixo do radar bem-estarista (inclusive defendidas pela corrente abolicionista, que rejeita a regulação da exploração animal e que se opõe a que os animais possam ser vistos como propriedade), como é o caso da esterilização de animais de companhia, fenómeno que se desenvolveu sobretudo para evitar a sobrepopulação animal e para controlar comportamentos indesejados, como a marcação de território, a agressividade provocada pela dominância dos machos ou até mesmo as fugas.[24] A esterilização ou a castração tem um impacto significativo no comportamento animal e até, como vem referindo Fernando Araújo, no florescimento do animal (a domesticação surge aqui como uma forma de privação da possibilidade de manifestação do comportamento natural dos animais, incluindo o seu instinto ou apelo reprodutivo – o corresponderia ao seu florescimento ou realização natural).

Apesar de, como já referimos, os cães e os gatos serem os animais de companhia mais frequentes[25], a domesticação não lhes é exclusiva. Coelhos, porquinhos-da-índia, hámsteres, répteis ou anfíbios estão a conquistar um espaço cada vez maior nas nossas casas, uma vez que são pequenos e se adaptam facilmente à vida em apartamento ou nos meios urbanos, além de interagirem e se afeiçoarem facilmente aos seus detentores, até por força da evolução genética decorrente do processo

---

[24] Pierce, Jessica, *op. cit.*, pp. 150–159.

[25] Considera-se animal de companhia «qualquer animal detido ou destinado a ser detido por seres humanos, designadamente no seu lar, para seu entretenimento e companhia», cf. artigo 8.º da Lei de Protecção dos Animais (Lei n.º 92/95, de 12 de Setembro, na sua redacção actual) e alínea a) do n.º 1 do artigo 2.º do Decreto-Lei n.º 276/2001, de 17 de Outubro, na sua redacção actual (aplicação em Portugal da Convenção Europeia para a Protecção dos Animais de Companhia).

de domesticação que os tornou mais adaptados à presença humana[26].

O fenómeno da domesticação estendeu-se também aos animais selvagens[27], alguns dos quais criados em cativeiro ou capturados no seu ecossistema, detidos não só em parques zoológicos, mas cada vez mais frequentemente em lares, apesar de sabermos que nunca teremos as condições necessárias para reproduzir o seu *habitat*. A legislação vigente, aliás, determina que «Nenhum animal deve ser detido como animal de companhia [...] se não se adaptar ao cativeiro»[28] e, em alguns casos até, proíbe-o, como acontece com o lobo-ibérico, a águia-imperial e outras espécies ameaçadas de extinção [29], constituindo crime contra a natureza[30].

O caso em particular dos zoológicos e do controlo genético das espécies assume outros contornos. Veja-se o polémico caso da girafa *Marius*, um animal saudável, de apenas dois anos,

---

[26] Wilkins, Adam S.; Wrangham, Richard W. e Fitch, W. Tecumseh, The «Domestication Syndrome» Mammals: A Unified Explanation Based on Neural Crest Cell Behavior and Genetics, *Genetics* 197, 1998, pp. 795–808.

[27] Considerando-se como tal «todo o animal cuja espécie existe na natureza, no seu habitat natural, partilhando com o seu antepassado comum o mesmo código genético, incluindo também os animais exóticos e selvagens criados em cativeiro que, embora possam ter sido amansados, essa característica não é transmitida à geração seguinte, e por isso não podem deixar de ser considerados como selvagens», cf. alínea dd) do n.º 1 do artigo 2.º do Decreto-Lei n.º 276/2001, de 17 de Outubro, *op. cit.*

[28] Cf. n.º 2 do Artigo 7.º do DL n.º 276/2001, de 17 de Outubro, *op. cit.*

[29] Cf. Artigo 2.º da Convenção sobre o Comércio Internacional das Espécies de Fauna e Flora Selvagens Ameaçadas de Extinção (CITES), aprovada pelo Decreto n.º 50/80, de 23 de Julho, e DL n.º 121/2017, de 20 de Setembro, que assegura a execução da CITES, adaptando-a às alterações dos Regulamentos (CE) n.ºs 338/97 e 865/2006. A este propósito, *vide* informação disponibilizada pelo ICNF no seu sítio da Internet em: http://www.icnf.pt/portal/pn/biodiversidade/patrinatur/especies.

[30] Artigo 278.º do Código Penal.

que o Jardim Zoológico de Copenhaga, na Dinamarca, decidiu abater para evitar a reprodução entre animais geneticamente parecidos[31].

A consanguinidade, a falta de espaço, o controlo higiossanitário foram argumentos que justificaram o abate de animais saudáveis, desvalorizando-os enquanto indivíduos, negando o seu valor intrínseco, o que nos parece ser contraditório com a aparente valorização que temos verificado no caso dos animais de companhia. Ou será que valorizamos apenas o laço afectivo que temos para com os animais, continuando a negar-lhes os seus interesses enquanto indivíduos? Neste caso, a condição animal consigna diferentes desafios que reclamam por uma resposta também da Ética.

3. «Todos os animais são iguais, mas alguns são mais iguais do que outros»[32]

Os dilemas morais subjacentes à domesticação animal multiplicam-se quando entramos nos domínios da pecuária, da sua utilização para alimentação, como força de trabalho ou com interesse para o vestuário e o calçado, uma vez que os animais surgem aqui como um recurso, do qual se retira a máxima vantagem ou benefício.

Se no cão o Homem encontrou o seu «melhor amigo», nos animais, com interesse na pecuária, encontrou uma forma de sobrevivência e uma fonte de rendimento ou lucro.

A percepção humana dos animais domesticados com interesse na pecuária é diferente da dos animais domesticados para efeitos de companhia.

---

[31] *Vide*: http://p3.publico.pt/actualidade/ambiente/10782/jardim-zoologico-dinamarques-abate-girafa-saudavel.

[32] Orwell, George, *A Quinta dos Animais*, [*s.l.*], [s.n.], 1946.

O processo de *desnaturação*, que ocorreu quer por força da domesticação natural, quer por força da selecção genética e artificial dos animais na área da agricultura mais tradicional, assumiu uma maior expressão, tornando-se mais evidente.

Neste processo de domesticação, Price[33] refere que o homem começa por controlar a reprodução dos animais e por os seleccionar para reduzir o seu tamanho e aumentar as características de docilidade, para melhor os manejar, fixando as características desejadas. Em seguida, o homem começa a mostrar um interesse crescente na produção de carne, e percebe a utilidade que envolve o aumento do tamanho dos animais reprodutores. Este interesse em produtos de origem animal vem juntar-se à crescente capacidade do homem para controlar a produção dos animais mediante um longo processo de selecção e criação de raças especializadas com diferentes virtualidades produtivas, que vão garantindo um aumento na produção de carne, lã, leite, pêlo, entre outros.

Por sua vez, a domesticação dos animais por meio da selecção artificial teve como consequência mudanças morfológicas, fisiológicas, reprodutivas, comportamentais e embriológicas profundas, subordinando os animais aos interesses humanos numa relação meramente utilitária ou instrumental.[34]

E veja-se que, apesar do esforço bem-estarista, por razões também utilitaristas, o confinamento a que os animais são sujeitos nas explorações pecuárias impede-os de manifestarem

[33] Price, E., *op. cit.*

[34] Para Zeder (2015), a domesticação é uma relação multigeracional e mutualista sustentada em que um organismo assume um grau significativo de influência sobre a reprodução e o cuidado de outro organismo, a fim de garantir um suprimento mais previsível de um recurso de interesse e através do qual o organismo parceiro ganha vantagem sobre os indivíduos que permanecem fora desse relacionamento, beneficiando e, muitas vezes, aumentando a aptidão tanto do domesticador como do doméstico-alvo.

o seu comportamento natural (esgravatarem a terra ou estenderem as asas), de viverem no seu *habitat* (de as progenitoras estarem lado a lado com as suas crias). Criamos autênticos balões de ensaio em que a vida animal é artificialmente controlada, excluindo estes seres da comunidade moral, bem como a consideração dos seus interesses, em particular da liberdade para cumprir voluntariamente o determinismo natural.

O porco foi domesticado a partir do javali durante o período Neolítico (há cerca de 8500 anos a. C., tal como os bovinos, ovinos e caprinos). Os porcos eram uma fonte de alimento importante, sendo mantidos perto da casa por não poderem ser conduzidos e serem grandes predadores de culturas domésticas, com 30 a 90% da sua dieta consistindo em culturas de campo.

A domesticação dos porcos provavelmente seguiu uma via comensal que começou com uma fase inicial de habituação, antes de se proceder a uma parceria que terminou em reprodução controlada no interior de explorações pecuárias. Os porcos que, a par de outras espécies, foram domesticados principalmente para a produção de carne são sensíveis ao nível de atenção dos seres humanos (Marino e Colvin, 2015). As capacidades cognitivas e emocionais não parecem, no entanto, justificar diferenças no tratamento dos animais; pelo contrário, o contexto evolutivo da domesticação animal apresenta uma justificação para adorarmos cães, comermos porcos e matarmos ratos, subjugando o seu valor intrínseco ao seu valor instrumental[35].

Foi precisamente neste domínio que surgiram as primeiras regulamentações em matéria de bem-estar animal na União Europeia. Serão, porém, suficientes para estabelecer obriga-

---

[35] Joy, Melanie, *Why We Love Dogs, Eat Pigs, and Wear Cows: An Introduction to Carnism*, [*s.l.*], Conari Press, 2010.

ções morais ao ser humano que dignifiquem a sua relação com estes animais, que dignifiquem a sua existência?

4. As asas servem para voar

Se as características comportamentais e genéticas dos animais de produção foram modificadas de tal forma, que estes perderam a capacidade de sobreviver e se reproduzir sem intervenção humana, de se adaptar à vida na natureza, poderemos nós reverter este processo e proceder a uma renaturação (o processo inverso da desnaturação, que permite que todas as propriedades originais das moléculas de ADN sejam restabelecidas), num processo de reajuste à vida selvagem? A questão é mais técnica do que filosófica, não passando apenas pela devolução dos animais ao seu meio ambiente, mas sobretudo pela reposição das suas características genéticas e morfológicas, assim como de padrões de comportamento perdidos neste processo evolutivo das espécies.

Em 2015, o Alto Tribunal de Nova Deli, na Índia, proferiu uma decisão inédita[36], ao considerar que «o comércio de pássaros viola os direitos dos pássaros» e que «os pássaros têm direitos fundamentais, incluindo o direito de viver com dignidade, e não podem ser sujeitos a crueldade por ninguém». O caso havia sido levado a tribunal pela associação People for Animals, que sustentou que o detentor dos animais mantinha centenas de pássaros em gaiolas de reduzida dimensão, os quais destinava ao comércio ilegal, através da exportação para outros países, e que as condições a que os submetia provocavam sofrimento, em violação do direito que lhes assiste de viver

[36] Disponível para consulta em: https://indiankanoon.org/doc/163664556/.

com dignidade. O Alto Tribunal de Nova Deli concluiu que «todos os pássaros têm o direito fundamental de voar no céu e os seres humanos não têm o direito de os manter em gaiolas» e, em consequência, determinou que fossem libertados.

Este importante marco fundamentou-se nas evidências científicas hoje disponíveis sobre a natureza e o comportamento dos animais não-humanos e no direito nacional e internacional, indo ao encontro das «cinco liberdades» adoptadas pela Organização Mundial da Saúde Animal como critério aferidor do bem-estar animal, a saber: 1) livre de fome e sede; 2) livre de desconforto; 3) livre de dor, lesões ou doença; 4) livre para expressar os comportamentos normais; 5) livre de medo e aflição.

Mas teria sido possível tal decisão se os animais em causa fossem cães ou porcos? Estes, por força da domesticação, perderam já as suas capacidades de adaptação ao seu *habitat*... Dadas as profundas alterações ecológicas, poder-se-á ainda indicar um *habitat* destinado a estes animais? Ou teriam de ser reconduzidos a «santuários», em que, de alguma forma, se procura promover o estado selvagem dos animais?

Vejamos que, também entre nós, é assumido o relevo que os animais de companhia do homem têm adquirido. Assim, ainda que noutro contexto, veja-se o Acórdão da Relação do Porto, de 19 de Fevereiro de 2015, proferido no âmbito do Processo n.º 1813/12[37]:

«Constitui um dado civilizacional adquirido nas sociedades europeias modernas o respeito pelos direitos dos animais.

---

[37] Disponível para consulta em: http://www.dgsi.pt/.../56a6.../3c0d5d98d088fab880257dfc00556bd1... A demanda em juízo debruçava-se sobre a determinação da responsabilidade civil dos detentores de um cão que desferiu mordeduras e matou um outro cão «de raça indefinida», estando em causa o apuramento dos danos não patrimoniais sofridos pela detentora do cão agredido e decorrentes do desgosto sofrido por tal perda.

A aceitação de que os animais são seres vivos carecidos de atenção, cuidados e protecção do homem, e não coisas de que o homem possa dispor a seu bel-prazer, designadamente sujeitando-os a maus tratos ou a actos cruéis, tem implícito o reconhecimento das vantagens da relação do homem com os animais de companhia, tanto para o homem como para os animais, e subjacente a necessidade de um mínimo de tutela jurídica dessa relação, de que são exemplo a punição criminal dos maus tratos a animais e controle administrativo das condições em que esses animais são detidos.

Por conseguinte, a relação do homem com os seus animais de companhia possui hoje já um relevo à face da ordem jurídica que não pode ser desprezado. [...]

Não se vê, pois, como ou porque deixar de incluir nos danos não patrimoniais sofridos por uma pessoa o sofrimento e o desgosto que lhe causa a perda de um animal de companhia ao qual ganhou afeição, que consigo partilha o dia-a-dia, que alimenta e cuida, que leva ao veterinário quando está doente ou precisa de cuidados de saúde.»

Do citado aresto parece-nos resultar que os animais têm direitos naturais, independentemente do reconhecimento destes pelo direito positivo, os quais decorrem da sua condição e necessidades e cujo relevo não deve ser desprezado pela ordem jurídica, mas antes respeitado – o que constitui uma forte mudança na forma como o poder judicial vinha encarando a questão dos direitos dos animais, nem sempre se posicionando favoravelmente[38].

No que se refere à jurisprudência do Tribunal de Justiça da União Europeia, verificamos que esta antecedeu os tratados e o

---

[38] *Vide* notas da jurisprudência portuguesa referidas por GOMES, Carla Amado, *Desporto e protecção dos animais: Por um pacto de não agressão*, p. 14, disponível para consulta em: http://www.icjp.pt/sites/default/files/papers/cej-animais_revisto.pdf.

direito interno, ao ter reconhecido, em 1982, «o interesse que a Comunidade atribuiu à saúde e à protecção dos animais»[39].

De uma perspectiva científica, a senciência (ou sensibilidade) dos animais é hoje uma evidência inquestionável, entendendo-se como tal a capacidade de sentir, perceber ou de ter consciência, ou de experimentar a subjectividade, conforme defende Marc Bekoff[40] ou Carl Safina[41], uma vez que citado autor defende que a barreira entre humanos e animais é artificial, desde logo porque os humanos são animais, e sublinha a similitude entre as emoções e as capacidades cognitivas dos animais não-humanos e as do ser humano.

Nesse mesmo sentido, em 2012, um grupo de renomados neurocientistas proclamou a Declaração de Cambridge sobre a Consciência[42].

---

[39] Cf. Acórdão Gerrit Holdijk e outros de 01/04/1982, Processos 141/81 e 143/81.

[40] «I'm defining "sentience" as the ability to feel, perceive, or be conscious, or to experience subjectivity.» Cf. Bekoff, Marc, *A Universal Declaration on Animal Sentience: No Pretending*, 2003, disponível para consulta em: http://www.psychologytoday.com/blog/animal-emotions/201306/universal-declaration-animal-sentience-no-pretending.

[41] Safina, Carl, *op. cit.*, pp. 1 e 29: «Another big group of dolphins had just surfaced alongside our moving vessel – leaping and splashing and calling mysteriously back and forth in their squeally, whistly way, with many babies swift alongside their mothers. I wanted to know what they were experiencing, and why to us they feel so compelling and so close. This time I allowed myself to ask them the question that is the forbidden fruit: Who are you?»

[42] The Cambridge Declaration on Consciousness – 7 de Julho de 2012. *«Nós declaramos o seguinte:* "A ausência de um neocórtex não parece impedir que um organismo experimente estados afectivos. Evidências convergentes indicam que animais não-humanos têm os substratos neuroanatómicos, neuroquímicos e neurofisiológicos de estados de consciência, como a capacidade de exibir comportamentos intencionais. Consequentemente, o peso das evidências indica que os humanos não são os únicos a possuir os substratos neurológicos que geram a consciência. Animais não-humanos, incluindo todos

Muito antes, e já entre nós, António Damásio vinha sustentando que algumas das faculdades tipicamente atribuídas aos seres humanos são, na verdade, comuns a outras espécies.[43] Assim como o prestigiado neurocientista João Malva, que em declarações ao *Jornal i* diz que «está por provar que somos mais inteligentes que os animais»[44].

Olkowitz *et al.* refere que muitos pássaros têm mais neurónios no lobo frontal do que os mamíferos, incluindo os primatas, e que alguns pássaros são também capazes de se reconhecerem num espelho e de anteciparem as suas futuras necessidades – capacidades cognitivas que até agora se considerava serem quase exclusivas dos primatas (também verificadas, por exemplo, nos golfinhos).[45]

O peso das evidências científicas conduz-nos às palavras de Menezes Cordeiro, que acompanhamos: «Há um fundo ético-humanista que se estende a toda a forma de vida, particularmente *à sensível*. O ser humano sabe que o animal pode sofrer; sabe fazê-lo sofrer; sabe evitar fazê-lo. A sabedoria

---

os mamíferos e as aves, e muitas outras criaturas, incluindo polvos, também possuem esses substratos neurológicos."»

[43] Damásio, António, *Looking for Spinoza*, Londres, Random House, 2003, p. 86 e pp. 144–152.

[44] Ao que acrescenta João Malva: «Sei que nós tivemos ao longo da História muita tendência de desvalorizar o outro, até o outro humano quanto mais o outro animal não humano. Não somos assim tão diferentes dos outros animais, temos claramente uma linguagem muito sofisticada que nos permite construir uma cultura, temos mãos que são uma vantagem evolutiva. E juntando a mão a um cérebro robusto construímos uma sociedade. Do nosso ponto de vista somos mais evoluídos e na verdade somos animais de sucesso no mundo. Agora não estou convencido que outros animais sejam incapazes ou não tenham emoções.» Cf. entrevista disponível para consulta em: http://ionline.sapo.pt/266147.

[45] Olkowitz, S. *et al.*, Birds have primate-like numbers of neurons in the forebrain, *Proceedings of the National Academy of Sciences*, Dale Purves (ed.), Durham: NC, Duke University, 2016. doi: 10.1073/pnas.1517131113.

dá-lhe responsabilidade. Nada disso o deixará indiferente – ou teremos uma anomalia, em termos sociais e culturais, dado o paralelismo com todos os valores humanos.»[46]

O reconhecimento da senciência animal surge assim como um argumento de relevo que não pode ser ignorado pela ordem moral.

Das questões que fomos abordando ao longo desta reflexão, aquelas que estão subjacentes a um processo de renaturação são talvez as de mais difícil e complexa resposta. Podemos elevar ainda mais a dificuldade do problema se nos posicionarmos no lugar do ser humano cuja opção alimentar, por razões éticas, segue um regime vegetariano restrito ou vegano, mas que detém animais de companhia! Seria ético privá-los de uma alimentação carnívora? Ou como justificar a dissonância cognitiva subjacente a não consumir animais, mas interferir na cadeia natural de predação pelo valor que damos aos animais que partilham connosco o espaço do lar? E ainda, como combater o tédio existencial em que se encontram subordinados estes animais no conforto do lar, atentas até as suas elevadas capacidades cognitivas?

A devolução dos animais à natureza ou ao meio urbano não nos parece ser resposta. Aliás, tal solução é imediatamente rejeitada, pelo simples facto de estes animais terem perdido a capacidade de sobreviver sozinhos sem a intervenção humana nos seus cuidados e alimento, além da censura moral, social e penal[47] que tal conduta mereceria, podendo hoje ser encarada e sancionada como uma forma de abandono ou maus-tratos.

---

[46] Cordeiro, António Menezes, *Tratado de Direito Civil, III, Parte Geral, Coisas*, Lisboa, Almedina, 2013, p. 276.

[47] O abandono de animais de companhia é punido criminalmente por força do artigo 388.º do Código Penal, introduzido pela Lei n.º 69/2014, de 29 de Agosto, que alterou o Código Penal, aditando os crimes contra animais de companhia.

Excepciona-se, porém, a devolução ao meio ambiente de silvestres ou assilvestrados que, por alguma razão, como encontrarem-se feridos, tenham sido capturados e que após a sua recuperação devem ser reintroduzidos no seu *habitat*[48].

Podemos assumir que a Ética de hoje terá de dar resposta a novas e emergentes questões decorrentes da domesticação, nomeadamente quanto à possibilidade de um processo de *renaturação*. Para Filipa Vieira de Sá[49], estamos mesmo perante o reconhecimento de um direito fundamental à liberdade, decorrente do princípio da dignidade animal e do valor intrínseco dos animais, indo assim ao encontro do Alto Tribunal de Nova Deli. Para a autora, não podemos pensar a dignidade animal se não formos axiologicamente exigentes na identificação do verdadeiro sentido da liberdade animal. É precisamente porque o homem reconhece a dignidade do animal não-humano que está em condições de respeitar e elevar axiologicamente a liberdade de seres que não são humanos.

Este posicionamento não vai ao encontro de perspectivas antropocêntricas, em que o valor da vida animal lhe é extrínseco, decorrendo da função que o animal pode exercer em benefício do homem. Maria do Céu Patrão Neves[50] coloca em

---

[48] E falamos aqui não apenas de espécies selvagens, mas, por exemplo, dos gatos silvestres ou assilvestrados que coabitam com o ser humano nas cidades e cuja intervenção humana ocorre por via dos programas CED – Capturar, Esterilizar e Devolver.

[49] Vieira de Sá, Filipa, apontamentos na aula subordinada ao tema «O novíssimo lugar dos animais no mundo do direito: Que projecto para o século xxi? Múltiplas perspectivas ou uma revolução paradigmática?», no âmbito do Curso de Verão «O Estatuto dos Animais na Ciência, na Ética e no Direito», 26 de Junho a 14 de Julho, CIDP – FDUL, 2017.

[50] Patrão Neves, Maria do Céu, apontamentos na aula subordinada ao tema «A condição animal como desafio ético», no âmbito do Curso de Verão «O Estatuto dos Animais na Ciência, na Ética e no Direito», 26 de Junho a 14 de Julho, CIDP – FDUL, 2017.

confronto as diferentes perspectivas (antropocêntrica, biocêntrica e zoocêntrica), assumindo a existência de uma posição intermédia que vem considerar i) uma diferença qualitativa entre o homem e o animal, ambos com valor intrínseco, mas só o homem possuindo valor incondicionado; ii) que a comunidade moral, ao reportar-se apenas ao ser humano, estabelece obrigações morais a cumprir em relação aos animais e iii) a possibilidade de construir consensos éticos, a revestir com a força da lei para a protecção dos animais.

Como referimos *supra*, a par dos desafios da condição animal, temos hoje uma problemática subjacente à perda do *habitat* da maioria das espécies, sobretudo das espécies selvagens. Pelo que pensarmos num processo de renaturação (e que não é apenas genético), implica equacionar a possibilidade de devolução dos animais, pelo menos de algumas espécies animais (as selvagens, silvestres ou assilvestradas), à natureza. Se a resposta é consensual no domínio das referidas espécies, o mesmo não se poderá dizer quanto aos animais de companhia.

Esta derradeira questão evoca-nos as palavras do naturalista Henry Beston: «Necessitamos de outro, mais sábio e porventura mais místico, conceito de animais.»[51]

---

[51] «Necessitamos de outro, mais sábio e porventura mais místico, conceito de animais. Distante da natureza universal e vivendo num complicado artifício, o ser humano na civilização estuda a criatura através da lente do seu conhecimento e vê desse modo uma pluma ampliada e toda a imagem distorcida. Nós tratamo-los de forma condescendente pela sua incompletude, pelo seu trágico destino por haverem assumido forma tão longe abaixo de nós mesmos. E nisto erramos. Pois o animal não será medido pelo humano. Num mundo mais antigo e mais completo do que o nosso, eles movem-se acabados e completos, dotados da extensão dos sentidos que perdemos ou nunca alcançámos, vivendo por vozes que jamais escutaremos. Eles não são irmãos, não são subordinados: são outras nações, apanhados connosco na rede da vida e do tempo, semelhantes prisioneiros do esplendor e do trabalho da Terra.»

Precisamos de um outro conceito não apenas de «animal», mas do «ser humano», da nossa própria animalidade e condição na Terra.

O debate em torno da condição e do estatuto moral e jurídico dos animais, como bem disse Fernando Araújo, «permite-nos reflectir nas possibilidades de reestruturação ética da nossa comunidade, uma reedificação que transcenda uma base de igualdade entre indivíduos para se recolocar numa base de igualdade entre relações e dependências – apontando, não para os direitos que nos são devidos em paridade de circunstâncias com todos os outros indivíduos integrantes da sociedade, mas para os direitos que melhor servem as relações particulares que cada um de nós estabelece, que melhor nos permitem desempenhar as responsabilidades de que somos investidos e em que outros são investidos, para cuidarmos das nossas vulnerabilidades e dependências partilhadas, numa simbiótica mutualidade de bons ofícios»[52].

Talvez o nosso gene egoísta não nos permita abdicar da companhia daqueles parceiros de jornada que connosco convergiram evolutivamente. Que tal não nos impeça de reconstruir o posicionamento moral e jurídico do ser humano, alargando a esfera da ética à relação que temos com as demais espécies, sobretudo aquelas que domesticámos e para com as quais ainda vamos em tempo de travar o processo de desnaturação. É talvez aqui que tenhamos a possibilidade de defraudar Milan Kundera, não permitindo que se dê um verdadeiro desaire ou desvio do homem relativamente aqueles que estão à sua mercê.[53]

Beston, Henry, *The Outermost House: A Year of Life On The Great Beach of Cape Cod*, [*s.l.*], Doubleday and Doran, 1928.

[52] Araújo, Fernando, *A Hora dos Direitos dos Animais*, 2003, *op. cit.*

[53] Kundera, Milan, *The Unbearable Lightness of Being*, [*s.l.*], Harper Perennial, Outubro de 2009.

Referências e Leituras recomendadas

ALVES, Pedro Delgado, *Desenvolvimentos recentes da legislação sobre animais em Portugal: uma breve crónica legislativa,* Animais: Deveres e Direitos – Conferência promovida pelo ICJP em 11 de Dezembro de 2014, Maria Luísa Duarte e Carla Amado Gomes (coordenadoras), Maio de 2015.

ARAÚJO, Fernando, *A Hora dos Direitos dos Animais,* [*s.l.*], Almedina, 2003.

BEKOFF, Marc, *A Universal Declaration on Animal Sentience: No Pretending,* publicação online em Junho de 2003.

BENTHAM, Jeremy, *An Introduction to the Principles and Morals and Legislation,* Oxford, Clarendon Press, 1789.

BESTON, Henry, *The Outermost House: A Year of Life On The Great Beach of Cape Cod,* [*s.l.*], Doubleday and Doran, 1928.

CIPRIANO, Rita, «Quando acumular animais é doença», *in Observador,* publicação online em Dezembro de 2015.

CORDEIRO, António Menezes, *Tratado de Direito Civil, III, Parte Geral, Coisas,* Lisboa, Almedina, 2013.

DAMÁSIO, António, *Looking for Spinoza,* Londres, Random House, 2003.

DANIELS, Thomas J. e BEKOFF, Marc, «Domestication, Exploitation and Rights», *in* BEKOFF, Marc e JAMIESON, Dale (eds.), *Interpretation and Explanation in the Study of Animal Behavior,* Vol. 1, Interpretation, Intentionality and Communication, Boulder: CO, Westview Press, 1990, pp. 345–77.

DARWIN, Charles, citado em CLARK, Ronald W., *The Survival of Charles* Darwin, *A Biography of a Man and an Idea,* Nova Iorque, Random House, Cambridge University Library, 1984.

FIRMINO, Teresa, «Abriu-se uma caixa de madeira e lá dentro revelou-se uma sepultura de um cão com 7600 anos», *Público* online, Julho de 2012.

GOMES, Carla Amado, Desporto e proteção dos animais: Por um pacto de não-agressão, *Thesis Juris*, vol. 3, n.º 2, 2014.

GOMES, Carla Amado (2015), *Direito dos animais: um ramo emergente?*, registo documental e intervenções produzidas no âmbito da conferência subordinada ao tema Animais: Deveres e Direitos – A propósito da nova legislação de criminalização de maus-tratos a animais, ICJP, 2015.

JOY, Melanie, *Why We Love Dogs, Eat Pigs, and Wear Cows: An Introduction to Carnism*, [*s.l.*], Conari Press, 2010.

KUNDERA, Milan, *The Unbearable Lightness of Being*, [*s.l.*], Harper Perennial, 2009.

LARSON, Greger, «Dogs were domesticated not once, but twice… in different parts of the world», Oxford University, 2016.

OLKOWITZ, S. *et al.*, Birds have primate-like numbers of neurons in the forebrain, *in Proceedings of the National Academy of Sciences*, Dale Purves (ed.), Duke University, Durham, NC, 2016. doi: 10.1073/pnas.1517131113.

ORWELL, George, *A Quinta dos Animais*, [*s.l.*], [s.n.], 1946.

OSTRANDER, Elaine A.; WAYNE, Robert K.; FREEDMAN Adam H. *et al.*, Demographic history, selection and functional diversity of the canine genome, *Nature Reviews Genetics* 18, 25 de Setembro de 2017. doi:10.1038/nrg.2017.67.

PATRÃO NEVES, Maria do Céu, apontamentos na aula subordinada ao tema «A condição animal como desafio ético», no âmbito do Curso de Verão «O Estatuto dos Animais na Ciência, na Ética e no Direito, 26 de Junho a 14 de Julho, CIDP – FDUL, 2017.

PIERCE, Jessica, *Run, Spot, Run: The ethics of keeping pets*, Chicago e Londres, The University of Chicago Press, 2016.

PRICE, Edward, Behavioral aspects of animal domestication, *The Quarterly Review of Biology*, The University of Chicago Press, Vol. 59, N.º 1, 1984, pp. 1–32, JSTOR, www.jstor.org/stable/2827868.

REGAN, Tom, *The Case for Animal Rights*, Los Angeles, University of California Press, 1983.

RYDER, Richard, *The Victims of Science*, Londres, Davies Pointer Ltd., 1975.

RYDER, Richard; GODLOVITCH, Roslind e Stanley; e HARRIS, John, «Experiments on Animal», *in Animals, Men and Morals: An Inquiry into the Maltreatment of Non-humans*, Londres, Victor Gollancz, Nova Iorque, Grove Press, 1971.

SAFINA, Carl, *Beyond Words: What Animals Think and Feel*, Nova Iorque, Henry Holt and Company LLC, 2015.

SERAFIM, Teresa, «Afinal os nossos cães vieram todos de um único sítio?», *Público* online, 2017.

SINGER, Peter, *Animal Liberation*, [*s.l.*], Harper Collins, 1975.

SINGER, Peter, *Practical Ethics*, 2.ª edição, [*s.l.*], Cambridge University Press, 1993.

VIEIRA DE SÁ, Filipa, apontamentos na aula subordinada ao tema «O novíssimo lugar dos animais no mundo do direito: Que projecto para o século XXI? Múltiplas perspectivas ou uma revolução paradigmática?», no âmbito do Curso de Verão «O Estatuto dos Animais na Ciência, na Ética e no Direito, 26 de Junho a 14 de Julho, CIDP – FDUL, 2017.

WILKINS, Adam S.; WRANGHAM, Richard W. e FITCH, W. Tecumseh, The «Domestication Syndrome» Mammals: A Unified Explanation Based on Neural Crest Cell Behavior and Genetics, *Genetics* 197, 1998, pp. 795–808.

WISE, Steven, *Drawing the Line: Science and the Case for Animal Rights*, Cambridge, Perseus Publishing, 2002.

WISE, Steven, *Though the Heavens May Fall*, Cambridge, Da Capo Press, 2005.

WISE, Steven, «The Case for Treating Animals as Humans», *in The Daily Beast*, publicado online em Maio de 2016.

O caso particular dos animais de companhia

Alexandra Reis Moreira, Advogada

Empty Cages – Associação Portuguesa e Espanhola de Direito do Animal e Jus Animalium – Associação de Direito Animal

> «[...] mas o pobre não tinha senão uma ovelhinha que tinha comprado. Ele mesmo lhe dava de comer e a ovelha ia crescendo na companhia dele e dos filhos; comia da sua comida, bebia do seu copo e dormia no seu colo. Era para ele como se fosse uma filha!»
>
> Antigo Testamento, Segundo Livro de Samuel 12, 3

A proliferação dos chamados *animais de companhia*, em particular nos centros urbanos, e a importância crescente, *de facto* e *de direito*, que os mesmos reconhecidamente granjeiam nas modernas sociedades ocidentais constituem hoje um fenómeno social ímpar, de ramificações complexas e com sérias implicações éticas.

Sintomático do exposto é o facto de, desde 2014, em apenas três anos, se ter registado entre nós uma impressiva, inédita, erupção jurídica em torno dessa temática, mediante a neocriminalização dos maus-tratos[1] e do abandono de *animais de companhia* e a alteração do Código Civil e do Código de Processo Civil, no intuito de adoptar um novo estatuto jurídico para os animais, que inclui normas específicas atinentes aos *animais de companhia*. Assim é que, do edifício jurídico português actualmente vigente, resulta notório o tratamento de discriminação positiva face aos *animais de companhia* relativamente a outros animais (independentemente da espécie a que pertençam) utilizados para outros fins.

Contudo, se é inequívoco que o Direito beneficia os animais afectos à companhia de humanos, mais tortuosas se apresentam as decorrências éticas dessa realidade dissonante que os humanos criaram, produzem, promovem e exploram no seu preponderante interesse, não raras vezes alienados dos legítimos e reais interesses dos seres que amarraram. Impõe-se, pois, a reflexão em torno desta temática ainda tão escassamente tratada pela Ética e pela Filosofia, porventura aquela que tem gerado as maiores falácias no seio do próprio movimento pela defesa e protecção dos animais.

---

[1] Iniciativa legislativa que, como é sabido, não sendo pioneira na história da República Portuguesa, põe fim a um século de estrepitoso vazio no capítulo da tutela penal dos animais, ainda que injustificadamente limitada aos *animais de companhia*. Por outro lado, não se ignora que o DL n.º 315/2009, de 29 de Outubro, ao aprovar o regime jurídico da detenção de animais perigosos e potencialmente perigosos enquanto animais de companhia, criminalizou as lutas entre animais – cf. artigo 31.º, na redacção que lhe foi dada pela Lei n.º 46/2013, de 04 de Julho. Contudo, o bem jurídico aí protegido é a segurança pública face ao potencial agressor desses animais, o que resulta claro da simples leitura do preâmbulo da proposta de lei que lhe deu origem. Daí que o legislador tenha efectivamente inaugurado a tutela penal no capítulo da protecção dos animais, ao introduzir os dois tipos de crime referidos, através da Lei n.º 69/2014, de 29 de Agosto (ainda que o bem jurídico aí protegido seja plúrimo, concorrendo interesses humanos).

1. De *companhia* a *membros de família*

A noção de *animal de companhia*, tal como a percepcionamos nas sociedades ocidentais, remonta ao século XIX, embora as fontes históricas disponíveis permitam concluir que, pelo menos desde o século XVI, gatos e cães, os mais utilizados para esse fim, tenham vindo progressivamente a ocupar presença habitual em conventos, mosteiros, nas cortes, sendo companhia particularmente apreciada por figuras das letras e das artes.

A partir de meados do século XX, registou-se um forte incremento da utilização de animais como companhia, a par do fenómeno da concentração demográfica nos centros urbanos, acompanhado da inevitável propagação de habitações com áreas cada vez mais reduzidas e em propriedade horizontal.

O número de cães e de gatos, entre indivíduos de outras espécies minoritárias, detidos em casas de habitação tem aumentado exponencialmente nos últimos anos. Um relatório da autoria da empresa de estudos de mercado GfK Portugal, referente ao período 2011/2015, dá conta de que cerca de dois milhões (54%) de lares portugueses possuem, pelo menos, um «animal de estimação», o que representa um crescimento de 9% em apenas quatro anos; por outro lado, 53% dos cães e 64% dos gatos detidos como «animais de estimação» vivem dentro de casa.

De assinalar que, segundo o mesmo estudo, nesses escassos quatro anos se registou um expressivo aprofundamento da ligação emocional aos *animais de companhia*, em detrimento da tradicional ligação funcional: aqueles são definidos por metade dos seus detentores como «membros da família» (registando-se um aumento de 10% dessa resposta no referido período); paralelamente, decresceu o número de detentores que os classificam como «companhia»: de 11% para 10% no caso dos cães e de 20% para 13% no caso dos gatos. A reter também desse estudo que entre 25% e 29% dos detentores os consideram «amigos», 10% os encaram como «companhia» e a mesma percentagem de 10% os vê como «filhos».

As tendências apontadas verificam-se em toda a Europa e, bem assim, na América do Norte. Actualmente, cifra-se que em toda a União Europeia, povoada por 500 milhões de cidadãos, existam 200 milhões de animais utilizados como companhia, número que sobe para 470 milhões nos Estados Unidos da América, suplantando largamente o número de cidadãos aí residentes (316 milhões).

O exposto evidencia uma profunda mutação dos papéis sociais geradora de uma nova realidade sociológica, a «família multiespécies», qualitativamente bem diversa do utilitarista, redutor, conceito jurídico de *animais de companhia*[2]. Daqui decorre igualmente um crescente desfasamento entre a realidade substantiva que importa regular, em resposta a legítimas pretensões dos cidadãos, e a respectiva representação jurídica, de difícil inteligibilidade, estribada num quadro de soluções insuficientes. Exemplifico-o com a frequente reacção de desconcerto de detentores de animais quando chamados a confirmar se o seu companheiro não-humano preenche os requisitos legais (cumulativos) de *entretenimento e companhia*, de cuja verificação, recorde-se, depende a protecção penal e também contra-ordenacional[3].

---

[2] Ou seja, *qualquer animal detido ou destinado a ser detido por seres humanos, designadamente no seu lar, para seu entretenimento e companhia.* É essa a definição que vem sendo adoptada em diversos diplomas pelo legislador português, com ligeiríssimas diferenças de redacção, importada da Convenção Europeia para a Protecção dos Animais de Companhia, aprovada pelo Decreto n.º 13/93, de 13 de Abril, com todas as dificuldades interpretativas que têm vindo a ser denunciadas pela doutrina, em especial em sede penal, atentas as particulares exigências de segurança e certeza.

[3] Por via do DL n.º 276/2001, de 17 de Outubro, que aprovou as nor-

2. Novos desdobramentos jurídicos para uma nova realidade

Sinais há já de que a nova «família multiespécies» não é uma realidade estranha ao legislador português.

Recentemente, através da muito ventilada Lei n.º 8/2017, de 3 de Março, operou-se uma histórica alteração ao Código Civil, que introduziu um sumário subcapítulo concernente aos animais[4], sistematicamente situado entre os subcapítulos reservados às «Pessoas» e às «Coisas», respectivamente. À semelhança do exemplo francês de 2015, o Código Civil português passou a proclamar que *os animais são seres vivos dotados de sensibilidade*, prevendo, porém, a aplicação subsidiária aos mesmos das disposições relativas às coisas *que não sejam incompatíveis com a sua natureza*. Não é este, porém, o momento para densificar esta matéria, designadamente com vista a dilucidar se se operou uma efectiva e substantiva alteração ao estatuto jurídico dos animais.

O certo é que a Lei n.º 8/2017, sem seguramente ter produzido uma radical mudança no estatuto civil dos animais, e tendo, a meu ver, ficado aquém do que seria desejável no actual estádio de evolução social, aprovou algumas normas civis e processuais civis de relevante conteúdo com vista à protecção dos animais.

Mais uma vez, os chamados *animais de companhia* mereceram a especial deferência do legislador, mediante a inclusão de normas específicas, inéditas, nomeadamente, em sede de Direito da Família, prevendo-se, nesse âmbito, a regulação do

---

mas de execução da Convenção Europeia para a Protecção dos Animais de Companhia.

[4] Este subcapítulo integra os actuais artigos 201.º-B, 201.º-C e 201.º-D do Código Civil.

destino dos *animais de companhia*, em qualquer das modalidades de divórcio.

O legislador foi particularmente inovador na situação de divórcio sem o consentimento do outro cônjuge, caso em que necessariamente o julgador é chamado a decidir as questões objecto de discórdia. O novo artigo 1793.º-A do Código Civil dispõe que os *animais de companhia* são *confiados* a um ou a ambos os cônjuges, de acordo com dois factores de ponderação que enuncia, sem nenhuma hierarquização: 1) os interesses de cada um dos cônjuges e dos filhos do casal; 2) o *bem-estar do animal*[5].

Como incisivamente atentou José Fernando Simão em palestras que ministrou sobre a matéria, a opção do legislador pelo emprego do termo *confiar* com respeito aos *animais de companhia* é plena de significado, distanciando-se de acepções associadas à propriedade e aproximando-se do regime de regulação do poder-dever funcional inerente às responsabilidades parentais.

Por outro lado, tal como também sustenta aquele insigne professor de Direito Civil, a questão do *bem-estar do animal* não deverá ser encarada como um mero critério de ponderação, em paridade com os interesses particulares dos seus detentores e filhos, mas antes como um verdadeiro filtro que subjaz à apreciação e decisão do caso, impondo-se ao julgador o ónus de esclarecer essa matéria, designadamente ordenando averiguações e a produção de pareceres de especialistas. Ainda segundo o citado especialista, o regime do artigo 1793.º-A é

---

[5] A temática do *bem-estar animal* tem conhecido diversas definições, abordagens e perspectivas entre os especialistas das áreas afectas aos *Animal Studies* (etologia, biologia, veterinária, entre outras). Entre nós, o legislador tem consistentemente adoptado o seguinte conceito generalista de *bem-estar animal*: *o estado de equilíbrio fisiológico e etológico de um animal* [cf. artigo 2.º, n.º 1, alínea h) do citado DL n.º 276/2001].

aplicável analogicamente às situações de união de facto (que, acrescento, o legislador omitiu certamente por desatenção).

Os *animais de companhia* não são um qualquer bem de que o proprietário possa livremente dispor; antes é exigível a este o cumprimento de um conjunto de deveres tutelares decorrentes dos direitos e interesses daqueles, nomeadamente, ao bem-estar e a não ser objecto de sofrimento injustificado – bens jurídicos protegidos pela própria tutela penal. Estas considerações são, aliás, aplicáveis aos animais em geral (cf. o também novo artigo 1305.º-A do Código Civil, bem como o artigo 1.º da Lei n.º 92/95, de 12 de Setembro, que aprovou a Lei de Protecção dos Animais), com excepção da parte final, já que o legislador penal português, à revelia dos imperativos de coerência axiológica, tem insistido em punir apenas a crueldade infligida a animais utilizados como *companhia*.

Atentos os motivos expostos, e por identidade de razões, considero que o regime estabelecido pelo inovador artigo 1793.º-A do Código Civil é aplicável mesmo nas situações de não compropriedade dos animais. Ou seja, é possível – e desejável – que um animal objecto de propriedade apenas de um dos cônjuges seja judicialmente confiado ao outro cônjuge com quem mantém uma ligação mais profunda e que está em condições de lhe garantir adequadas condições de alojamento e bem-estar. Se essa possibilidade expressamente existe para efeitos de atribuição da casa de morada de família (cf. o precedente artigo 1793.º), não se vê que a salvaguarda do bem-estar dos *animais de companhia* suscite menores cautelas ou permita solução diversa.

No entanto, mal andou o legislador por não ter expressamente previsto a possibilidade de um regime de visitas por parte do cônjuge preterido, bem como a obrigação de este contribuir para os gastos com o animal. Em contextos de divórcio não consentido, é frequente que a deterioração do relacionamento entre os cônjuges obstaculize qualquer diálogo entre estes, obviando a soluções informais harmoniosas. Se, muitas vezes, a procura do consenso relativa a bens insignificantes se afigura impossível tal o ambiente de conflitualidade, é expectável aceso litígio em torno da guarda de *animais de companhia.*

O drama é que os cônjuges podem manifestar as mais vis qualidades no relacionamento entre si, e simultaneamente assumir-se excelentes companheiros dos seus animais (os humanos são pródigos em ambivalências), o que poderá conduzir ao doloroso afastamento definitivo entre o animal e um dos seus companheiros humanos. Isso já para não referir os casos de inevitável erro judicial, quando as aparências probatórias contrastem com a realidade material, sacrificando os legítimos interesses do animal e do seu companheiro humano mais dedicado. Por outro lado, o cônjuge mais habilitado a merecer a confiança do animal pode necessitar de apoio financeiro para o sustentar, sendo justo que o outro cônjuge seja obrigado a participar nas despesas.

Também a jurisprudência vem crescentemente acolhendo a perspectiva de integração desses animais no conceito elástico de «família». A título de exemplo, cite-se a sentença do Julgado de Paz de Vila Nova de Gaia, de 19/09/2012[6], considerando que «os animais *são parte do nicho familiar*, englobados na esfera particular» e que a resposta ao problema da detenção de animais em condomínio (contexto que estava em apreciação) deve reflectir «a sedimentação valorativa do crescente reconhecimento do papel dos animais na realização pessoal do indivíduo e da sua importância enquanto *membros da colectividade familiar*»[7].

O caminho jurídico já trilhado entre nós nos últimos anos, pondo fim a anacronismos incomportáveis e à inoperância

---

[6] Proferida no âmbito do Proc. 52/2012-JP e disponível em: www.dgsi.pt.

[7] Itálicos nossos.

de décadas, a par da pressão política por parte de cidadãos cujo poder é reforçado por instrumentos eficazes (de que as redes sociais são exemplo paradigmático), e ainda a influência de outros ordenamentos jurídicos afins mais progressistas, permitem-nos hoje antecipar com segurança a adopção de um quadro cada vez mais completo de respostas jurídicas às demandas da protecção dos animais, incluindo daqueles utilizados como companhia.

No capítulo dos *animais de companhia* são prementes, além dos aspectos já enunciados, questões como os apoios à protecção da saúde (eventualmente, pela criação de hospitais veterinários públicos), benefícios fiscais (designadamente, a possibilidade de dedução à colecta de despesas – de saúde, educação/disciplina – com os mesmos[8]) e acolhimento de soluções em caso de morte ou incapacidade do detentor, para salvaguarda da tranquilidade deste e do bem-estar do animal, propiciando-se que seja beneficiário directo do património daquele, nomeadamente, através de um esquema de fideicomisso semelhante ao «Pet Trust» vigente nos Estados Unidos da América.

Certo é que nesta matéria se avizinham novos desafios para o Direito, que mais não é do que o resultado que quisermos. Portanto, ao invés de nos deixarmos maniatar por uma parafernália conceptual cristalizada, puramente ficcional, deveremos, de forma pragmática, procurar responder a demandas concretas

[8] Actualmente, por força da Lei n.º 7-A/2016 de 30 de Março, é possível, em sede de IRS, deduzir à colecta 15% do IVA liquidado em gastos veterinários; nas mesmas circunstâncias estão gastos com reparação de automóveis, alojamento, restauração e até com cabeleireiros e institutos de beleza, contudo, até ao limite global de 250 €. Por isso, não sendo obviamente uma alteração desprezível, reputo-a manifestamente insuficiente para a considerar um efectivo benefício social.

legítimas, buscando e aprimorando soluções, que é, afinal, a própria razão de ser do Direito.

3. Objecto ou sujeito? Em busca de uma identidade

A problemática que nos ocupa tem sensíveis implicações de natureza ética consistentemente ausentes ou rarefeitas do discurso ortodoxo da defesa e protecção dos animais.

Na verdade, a condição dos chamados *animais de companhia* é geralmente citada como a excepção ao indigno tratamento votado aos animais não-humanos. Além de protegidos da vida miserável e do trágico destino anunciado reservado aos animais utilizados pela indústria pecuária, em particular a de elevada densidade, ou da submissão a atrozes processos de experimentação, os animais eleitos como companhia têm a satisfação das necessidades básicas (alimentação, saúde, abrigo) garantida e ainda recebem afecto, considerados mesmo «membros da família» e «amigos» pela maioria dos seus detentores.

A própria lei penal e civil, como se viu, discrimina-os favoravelmente, reservando-lhes um tratamento especial.

Também a jurisprudência tem exaltado a importância crucial na actual sociedade dos *animais de companhia*, estando em marcha não só a tendência de os integrar no conceito de «família», como de os considerar elementos constituintes da personalidade dos seus detentores, pelo menos daqueles comprometidos nesse relacionamento[9]. O Acórdão do Tribunal

---

[9] A título de exemplo, veja-se o Acórdão do Tribunal da Relação do Porto (TRP) de 27/05/2014, proferido no âmbito do Proc. 421/11.3TBSPS.C1, a propósito de uma acção tendente a condenar um condómino a retirar o cão da varanda (a litigância em sede de propriedade horizontal tem sido cenário frutuoso de decisões afins); nesse aresto, o TRP cita a sentença de primeira instância recorrida, estatuindo que deve «prevalecer o direito de personali-

da Relação do Porto de 19/02/2015[10] exprime a generalizada convicção nessa matéria da seguinte, eloquente, forma: «A aceitação de que os animais são seres vivos carecidos de atenção, cuidados e protecção do homem, e não coisas de que o homem possa dispor a seu bel-prazer, designadamente sujeitando-os a maus-tratos ou a actos cruéis, tem implícito o reconhecimento das *vantagens da relação do homem com os animais de companhia, tanto para o homem como para os animais*»[11].

As vantagens da relação dos humanos com os animais designados *de companhia* parecem-nos, pois, uma evidência indesmentível. Mas ainda que se reconheçam *vantagens* nessa condição, é mister questionar se não haverá *desvantagens*. Será que o melhor destino possível para um qualquer animal é aceder ao estatuto de *animal de companhia*, elevado a pináculo da condição animal, a ponto de se desconsiderarem desvantagens?

Introduzir quaisquer considerações éticas nesse domínio implica necessariamente denunciar uma série de falácias mais ou menos românticas que nos vêm acompanhando há muito, forjadas a par do progressivo afastamento do ser humano da sua condição natural de animal.

Tenhamos presente que o ser humano se construiu como entidade ficcional, desprezando a sua animalidade e simultaneamente adoptando uma cultura de marginalização dos outros animais (que espelham a própria animalidade humana), aos quais reservou a designação «animais», como se o autor da nomeação não o fosse. Começou aí a tragédia

---

dade do vizinho sobre os direitos de propriedade do dono da fracção [...] nunca se olvidando o valor específico que um animal de companhia tem, ou pode ter, para o seu dono e que pode mesmo ser constituinte da sua personalidade».

[10] Proferido no âmbito do Proc. 1813/12.6TBPNF.P1 e disponível em: www.dgsi.pt.

[11] Itálicos nossos.

para muitos humanos – aqueles que não partilhavam das qualidades especialíssimas atribuídas à humanidade – e para todos os não-humanos. Como acentua Yuval Harari, no seu famoso *Sapiens – História Breve da Humanidade*, os *sapiens* sempre foram mestres em produzir realidades imaginadas em larga escala, construindo e divulgando crenças e mitos e forjando uma linguagem maleável, adequada às suas conveniências e propósitos.

O filósofo Jacques Derrida, especialista em linguagem, empenhou-se em desconstruir palavras, conceitos e expressões, denunciando o uso da linguagem como instrumento da cultura da discriminação e da exploração do *Outro*, humano ou não-humano[12].

Retomando o nosso tema, temos que a própria expressão *animais de companhia*, aparentemente inofensiva, é claramente enganosa, direi que propositadamente enganosa, já que não creio em ingenuidades linguísticas.

Repare-se que tal expressão induz uma realidade substantiva. Contudo, obviamente assim não é. Não existem *animais de companhia*, como não existem *galinhas poedeiras, vacas leiteiras, touros de lide* ou *animais de pecuária*. Trata-se de expressões eufemísticas, convenientemente abreviadas, sugerindo que o destino *natural* desses animais é serem utilizados nessas actividades humanas, explorados para fins e interesses humanos. Ora, isso é tão verdadeiro ou legítimo como pretender que os humanos não são animais ou que são superiores aos demais animais[13].

Daí que o emprego de expressões como essas se deva processar de forma consciente e cautelosa, não descurando que

---

[12] Nomeadamente em *L'Animal Que Donc Je Suis*.

[13] A cultura da superioridade humana ou do especismo, obviamente inventada pelos próprios humanos no seu exclusivo interesse, elege critérios em que estes habitualmente se destacam, desprezando características, competências e habilidades que não possuem ou que não os beneficiam.

significam sempre formas de exploração, de subjugação a interesses humanos. Os animais utilizados como companhia ou inseridos em famílias humanas não escolheram essa condição nem esse destino – que não são *naturais*.

Mesmo considerando os animais que foram alvo de um longo processo de domesticação selectiva e de autodomesticação simbiótica com humanos, caso paradigmático dos gatos e dos cães, tal não significa nem pode significar um mandato em branco outorgado aos humanos para que lhes decidam a vida (e a morte), inclusive privando-os de algo tão essencial para qualquer indivíduo como a autodeterminação, a liberdade, a identidade e o florescimento de acordo com a própria natureza – valores, esses, atente-se, de tal forma imperiosos, que os humanos os elevaram à categoria de direitos (humanos) fundamentais. Se são fundamentais para os animais humanos, como deixarão de ser para os animais não-humanos?

O tema remete-nos necessariamente para os dilemas do cativeiro e para o sombrio fenómeno da desnaturação acompanhada da humanização desses animais, frequentemente tratados como eternas crianças e submetidos a um quadro de disciplina doméstica e de práticas – umas mais censuráveis ou questionáveis do que outras – tendentes a neutralizar o comportamento natural e a minimizar as inconveniências da reclusão para os detentores (é o caso da esterilização, dos treinos, dos castigos, da ablação das unhas nos gatos – ilegal entre nós – ou da utilização de coleiras anti-latidos em cães).

E nem se pretenda que uma vida de cativeiro, qual condenado a uma pena de prisão realmente perpétua, é o preço justo das comodidades, dos cuidados e da atenção recebidos. Mais uma vez, se esse projecto de vida não serve para os humanos (tanto mais que a privação da liberdade é, na maioria das democracias, a pena mais severa aplicável aos condenados por crimes graves), dificilmente servirá para os não-humanos, pelo menos para aqueles que experimentaram a liberdade. Mesmo que isso signifique uma vida mais curta ou mais árdua, porque necessariamente também mais intensa e autêntica. Ademais, esses animais condenados à clausura não escolheram essa sorte nem nos pediram que os excluíssemos das escolhas da vida (e da morte) ou que os protegêssemos (isto é, os privássemos) dos desafios, das dificuldades e dos sofrimentos que a liberdade e a autodeterminação representam. Como acentua Jessica Pierce[14], é altamente duvidoso que, se lhes abríssemos a porta de casa, esses animais decidissem manter-se connosco. E se o fizessem, digo eu, sempre restaria a dúvida se tinha sido uma livre decisão ou uma mera fatalidade ditada pela severa desnaturação, com perda irremediável das competências naturais.

De referir que estou bem ciente das realidades concretas e complexas relacionadas com o tema dos *animais de companhia*, designadamente, o flagelo actual da sobrepopulação de cães e gatos, largos milhares dos quais, para considerar apenas o exemplo português, submetidos ao extremo confinamento (comparativamente a uma casa de habitação) de gatis e canis, sejam municipais (legalmente designados centros de recolha oficiais), sejam particulares, geridos por associações de protecção de animais, que, como se sabe, enfrentam sempre enormes constrangimentos financeiros.

Esses animais estão em cativeiro, mas não foram criados para esse destino, nem, em princípio, retirados da sã vivência em liberdade. A maior parte deles foi socorrida de situações de perigo, de lesão efectiva ou é vítima de abandono. Subjugados à clausura, não reúnem, em regra, condições para serem libertados nem competências para sobreviver por si; muitos dos quais viveram situações traumáticas que sempre os afectarão.

---

[14] PIERCE, Jessica, *Run, Spot, Run – The Ethics of Keeping Pets*, Chicago, University of Chicago Press, 2016.

São esses animais debilitados que Gary Francione, figura de proa do movimento abolicionista de toda a exploração animal, apelida de «refugiados», e ele próprio tem acolhido alguns. Os animais «refugiados», na acepção referida, são, a meu ver, a excepção à censura ética do cativeiro.

A questão da esterilização é outro tema delicado da Ética Animal. Contudo, essa lesão da integridade física dos animais é generalizadamente aceite para todos os gatos e cães, raramente questionada e amplamente aconselhada por veterinários, em nome do interesse público da contenção da natalidade, das conveniências dos detentores (evitando-se comportamentos de marcação de território, de agressividade e vocalizações intensas e constantes) e da saúde dos próprios animais, protegidos de brigas territoriais, de doenças transmissíveis pelo acasalamento ou potenciadas hormonalmente – é o caso dos tumores mamários, de elevada incidência e mortalidade em fêmeas não esterilizadas, causadores de excruciante sofrimento; estima-se que gatas e cadelas sexualmente intactas enfrentem um risco sete vezes maior de desenvolver neoplasias das glândulas mamárias, comparativamente com as esterilizadas.

É também frequente ouvir afirmações categóricas, inclusive por parte de veterinários, sustentando que, diferentemente da sexualidade dos humanos, os outros animais acasalam por mera determinação hormonal, quais autómatos, não usufruindo de prazer sexual. Creio que essa falácia se destinará, ainda que inconscientemente, a aligeirar as implicações éticas da prática generalizada da esterilização, absolvendo de pecado mandantes e mandatários.

Parece-me um erro de profunda arrogância pretender desvalorizar uma faceta crucial da vida de qualquer animal, cujo direito mais básico deverá ser a satisfação dos seus desejos primários (leia-se, essenciais), o florescimento de acordo com a sua vontade, com tudo o que a possa influenciar, sem descurar o papel das hormonas, que aliás, obviamente, também interferem nos comportamentos dos animais humanos.

Ainda que aceitando como válida a necessidade de, no contexto actual (a que demos causa), evitar mais nascimentos indesejados de cães e gatos, assumo sérias dúvidas ao menos quanto à legitimidade da remoção de órgãos reprodutores e de glândulas sexuais aos animais. Esse objectivo pode ser atingido sem recurso à prática corrente da ovário-histerectomia nas fêmeas (remoção dos ovários e do útero) e da orquiectomia nos machos (remoção dos testículos), optando-se por intervenções menos lesivas como a laqueação de trompas e a vasectomia, respectivamente[15]. Dessa forma, não se compromete o desejo e a satisfação sexual dos animais intervencionados, no pressuposto de que aqueles que vivessem em clausura contassem com parceiro(s), sob pena de se condenar os animais a graves tormentos. É certo que as questões de saúde manter-se-iam em aberto. No entanto, considero questionável, inconsequente, mutilar animais, removendo-lhes órgãos e glândulas e privando-os da função e satisfação sexuais sob o pretexto piedoso da prevenção de doenças. Porque não, então, aplicar o mesmo princípio e prática aos humanos, já que seguramente os protegeria de tumores, entre outras doenças?

Defendo, pois, que todas as questões relativas aos animais com os quais nos relacionamos, cujo destino determinamos, devem ser permanentemente equacionadas sob a perspectiva e o melhor interesse dos mesmos, de acordo com o que nos é possível intuir, numa busca incessante de respostas adequadas à sua natureza, necessidades, preferências, desejos, e sempre sem olvidar que cada indivíduo é único ainda que pertencendo

---

[15] Tem-se presente que os contraceptivos actualmente disponíveis para animais não são aconselháveis como solução duradoura, provocando distúrbios hormonais que frequentemente geram tumores e outras patologias graves.

a certo grupo com características comuns e comportamentos tendenciais.

Recordo que, em tempos, alguém comentou comigo a confessada desilusão por o seu gato, de raça persa, com o qual coabitava há anos, ser pouco activo, contrastando com a euforia habitual dos meus companheiros gatos (rafeiros). Ou seja, a pessoa em questão nem se tinha dignado conhecer as características tendenciais imputadas à raça do seu companheiro felídeo, que é conhecido pelo temperamento calmo. A meu ver, o gato tem mais motivos para estar desiludido. E muitos haverá como ele.

Quem não está preparado para respeitar a inevitabilidade de um gato se exprimir na sua magnificência como gato que é (e não como a criança humana que nunca foi), saltando (para cima dos móveis), afiando as unhas (no sofá, invariavelmente eleito o melhor arranhador da casa), estimulando a sua curiosidade (abrindo armários e gavetas e perscrutando todos os cantos da casa) e as suas habilidades alpinistas (subindo por cortinados, estantes, etc.), com os eventuais, mas muito prováveis, danos colaterais, então que tire daí a ideia. O mesmo se aplica a quem não está disponível para propiciar a um cão os passeios diários (faça sol, chuva ou caia neve), os banhos, a manutenção do pêlo. Uns e outros requerem atenção redobrada, estímulos adequados, interacção com os companheiros humanos e também com indivíduos da mesma espécie, em particular quando confinados a uma casa, privados da liberdade e dos estímulos naturais, sujeitos ao tédio e à desocupação.

O ritmo acelerado em que vivemos, as inúmeras solicitações a que cedemos, a tendência generalizada para o enfoque no acessório não são cenário propício à reflexão ética nem a exercícios de desconstrução e reconstrução cultural. Andaremos decerto muito distraídos, mas o relacionamento *real* que muitos de nós ainda hoje temos com os animais não se afastará muito dos resultados da visão cartesiana *animal-máquina*, cuja enunciação teórica tanto nos choca. Também os animais que habitam connosco são amiúde desconsiderados na sua individualidade, tratados como objectos, desnaturados, humanizados, reduzidos a instrumentos de conforto emocional, de entretenimento e até de *status.* Invocar sentimentos de afecto (ainda que genuínos) pouco acrescenta a essa triste vivência. Ser-se *objecto* de afecto é o oposto de se ser *sujeito* num relacionamento afectuoso.

Chegou-se ao inqualificável de gerar raças de animais com características adaptadas às nossas conveniências, nomeadamente, gatos sem pêlo (é o caso do Sphynx), que requerem especiais cuidados, e cães sem pêlo, como o *terrier* americano sem pêlo, propenso a insuficiência cardíaca, problemas ortopédicos e respiratórios, entre diversas outras raças de cães que foram sendo objecto de sucessivas modificações genéticas para satisfazer os caprichos do mercado (é o caso dos buldogues, em especial os braquicefálicos, sujeitos a graves doenças respiratórias, vertebrais, oculares).

O crescimento galopante de animais em estado de condicionamento desnaturante deve-se em grande parte a um outro embuste, maciçamente divulgado pela poderosa, próspera, indústria dos *animais de companhia* ou *pet industry*[16]: o de que *faz bem ter um animal de companhia. Bem* aos humanos, claro está.

[16] Trata-se de uma indústria em franca expansão, que abarca sectores tão distintos como o da criação de animais, comércio de animais, produção de comida, brinquedos, acessórios, roupa, abrigos, e prestação dos mais variados serviços, da veterinária, à estética, *pet sitting,* hotéis, escolas de treinos, entre muitos outros. Nos Estados Unidos da América, existem já empresas de *Pet Renting* que se dizem especializadas em seleccionar o animal adequado a cada cliente, passível de devolução e troca. No Brasil, há serviços públicos de registo civil de animais desde 2017 (designado «identipet») e empresas que elaboram «certidões» de nascimento, baptismo, casamento e óbito para animais de estimação.

Assim se fabricou o axioma ilusório de que a convivência com animais, máxime gatos ou cães, é a panaceia para todos os males físicos, psicológicos, emocionais, que, nomeadamente, *estão sempre disponíveis para nós, são mais confiáveis do que as pessoas, incutem sentido de responsabilidade nas crianças, adoram crianças, curam depressões, os gatos, quais curandeiros, absorvem as energias negativas, os cães gostam mais de nós do que deles próprios,* entre outros mantras mais ou menos fantasiosos e mais ou menos narcísicos. Pobre do animal que não cumpra essas mirabolantes expectativas! Aqueles que se «atreverem» a agredir alguém (e quantos detentores o merecerão!) são, regra geral, rotulados de «perigosos» e condenados à morte[17].

E assim se estimula o impulso da leviana aquisição, inclusive onerosa, de *animais de companhia* que, muitas vezes, passado o entusiasmo da novidade, goradas expectativas fantasiosas e pesando as obrigações, culmina no abandono destes, negligenciados nas suas necessidades mais básicas ou simplesmente largados como qualquer objecto descartável.

Quem não estiver aberto ao desafio da experiência da alteridade e do (re)conhecimento do Outro enquanto sujeito, participante activo de um relacionamento tão simétrico quanto possível, que se abstenha de coabitar com outros animais, especialmente não-humanos, atenta a sua particular vulnerabilidade e dependência, circunstâncias que eticamente adensam a responsabilidade humana.

É imperioso fomentar a cultura do respeito pelo Outro e da responsabilidade face ao Outro que verdadeiramente não nos pertence, mas que nos está *confiado* e/ou que está à nossa mercê.

---

[17] Veja-se o regime previsto pelo artigo 15.º do DL n.º 315/2009, de 29 de Outubro, vulgarmente interpretado pelas entidades competentes como licença para matar.

4. Concluindo

Vimos que a problemática dos chamados *animais de companhia* não está isenta, bem pelo contrário, de questionamentos éticos, que têm vindo a ser socialmente escamoteados por recurso a lugares-comuns apregoados e falaciosos.

A indústria associada à exploração económica dessa realidade (a *pet industry*) tem promovido a detenção leviana de animais enclausurados, solitários, desnaturados, humanizados, instrumentalizados pelos mais egoísticos motivos, e não raro negligenciados nas suas necessidades mais básicas. Muitos desses animais encontram-se no limbo da esquizofrenia: parecem gatos e cães, mas só residualmente o serão. Até o estatuto de excepção que o legislador português lhes consagra é hipócrita, tendo resultado das demandas de uma *pet society* motivada pelos seus próprios interesses (humanos).

No entanto, considero imperiosa a adopção de animais «refugiados», aqueles que já vivem em cativeiro e em situação de extremo confinamento, nomeadamente, em canis e em gatis municipais ou de associações de protecção animal ou aqueles que foram socorridos de situações de perigo ou lesão e que, pela sua debilidade, não têm forma de sobreviver em liberdade. Mas que não se olvide que sempre serão animais mutilados na sua integridade e não uns quaisquer *privilegiados*. E que se questionem permanentemente as decisões que tomamos por eles, na perspectiva presumida do seu melhor interesse.

O relacionamento com indivíduos de outras espécies pode ser altamente construtivo e benéfico se, e quando, for reciprocamente participado, com a atitude do (re)conhecimento respeitoso do Outro. Implica resistir à tentação narcísica de humanizar esse outro que não é, nem quer ser, humano. Implica o despojamento de artifícios e a aceitação da condição primordial da própria animalidade humana.

Leituras recomendadas

ARAÚJO, Fernando, *A Hora dos Direitos dos Animais*, [*s.l.*], Almedina, 2003.

BRAGA, Isabel Drumond, e BRAGA, Paulo Drumond, *Animais e Companhia na História de Portugal*, [*s.l.*], Círculo de Leitores, 2015.

DERRIDA, Jacques, *L'Animal Que Donc Je Suis*, Paris, Galilée, 2006.

DUARTE, Maria Luísa e GOMES, Carla Amado (coord.), *Animais: Deveres e Direitos*, Lisboa, ICJP, 2015.

DUARTE, Maria Luísa e GOMES, Carla Amado (coord.), *Direito (do) Animal*, [*s.l.*], Almedina, 2016.

GRUEN, Lori, *Ethics and Animals: An Introduction*, Cambridge, Cambridge University Press, 2011.

GRUEN, Lori, *The Ethics of Captivity*, Oxford, Oxford University Press, 2014.

HARARI, Yuval N., *Sapiens. A Brief History of Humankind*, Toronto: ON, Signal Books, 2014.

PIERCE, Jessica, *Run, Spot, Run. The Ethics of Keeping Pets*, Chicago, University of Chicago Press, 2016.

Um cão é um cão, um cão, um cão

Ricardo R. Santos
Centro de Bioética da Faculdade de Medicina
da Universidade de Lisboa

Lisa Mestrinho
CIISA, Departamento de Clínica da Faculdade de Medicina
Veterinária da Universidade de Lisboa

> «Todos os animais são iguais, mas há uns que são mais iguais do que outros.»
>
> George Orwell, *Animal Farm* (1945)

De regresso à ilha de Ítaca, provindo da Guerra de Tróia, que durara uma dezena de anos, e depois de uma viagem pejada de tremendas desventuras e de mil provações, que durara outra dezena de anos, Ulisses chega, enfim, a casa. Porém, em boa hora avisado pelo seu filho, Telémaco, que tinha ido ao seu encontro, e por zelosa intervenção da deusa Atena, ali chega disfarçado de mendigo, para que não fosse reconhecido pelos ociosos e importunos pretendentes de Penélope, sua mulher.

Vinte anos depois de ter partido, Ulisses carrega sobre si não apenas um mero disfarce, mas também o peso do tempo que passou. Assim, mendigo e velho – duplamente disfarçado, portanto –, reza a história que, chegado às portas de Ítaca, o seu velho cão, Argos, que ali jazia coberto de carraças, se apercebeu de que ele estava perto e, imediatamente, «começou a abanar a cauda e baixou ambas as orelhas;/só que já não tinha força para se aproximar do dono./Então Ulisses olhou para o lado e limpou uma lágrima»[1]. Pouco depois, Argos sucumbe. Vinte anos depois, disfarçado e velho, Ulisses tinha à sua espera o seu velho cão. O seu cão velho esperou por ele, para abanar a cauda, para gastar as suas últimas forças nesse fulguroso reconhecimento de eterna fidelidade, para depois sucumbir, como se a expectativa do regresso do seu dono fosse a fibra última de um fio que o prendia à vida.

Todavia, além da narrativa, que é fantástica, além do acto, que é comovente, o que verdadeiramente espanta, e o que aqui nos interessa destacar, é que este vestígio da particular relação entre um homem e o seu cão tem mais de dois mil e setecentos anos. De facto, o cão surge ao longo da história, *na* História[2], ao lado do homem, no matiz das diferentes sociedades históricas, seja em que latitude for, seja em que circunstância for. Há, portanto, uma presença constante do cão, factual ou simbólica, não apenas nas narrativas épicas, como as de Homero, mas também em muitas outras situações, bem mais terrestres, e que acabam por atestar, de um modo mais ou menos significativo, o papel que o cão foi tendo ao longo do tempo.

---

[1] Cf. Homero, *Odisseia*, trad. Frederico Lourenço, Lisboa, Livros Cotovia, 2003.

[2] A este propósito, veja-se, a título de exemplo: Braga, Isabel Drumond e Braga, Paulo Drumond (coord.), *Animais e Companhia na História de Portugal*, Lisboa, Círculo de Leitores, 2015.

E que papel é esse? Sobretudo o de um prestador de serviços, durante grande parte do tempo, desde a sua domesticação, em particular como um elemento crucial na caça e, mais tarde, em contexto urbano, como guarda. Vejamos um exemplo antigo, mas eloquente. Corria o ano 79 da nossa era quando, subitamente, a erupção do Vesúvio cobriu por inteiro várias cidades em redor com uma densa camada de cinzas. Uma dessas cidades foi Pompeia, porventura a urbe mais activa da civilização romana. Literalmente des-coberta em 1748, Pompeia oferece-nos a rara possibilidade de acedermos ao quotidiano de uma civilização antiga, como se de uma fotografia instantânea se tratasse. Um dos elementos mais fascinantes dessa *Villa dei Misteri* é a ornamentação com mosaicos presente em várias casas. Alguns deles são particularmente notáveis, pois transmitem-nos informação muito precisa sobre o papel que o cão tinha naquele contexto. O caso mais notável será, talvez, a presença de um mosaico na entrada de muitas casas, como na Casa do Poeta Trágico, com um cão e a inscrição *cave canem* em baixo, que significa, em latim, «cuidado com o cão» – um costume que, aliás, sobreviveu até aos nossos dias. Há também outros mosaicos pictóricos extremamente interessantes, em particular na Casa do Fauno, que representam uma cena de caça envolvendo a colaboração de dois cães. Neste contexto social particular, o cão parece ter desempenhado um papel de prestador de serviços de guarda e de caça.

Também na contemporaneidade encontramos, com alguma facilidade, vestígios da estreita relação entre as pessoas e os seus animais, que desempenham agora um papel sobretudo de companhia, tornando-se assim numa espécie de «para-humanos». Um dos sintomas que melhor nos elucidam sobre o significado e a amplitude desse vínculo, que é agora sobretudo afectivo, está relacionado com a morte, isto é, a reacção emocional de uma pessoa perante a perda do seu cão. Embora ainda socialmente desautorizado, como tão bem evidencia o filme *Madadayo*[3], do realizador japonês Akira Kurosawa, o luto por um animal expõe, de um modo porventura indizível, a existência de um vínculo afectivo particular, que pode variar em grau. Assim, quanto mais forte for esse vínculo – «medido» aqui em termos de *valor* e de *significado* –, mais intensa será a reacção emocional a uma perda concreta. Embora essa reacção seja muito variável e de difícil padronização, ela envolve habitualmente um processo determinado pelo contexto cultural, em particular no que diz respeito aos rituais. A este propósito, é eloquente o surgimento, ainda no século XVIII, de cemitérios exclusivamente dedicados a animais de companhia. Em Portugal, o primeiro cemitério surge em 1934, no Jardim Zoológico de Lisboa, com o objectivo de proporcionar «um destino digno aos animais de estimação». Os epitáfios que ali se encontram – «Eterna saudade dos teus donos», «Contigo aprendi que os animais têm alma e que a tua é muito linda. Obrigada por mo teres feito entender, meu único e grande amigo» ou «No céu lá nos encontraremos. Da mamã que vos ama», por exemplo – são muito esclarecedores sobre o que aqueles animais significavam para os seus respectivos donos[4].

Com efeito, a par dos vestígios arqueológicos sobre a origem da domesticação do cão[5], todos estes vestígios, que são

---

[3] Neste filme, o professor Uchida Hyakken – personagem em torno da qual se desenvolve a trama – vê-se afundado numa tristeza arrebatadora depois de o seu gato ter subitamente desaparecido, tristeza essa ainda mais agudizada pela desautorização social de tal sentimento manifestado perante um simples gato.

[4] Cf. PAIS, José Machado, *Nos Rastos da Solidão. Deambulações Sociológicas*, Porto, Âmbar, 2006 (em particular o capítulo «Animais de Companhia: O Vazio da Perda», pp. 283–310).

[5] Para uma boa síntese, Cf. CLUTTON-BROCK, Juliet, «Origins of the Dog: The Archaeological Evidence» (pp. 7–21), *in* SERPELL, James (ed.), *The Domestic Dog: Its Evolution, Behavior and Interaction with People*, 2.ª ed., Cambridge, Cambridge University Press, 2016.

esparsos, mas não parcos, todas estas memórias *imateriais* de um tempo mais ou menos distante, manifestam, por um lado, a presença constante dos animais de companhia no quotidiano das sociedades – e a forma como essa presença foi sendo talhada e aprimorada, sobretudo no domínio cognitivo –, mas manifestam também, por outro lado, o significado, ou melhor, o valor que os animais foram tendo ao longo do tempo. Assim, seja como relato, real ou imaginário, seja como alegoria ou símbolo, ou até mesmo como pantomima, todos estes múltiplos vestígios – arqueológicos, genéticos, sociológicos, etnográficos, antropológicos –, que permeiam a nossa história colectiva, todos estes traços nos permitem traçar e melhor compreender a natureza, a força e, até certo ponto, a singularidade que caracterizam a relação antiga entre os humanos e os seus animais de companhia, em particular o cão. É justamente este traçado que está na base da forma como nós, os *modernos*, nos relacionamos, na *pós-modernidade* – na *pós-humanidade?* – com os nossos animais de companhia. Sendo certo que esta relação está em processo de transformação, importa, pois, compreendê-la, clarificá-la, situá-la, contextualizá-la, e atender em particular às suas implicações práticas, mas também aos desafios a ela inerentes.

1. O pano de fundo

Depois de Hiroxima e de Nagasáqui, nunca mais fomos os mesmos. De facto, o ano de 1945 marca o início de um período em que se irá desenvolver uma profunda reorganização societal – que se prolonga até aos dias de hoje –, tanto no plano económico, político e cultural como psicológico e espiritual, tanto no domínio da vida pública como no da vida privada, tanto ao nível local como global. Assiste-se, no pós-guerra, a uma transformação profunda dos modos de vida social e cultural. Com efeito, não apenas nunca mais fomos os mesmos, como também a nossa relação com o «outro» passou a ser governada por uma nova ordem relacional marcada sobretudo pela superficialidade, pela artificialidade, pelo imediatismo e pelo efémero. Neste contexto, o indivíduo deslumbra-se com a sua nova condição individualista, com novos hábitos, ao mesmo tempo que é mansamente atirado para uma «orfandade relacional». As suas relações com o «outro» tornam-se, assim, em relações com o vazio e, por conseguinte, desprovidas de sentido. A comunidade, enquanto tal, passa a ser uma referência simbólica ao somatório de indivíduos que, embora se projectem numa rede social farta, sempre online, funcionam como unidades isoladas e, portanto, incapazes de estabelecer entre si um enlace, uma comunhão de interesses e de sentimentos. Sim, depois de Hiroxima e de Nagasáqui nunca mais fomos os mesmos.

Paul Yonnet, um conceituado sociólogo francês, dedicou-se à análise de um conjunto de transformações sociais (o *jogging*, a onda *rock*, os animais de companhia, a generalização da moda, o automobilismo)[6] que tiveram início justamente no período do pós-guerra e que, na sua opinião, revolucionaram não apenas os modos de vida social e cultural, em si mesmos denunciadores da modernidade, mas criaram, sem dúvida, uma *nova* sociedade. Uma dessas transformações, sobre a qual Yonnet se debruça, diz respeito à mudança que ocorreu na forma como nos relacionamos com os animais de companhia, mais concretamente a transformação do animal *doméstico* em animal *familiar*. Embora o sociólogo situe este fenómeno no domínio da congeminação, já antiga, acerca dos limites do ser humano e do modo como a *animalidade*

---

[6] Cf. Yonnet, Paul, *Jeux, Modes et Masses, 1945–1985*, Paris, Éditions Gallimard, 1985.

circula persistentemente nas suas veias, a verdade é que ele acaba por dar conta da situação do animal de companhia. Vejamos mais em detalhe cada um desses momentos.

2. Cão, um «animal doméstico»

Houve um tempo em que, de um modo geral, o cão era tido como um cão, um animal *doméstico*, que vivia dentro ou na dependência da casa, que fazia parte do enquadramento familiar. A sua presença era usual, normal, habitual. Ter um cão em casa nada tinha que ver com qualquer extravagância social ou cultural, ou até mesmo individual. Desse ponto de vista, a posse de um cão correspondia tão-somente a um detalhe da vida social através do qual o real se insinua alegoricamente, que pertence à ordem da rotina e da monotonia.

Uma das formas possíveis de alcançarmos a realidade social é justamente através da fotografia e daquilo que ela pode ou é capaz de expressar visualmente.[7]

A figura 1 mostra, a título de exemplo, uma fotografia de 1893, em que um grupo de seis funcionários de um asilo inglês se faz acompanhar por um cão. O facto curioso é que o animal está posicionado de costas para o observador, mas com o olhar dirigido para a senhora – no limite, também ele é observador –, que estende ligeiramente o braço para, com a mão, tocar ou afagar o animal que se encontra submisso a seus pés. Ora, a presença do cão neste enquadramento parece ter uma função retórica. Ele não se apresenta, é antes apresentado, surgindo assim como um elemento secundário, isto é,

---

[7] A este propósito, vale a pena acusar a existência do seguinte livro: Arluke, Arnold e Bogdan, Robert, *Beauty and The Beast. Human-Animal Relations as Revealed in Real Photo Postcards, 1905–1935*, Siracusa: Nova Iorque, Syracuse University Press, 2010.

como um elemento que pertence a um segundo plano. O cão está ali, ao nível do chão, porque «faz parte» da casa, porque «pertence», porque «compõe», mas a sua representação não encerra em si mesma um simbolismo que transcenda a própria fotografia. Quer dizer, não é que a sua presença fosse dispensável, porque efectivamente o não é, mas não fere nem a cena nem o cenário, antes pelo contrário, confere à fotografia uma certa naturalidade, uma certa normalidade, enfim, faz que a sua «homogeneidade permaneça cultural», para usar uma expressão de Roland Barthes[8]. Por conseguinte, o cão está ali presente, enquanto elemento natural, mas ao mesmo tempo ausente, enquanto significante.

Figura 1: Asilo de Claybury, em Woodford, Essex: seis membros da equipa, e um cão. Fotografia por London & County. Photographic Co., Bromley, Kent, 1893. © Wellcome Library, London.

[8] Cf. Barthes, Roland, *A Câmara Clara. Nota Sobre a Fotografia*, Lisboa, Edições 70, 2009.

Enquanto animal doméstico, o cão é presença habitual sobretudo nas zonas rurais ou nas zonas suburbanas onde possam existir casas com quintal. Neste contexto, a preocupação dos donos é estarem conformes com a lei. Têm licença camarária e vacinam o cão contra a raiva, justamente porque são actos obrigatórios. Apesar de doméstico, o seu lugar é fora de casa, mas ainda assim dentro de casa, quer dizer, no espaço exterior da casa.

Figura 2: Um cão no quintal preso com uma corrente a uma casota de cimento numa zona rural de Portugal. Fotografia de Lisa Mestrinho.

Há, portanto, uma clara demarcação do espaço que o cão tem de respeitar. Por vezes preso por uma corrente, tem ali a sua própria casa, habitualmente feita de cimento (figura 2). As suas refeições são à base de restos do almoço ou do jantar, trinca de arroz ou bofe cozido. Neste regime, o cão é entendido como um eminente apreciador de ossos. Todavia, muito além da sua presença doméstica, a vida do cão surge, neste contexto, extensamente dominada pelo préstimo de um conjunto amplo de serviços, o que pode ser facilmente confirmado pela lista de raças reconhecidas pela *Fédération Cynologique Internationale*. De facto, as diferentes raças caninas são o resultado de um longo e meticuloso processo de apuramento de características interessantes para um determinado fim, de trabalho (pastoreio, caça, guarda, tracção) ou de lazer (companhia). Cada um dos grupos que compõem essa lista agrupa diferentes estalões com diferentes proveniências e características, mas cuja existência depende, na sua origem, da necessidade humana para a execução de um qualquer trabalho, isto é, para a prestação de um serviço.

Por conseguinte, a relação entre os humanos e os seus cães baseia-se, aqui, neste regime, sobretudo no trabalho e na recompensa. Poderá, à primeira vista, insinuar-se como uma relação mutualista, em que as duas partes beneficiam. Mas a verdade é que, por um lado, uma das partes não usufrui de uma plena liberdade, isto é, de uma escolha sem nenhum tipo de condicionalismo, e, por outro, trata-se de uma relação desigual, em que um domina e o outro é dominado, em que um beneficia do trabalho do outro e o outro é recompensado por esse trabalho prestado. Neste cenário, o «contrato» entre as partes não é um verdadeiro contrato, mas sim uma dominação, subjugação, enfim, uma «domesticação», o que se torna evidente na sua consideração legal enquanto propriedade, enquanto coisa possuída.

Todas as raças puras que existem hoje são, pois, testemunho desse esforço incansável de operacionalização e de aperfeiçoamento de uma relação que tem como fim último a prestação de um serviço. No entanto, paralelamente, numa outra dimensão, determinadas características de raças específicas acabaram por ser posteriormente reconhecidas e aproveitadas para fins outros, menos tradicionais, menos convencionais, quer dizer, mais característicos dos tempos modernos. As competências olfactivas dos cães[9], por exemplo, tornaram-se características interessantes para determinados trabalhos, em particular na detecção de dinheiro, armas, explosivos ou estupefacientes – sendo, por isso, amplamente usadas pelas forças policiais na captura de criminosos e na manutenção da ordem pública –, bem como na detecção de cancros específicos. Com efeito, seja como cães-guias para cegos, cães de busca e salvamento, cães-polícias, cães de terapia, cães de monitorização de doenças, cães de guarda, cães de pastoreio, cães de exposição, cães de circo, cães de caça, cães de experimentação, cães de ensino, cães de desporto, seja simplesmente como companhia, quase todos os domínios da nossa vida quotidiana contemplam os serviços prestados por um cão ou dependem, directa ou indirectamente, deles. Por isso, neste regime, o cão é um cão. Mas, note-se, não um cão que não conhece o dono. Antes pelo contrário. Um cão que é fiel, que permanece junto do seu dono, que o protege, que o acompanha, na riqueza e na pobreza, na saúde e na doença, que não julga, que é o superlativo do bom ouvinte, que não condena, que não morde a mão que o alimenta. Um cão que é um cão, mas que é também, por isso, *o melhor amigo* do homem[10]. Previsível e constante nas suas respostas comportamentais – em grande parte condicionadas por

---

[9] A este respeito, veja-se Horowitz, Alexandra, *Being a Dog: Following the Dog Into the World of Smell*, Nova Iorque, Scribner, 2016, e ainda, da mesma autora, *Inside of a Dog: What a Dog See, Smell, and Know on Looking*, Nova Iorque, Scribner, 2009.

[10] Curiosamente, a expressão «o cão é o melhor amigo do homem» parece ter tido origem no contexto de um julgamento numa pequena cidade do Missuri, nos Estados Unidos da América, por volta de 1855, em que um homem processava outro por este lhe ter matado o seu cão. George Graham Vest, então um mero advogado – mais tarde viria a ser eleito Senador –, proferiu um discurso eloquente e comovente perante o júri, no qual exacerbava as múltiplas qualidades do cão, nomeadamente a sua amizade incondicional.

um longo processo de domesticação e, por isso, fortemente dependente dos humanos –, o cão, enquanto animal doméstico, vive a sua vida em função de uma utilidade suscitada por uma necessidade humana, possivelmente mais individual do que social. Por conseguinte, um cão que não corresponda a uma qualquer necessidade, por mais pueril que ela seja, será sempre um cão selvagem, um cão de ninguém. Assim, *amizade*, *fidelidade* e *utilidade* apresentam-se como qualidades substantivas que concorrem para uma caracterização, neste contexto temporal, da nossa relação com o cão doméstico.

3. Cão, um «animal familiar»

Um outro tempo surge no pós-guerra. É o tempo em que o cão deixa de ser cão. É também o tempo em que, ou o cão está em vias de se tornar humano (*antropomorfização*), ou o humano de se tornar cão (*zoomorfização*). Seja como for, eis que o cão familiar (*Canis familiaris*) passa de adjectivo a substantivo[11], isto é, se torna membro da família. Para alguns, poucos ainda, um filho, que eventualmente perderam ou que nunca chegaram a ter. Com efeito, o cão passa a viver dentro de casa, a dormir na cama dos seus donos (figura 3). Por vezes domina-a.

---

[11] O termo «familiar», enquanto adjetivo, remete para a noção de pertença: familiar é aquilo que é relativo à família ou característico dela, que se considera como fazendo parte da família. Por seu turno, enquanto substantivo, expressa um sentido já não de pertença – isto é, enquanto propriedade de alguém –, mas agora de integração no agregado familiar, de ligação com os outros membros da família e, portanto, de igualdade.

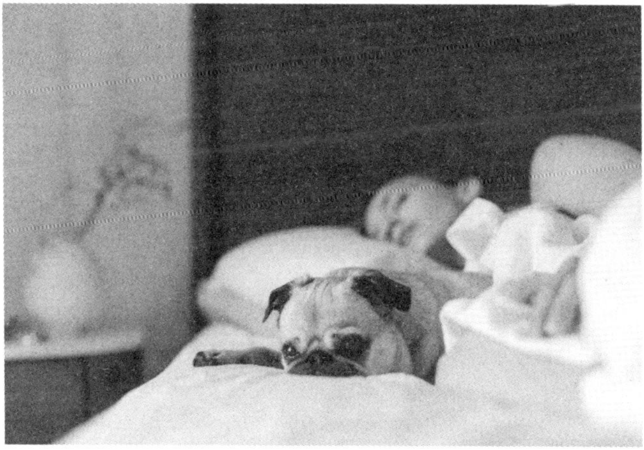

Figura 3: O «dono» passa a partilhar a sua cama com o cão, ou pelo menos a tolerar a sua presença.

No campo da fotografia, o cão «salta» para o primeiro plano, surgindo assim, agora, ao lado do seu «dono» (figura 4).

Figura 4: O cão passa a ocupar, nas fotografias, o primeiro plano.

Torna-se, pois, em «observado», uma condição em que passa a estar sujeito a múltiplas leituras: «Está alegre», «Tal cão, tal dona!», «Têm a mesma expressão», «Ficam tão bem juntos», etc. Um outro aspecto curioso tem que ver com a sua elevação a um ponto de interesse, por vezes o principal: enquanto na situação anterior o cão ficava habitualmente ao nível do chão, ele agora passa a estar ao nível do seu «dono», sendo colocado ao colo ou então, no caso de cães de grande porte, o próprio «dono» baixa-se, agacha-se, desce ao nível dele.

O cão tem também o seu espaço privado, de descanso, de relaxamento, de alimentação, de lazer. Tem o seu horário para satisfazer as suas necessidades físicas e fisiológicas. Tem acesso a um amplo conjunto de cuidados de saúde, de acessórios de moda, de tratamentos de beleza e de actividades de lazer e bem-estar. Neste tempo, ao cão é dedicado um extenso catálogo de dietas mais adequadas à sua condição física e nutricional, mas também mais palatáveis. Beneficia ainda de uma variedade de alimentos *gourmet*, guloseimas e dietas biológicas e, mais recentemente, vegetarianas. Lojas especializadas disponibilizam gamas de artigos de marca comercial, de grife ou de designer, incluindo coleiras e trelas, brinquedos, camas, mantas, impermeáveis, casacos, camisolas, coletes, sacos de transporte, champôs, condicionadores, perfumes, jóias, pentes e escovas, corta-unhas, toalhitas, resguardos, cuecas e fraldas, pensos higiénicos, disfarces, escovas de dentes, toalhas de praia, roupões para depois do banho, entre muitos outros. A preocupação estética assume um papel central e o esforço das diferentes gamas vai sempre no sentido de proporcionar artigos únicos, exclusivos, personalizáveis, diferentes, em sintonia com a contemporaneidade e a modernidade dos tempos, se possível marcados por um estilo urbano, *kitsch*, *vintage*, *boho*, *hippie chic*, *rock*, *cool*, *geek*, *biker*, ou outro qualquer.

No campo dos serviços, a oferta cresce, expande-se, diversifica-se: supermercados, butiques e lojas de pronto-a-comer exclusivas para animais; seguros de saúde, cuidados veterinários especializados, hospitais veterinários, ambulâncias, tecnologias de diagnóstico e de tratamento de segunda e terceira geração, de última geração; espaços de relaxamento e de *spa*, fisioterapia, hidroterapia, termoterapia, crioterapia, fitoterapia, acupunctura, *grooming* (tratamento cuidadoso da pelagem), banhos, limpeza das glândulas anais, tratamento estético das unhas, creches caninas (inclusivamente com a oferta de «actividades extra-curriculares» [*sic*]), *pet sitting* (tomar conta de animais), terapia comportamental, individual ou em grupo, *puppy parties* (festas de cachorros), funerais, e ainda hotéis de luxo cujos quartos/*suites* podem estar equipados com televisão, jardim privativo, música ambiente, sofá e cama aquecidos, ou ainda uma câmara de vídeo que permite que os donos possam vigiar/contemplar o seu animal à distância de um clique.

Assiste-se, portanto, neste tempo, a um estranho e profundo «aburguesamento»[12] da vida do cão, que vai muito além da sua pureza racial. Aliás, a indeterminação da raça passa a ser o novo critério, numa clara afirmação de repúdio de um certo eugenismo. O cão ganha, enfim, «estatuto social», «direitos», «estatuto jurídico». Os maus-tratos sobre si infligidos passam a ser zelosamente vigiados e punidos pelo Estado, ou pelo menos é essa a intenção. E para quem detém um cão, as despesas veterinárias passam a ser dedutíveis em sede de IRS. Embora proibido, levar cães para a praia em plena época balnear é por todos tolerado, incluindo as autoridades. Este é também o tempo em que os «donos» deixam de o ser, passando à condição de «tutores» ou «cuidadores», ou outra coisa qualquer, desde que não implique uma soberania, ainda que aparente, de um em relação ao outro. *Familiaridade* será, talvez, a qualidade substantiva que melhor caracteriza este novo

---

[12] Cf. Pais, José Machado, *op. cit.*, p. 283.

tempo, este novo modo de nos relacionarmos com os nossos animais.[13] Ou talvez não. Talvez estejamos já num tempo marcado por uma espécie de *hiperfamiliaridade* em que um cão é mais, muito mais do que um membro da família, e com o qual estabelecemos uma relação marcada por um excesso de afectos. Sinal assintomático de um individualismo cada vez mais generalizado e cada vez mais hiperbolizado, ao cão vai ser-lhe exigida, uma vez mais, uma nova função, não mais no domínio operativo, quer dizer, do trabalho, como no passado, mas agora no domínio dos afectos.

O caso mais eloquente é, sem dúvida, o papel que o cão vai passar a desempenhar num contexto social fortemente marcado pela solidão. Perante a dissolução de laços sociais e afectivos, perante o «vazio relacional», perante a perda do «outro» humano, enfim, perante a solidão, os animais de companhia (mas não exclusivamente), e em particular o cão, preenchem esse vazio. Embora possa haver a tendência para se pensar que o cão veio substituir o «outro» humano nas relações sociais e afectivas, funcionando deste modo como uma espécie de «substituto afectivo»[14], a verdade é que ele veio preencher um vazio criado pelo desaparecimento, pela fuga do «outro» humano. O preenchimento deste vazio provoca, assim, uma

---

[13] O simbolismo desta transformação ganha uma dimensão histórica à custa de analogias igualmente históricas. Outrora acorrentado no quintal, a viver numa casota feita de cimento ou de madeira, exposto assim aos elementos climáticos, alimentado com trinca de arroz e restos de frango, coberto de pulgas e carraças, protegido apenas contra a raiva, sem «direitos», apenas com «deveres serviçais», coisa possuída, criada e comercializada por alguém, *como se de um escravo se tratasse*, eis que se assiste, simbolicamente, progressivamente, à sua libertação, ao quebrar das correntes, físicas e mentais, que prendiam o cão no quintal, à produção de legislação que concede «direitos» e «estatuto» e, eventualmente, «personalidade» e «autonomia».

[14] Cf. PAIS, José Machado, *op. cit.*, p. 286.

certa restauração do caos[15], quer dizer, promove uma reorganização intrapessoal que se efectua através de um mecanismo de sobrecompensação afectiva e que se manifesta tipicamente por uma vinculação marcada por excessos em todos os seus domínios.

4. Interlúdio

Entanto, a transformação do animal *doméstico* em animal *familiar*, a que temos vindo a aludir, não está, obviamente, concluída, nem tão-pouco se vislumbra a sua completude. Ela está, actualmente, em curso, a fazer o seu percurso, mas ainda sem horizonte à vista. Há, portanto, uma coexistência dos dois modos, o que suscita problemas de convivência e tensões paradoxais: por um lado, aqueles que consideram, hoje como ontem, o cão um cão e o tratam como cão que é; por outro, aqueles que consideram o cão um membro da família, uma quase-pessoa com plenos direitos sociais e jurídicos, eventualmente tributável, quotidiano, fútil, mas que, ao mesmo tempo, assumem este regime como o único modo de vida legal, normal e ético, isto é, como um modo de vida absoluto. Fechados em si, sem passado nem futuro, rejeitam as tradições, as diferenças, rejeitam, no fim de contas, o próximo. E surgem, então, os conflitos, os julgamentos morais, sendo a tensão entre o modo de vida rural e o citadino, em particular a maneira como tratam os animais, um caso eloquente. Todavia, entre os dois lados, entre aqueles para quem um cão é um cão e que, por

---

[15] Paul Yonnet propõe que os animais de companhia vieram contribuir para a restauração de uma autoridade parental em tempos perdida. Trata-se, pois, de uma hipótese interessante, sobretudo se atendermos ao modo como tendencialmente os cães são tratados como crianças ou filhos. Cf. YONNET, Paul, *op. cit.*

isso, tem vida de cão, e aqueles para quem um cão é como nós, eventualmente um pouco mais do que nós, talvez muito mais do que nós, não há ruptura, mas sim um espaço amplo dominado por continuidades, rugosidades, matizes, tonalidades, um espaço feito de curvas e contracurvas, quer dizer, de modos diversos de considerar, de tratar e de representar o cão. Encontramo-nos hoje, pois, num estranho interlúdio.

5. Cão, um «sujeito ético»?

A Declaração Universal dos Direitos do Animal viria a ser proclamada em 1978, e em 1987 seria aprovada a Convenção Europeia para a Protecção dos Animais de Companhia, depois ratificada pelos Estados-membros (Portugal ratificou-a em 1993). Hoje, parece ser mais ou menos consensual que os animais são sujeitos de direitos[16], embora o debate prossiga e as posições, ou derivações teóricas, se diversifiquem. Curiosamente, porque de facto a comparação não é disparatada, mas bastante elucidativa, também as crianças se tornaram sujeitos de direitos muito recentemente. Aliás, este paralelismo é, até certo ponto, denunciador do modo como a nossa consideração moral do «outro», que não tem voz, seja cão ou criança, tem uma história um tanto perversa.

Em Portugal, alterou-se recentemente o Código Civil no sentido de acolher um novo estatuto jurídico dos animais, deixando estes de ser considerados «coisas», mas seres «sencientes» e, portanto, objecto de uma protecção jurídica mais consentânea com esse estatuto. Porém, além da teoria do direito e das

---

[16] Cf. Regan, Tom, *The Case for Animal Rights*, Berkeley, The University of California Press, 1983, e ainda Regan, Tom e Singer, Peter (eds.), *Animal Rights and Human Obligations*, Cambridge, Englewood Cliffs, Nova Jérsia, Prentice-Hall, 1976.

idiossincrasias da feitura das leis, interessa-nos aqui sublinhar uma outra dimensão desta nova condição, não dos animais, em geral, mas dos cães, em particular. Neste sentido, o processo de familiarização dos cães, ao promovê-los à condição de quase-pessoas, não apenas reconhece que eles são sujeitos de direitos, não apenas reconhece que nós temos deveres, isto é, obrigações, jurídicas e morais, para com eles, mas reconhece também que eles são, ou melhor, que eles se tornaram «sujeitos éticos». Sabemos bem que esta afirmação carece de sustentação teórica e que nos precede uma longa discussão filosófica em torno do que pode significar «sujeito», «ético» e «sujeito ético», mas o que aqui nos interessa é sublinhar justamente essa condição, ainda ilegítima, de que o cão é uma quase-pessoa, encontrando-se assim numa posição muito similar à posição, por exemplo, da criança. De facto, em ambos os casos a figura do «tutor» é chamada a zelar pelos interesses e a decidir em nome desses interesses, em todos os domínios da vida.

As implicações são inegáveis e tornam-se por demais evidentes no que concerne ao *pet keeping* e aos cuidados de saúde. No que diz respeito à primeira, começa a haver uma preocupação em saber se ter animais de companhia é, de facto, *benéfico*, ou pelo menos não maléfico, para os próprios animais, para a sua saúde física e mental, isto é, se do ponto de vista exclusivo do animal, é ético ter animais fechados dentro de casas, sujeitos a regimes que têm como principal objectivo acompanhar permanentemente os humanos, incluindo na praia ou nos restaurantes[17]. Contudo, é no campo dos cuidados de saúde, em especial nas decisões de fim de vida, que o perfil do «sujeito ético» se torna mais evidente, sobretudo nos processos deliberativos em que o que está em jogo é *fazer o bem*, isto é, chegar

[17] Cf. Pierce, Jessica, *Run, Spot, Run – The Ethics of Keeping Pets*, Chicago, Chicago University Press, 2016.

a uma decisão prudente para um animal concreto. Este recentramento dos interesses no animal, ainda que, por vezes, em forma de simulacro, é uma característica própria deste regime. Aliás, algo que é denunciado por uma expressão ordinária que tanto veterinários como «donos» ou «tutores» dizem em voz alta: «Eles merecem.» Uma expressão que é, de facto, muito apropriada, pois a palavra «merecer» significa, entre outras coisas, «ter jus a», ou seja, «ter direito a» (*jus* é o termo latino para «direito»). Ainda assim, «eles merecem» o quê? Merecem, pois, que nós, enquanto seus «tutores», enquanto seus «cuidadores», enquanto seus «intérpretes», enfim, enquanto seus «proprietários» (uma condição que somente uma atitude abolicionista seria capaz de romper definitiva e absolutamente), sejamos justos. É curioso que assim seja entendido, porque esta aparente «autonomia» do cão não é mais do que o disfarce de um exercício de uma soberania sobre a sua vida quotidiana, sobre o seu corpo, sobre as suas vontades, sobre as suas qualidades, sobre as suas motivações, sobre a sua natureza. E, portanto, o que se verifica é justamente um acentuar de uma relação eminentemente paternalista, em que é o «dono», o «tutor», o «veterinário», por vezes o «legislador», quem decide, ainda que não de um modo arbitrário, o que é melhor, o que é benéfico para o animal.

Eis-nos, pois, hoje, dentro de um tempo em que um cão já não é um cão, mas ainda é um cão. Eis-nos, ainda, dentro de um tempo em que somos como cães, ou os cães são como nós. Eis-nos, finalmente, na repetição, primeiro como reforço e identificação (*um cão é um cão*), e depois como alteração (*um cão* é como nós) e, eventualmente, perda (*um cão* já não é um cão)[18]. Seja como for, o verdadeiro desafio, a derradeira

[18] Cf. Prado Coelho, Eduardo, *A Noite do Mundo*, [*s.l.*], Imprensa Nacional – Casa da Moeda, 1988, p. 13.

interpelação que nos é dirigida é um apelo fundamentalmente ético. E se compreendermos a dimensão e o alcance deste apelo, então estaremos prontos para recomeçar.

Leituras recomendadas

BECK, Alan M. e KATCHER, Aaron H., *Between Pets and People: The Importance of Animal Companionship*, West Lafayette, Purdue University Press, 1996.

BRAGA, Isabel Drumond e BRAGA, Paulo Drumond (coord.), *Animais e Companhia na História de Portugal*, Lisboa, Círculo de Leitores, 2015.

GELFAND, Laura D. (org.), *Our Dogs, Our Selves: Dogs in Medieval and Early Modern Art, Literature, and Society*, Leiden, Brill, 2016.

MANNING, Aubrey e SERPELL, James (eds.), *Animals and Human Society: Changing Perspectives*, Londres, Routledge, 1994.

OLMERT, Meg Daley, *Made for Each Other – The Biology of the Human-Animal Bond*, Cambridge, Da Capo Press, 2009.

OVERALL, Christine (ed.), *Pets and People: The Ethics of Our Relationships with Companion Animals*, Nova Iorque, Oxford University Press, 2017.

PAIS, José Machado, *Nos Rastos da Solidão. Deambulações Sociológicas*, Porto, Âmbar, 2006 (em particular o capítulo «Animais de Companhia: O Vazio da Perda», pp. 283–310).

PIERCE, Jessica, *Run, Spot, Run – The Ethics of Keeping Pets*, Chicago, Chicago University Press, 2016.

PODBERSCEK, Anthony L.; PAUL, Elizabeth S. e SERPELL, James (eds.), *Companion Animals and Us: Exploring the Relationships between People and Pets*, Nova Iorque, Cambridge University Press, 2000.

PRĘGOWSKI, Michał Piotr (ed.), *Companion Animals in Everyday Life – Situating Human-Animal Engagement within Cultures*, Nova Iorque, Palgrave Macmillan, 2016.

ROBINSON, Ian (ed.), *The Waltham Book of Human-Animal Interaction: Benefits and Responsibilities of Pet Ownership*, [*s.l.*], Pergamon, 1995.

SANDØE, Peter; CORR, Sandra e PALMER, Clare, *Companion Animal Ethics*, Oxford, Wiley-Blackwell, 2015.

SERPELL, James, *In the Company of Animals: A Study of Human-Animal Relationships*, Cambridge, Cambridge University Press, 1996.

SERPELL, James (ed.), *The Domestic Dog: Its Evolution, Behaviour, and Interactions with People*, 2.ª ed., Cambridge, Cambridge University Press, 2016.

Ética em animais de produção e no agroalimentar

Nuno Vieira e Brito

Escola Superior Agrária do Instituto Politécnico de Viana do Castelo

Enquanto os homens matam animais, eles matar-se-ão. Na verdade, aquele que semeia a semente do assassínio e da dor não pode colher alegria e amor.

PITÁGORAS

Se bem que a preocupação com o bem-estar animal e a interacção entre o Homem e os Animais se estendam desde sempre – como já descrito na mitologia, nos rituais, na religião ou na cultura –, a sua sistematização em instrumento jurídico, particularmente nos animais de produção, é mais recente – a União Europeia (UE) apresenta um corpo legislativo desde 1974, mas intensifica-se mais e caracteriza melhor no início do século XXI.

Na verdade, este período de tempo, de quase meio século, acompanha a evolução da intensificação na produção animal, fruto da pressão demográfica e do crescimento económico, o que desencadeia na sociedade preocupações sobre os cuidados de bem-estar neste tipo de produção e, num processo muito importante e inovador, reflecte no consumidor todo o impacto das boas práticas de produção, em particular o bem-estar animal.

Valorizar a produção pecuária e a qualidade alimentar vai hoje, no entanto, muito além de cuidados de carácter produtivo, sanitário, de transformação do produto/alimento e seus reflexos económicos. Tem seguramente também uma componente ética, moral e igualmente legislativa, com uma repercussão considerável na produção animal e mesmo desejável na indústria, que importa considerar, não sendo possível ou desejável menorizar.

Um marco notável neste âmbito temático são as cinco liberdades, recomendações ou necessidades da FAWC (Farm Animal Welfare Council) em 1973, instituídas após um relatório sobre produção animal encomendado pelo governo inglês, e que hoje se encontram totalmente adoptadas por organizações internacionais, profissionais e não-governamentais:

1. Ausência de fome ou sede por acesso pronto a água doce e uma dieta para manter um nível elevado de saúde e vigor.
2. Ausência de desconforto, fornecendo um ambiente adequado, incluindo abrigo e uma área de descanso confortável.
3. Ausência de dor, lesão ou doença por prevenção ou diagnóstico e tratamento rápidos.
4. Liberdade para expressar (a maioria) comportamento normal, fornecendo espaço suficiente, instalações adequadas e companhia da própria espécie animal.
5. Liberdade contra o medo e a angústia, garantindo condições e maneio que evitem o sofrimento mental.

1. Enquadramento legislativo

As pessoas boas não precisam de leis para lhes dizer como agir de forma responsável, enquanto as pessoas más vão encontrar uma maneira de contornar as leis.

PLATÃO

A preocupação com o bem-estar animal e consequente regulamentação tem um âmbito mundial, no qual as diferentes organizações políticas internacionais e nacionais se têm comprometido em directivas/normas que compreendem os aspectos produtivos, o transporte e abate, assim como os parâmetros que incidem sobre a qualidade dos alimentos.

1.1. Regulamentação internacional

O papel determinante da OIE (World Organisation for Animal Health; em português, Organização Mundial da Saúde Animal), que, desde 1924, tem como missão estabelecer as normas intergovernamentais em saúde animal, reforçou-se, particularmente após o ano de 2005, através da publicação de diversas normas intergovernamentais, como seja o códex sanitário para animais terrestres e o códex sanitário para animais aquáticos, este último especificamente no domínio da aquicultura. Estas normas são actualizadas de forma contínua e dinâmica, em função da evolução do conhecimento científico, e são adoptadas pelos diferentes países, independentemente da sua situação cultural ou económica, na sua Assembleia-Geral.

Como se poderá constatar na figura 1, o capítulo 7 do Códex Sanitário dos Animais Terrestres detalha as recomendações que se relacionam com o bem-estar animal, em particular, as do transporte [via aérea (cap. 7.2), via terrestre (cap. 7.3) e via marítima (cap. 7.4)], sacrifício de animais [para consumo humano (cap. 7.5) e por questões sanitárias/fins profiláticos (cap. 7.6)], sistemas de produção animal para consumo humano [bovinos de engorda (cap. 7.9), frangos de carne (cap. 7.10) e bovinos leiteiros (cap. 7.11)] e trabalho [equídeos de trabalho (cap. 7.12)].

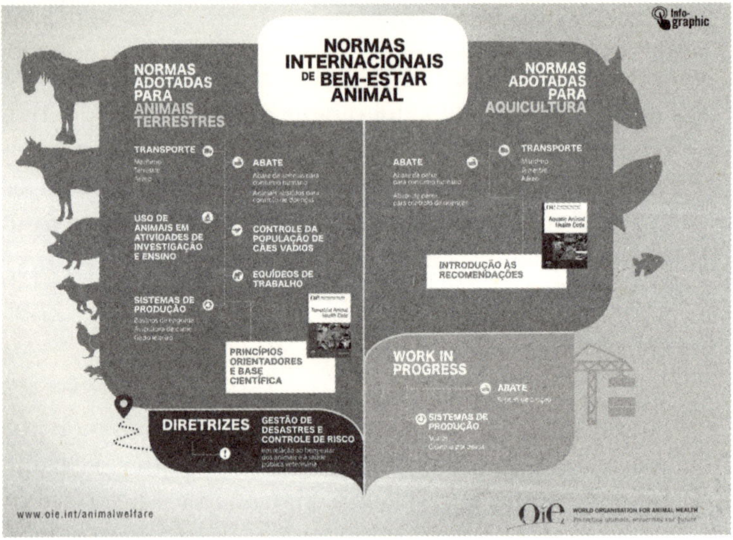

Figura 1: OIE e normas sobre Bem-estar Animal – Códex Sanitário dos Animais Terrestres e Animais Aquáticos.

Também a nível europeu, quer o Conselho da Europa, quer a União Europeia, têm produzido um conjunto muito importante de material legislativo e recomendações.

O Conselho da Europa, que agrega 47 países, tem demonstrado, desde os anos 60, um papel motor na regulamentação sobre o bem-estar animal, sendo mesmo promotor e orientador de diversa legislação da União Europeia sobre estes temas. Consubstancia-se esta orientação em dois fundamentos: o respeito pelos animais, que integra os ideais e os princípios do património comum dos seus Estados-membros, uma das obrigações em que a dignidade humana se baseia; e a protecção dos animais, aspecto relevante e consensual para uma acção concertada nos Estados-membros.

Dentre as cinco Convenções elaboradas, primeiros instrumentos jurídicos internacionais que estabelecem princípios éticos neste domínio, registe-se as que particularmente incidem nesta temática:

- a Convenção Europeia para a Protecção dos Animais durante os Transportes Internacionais (ETS n.º 65) e a Convenção Europeia Revista para a Protecção dos Animais durante o Transporte Internacional (ETS n.º 193);
- a Convenção Europeia para a Protecção dos Animais Mantidos para a Exploração Agrícola (ETS n.º 87) e o Protocolo de Alteração da Convenção Europeia para a Protecção de Animais Conservados para Fins Agropecuários (ETS n.º 145, não entrou em vigor);
- a Convenção Europeia para a Protecção dos Animais de Abate (ETS n.º 102).

O acompanhamento destas convenções é efectuado através de consultas multilaterais e, no caso da ETS n.º 87, por um Comité Permanente, que se encontra igualmente a elaborar recomendações sobre coelhos, os apêndices sobre espécies específicas de peixes em piscicultura e a revisão da recomendação sobre bovinos, adoptada em 1988.

Desde o início da construção da União Europeia que se sublinha a importância do bem-estar animal como factor relevante de uma sociedade mais justa, mais ética e valorizadora das preocupações sociais, culturais, ambientais. O protocolo anexo ao Tratado de Amesterdão sobre protecção e bem-estar dos animais era fundamental como mecanismo orientador dos Estados-membros para a definição e aplicação das suas políticas nacionais. Mas não deixa de ser lisonjeador para Portugal que seja o Tratado de Lisboa a determinar que:

> «Ao formular e aplicar as políticas da União Europeia em matéria de agricultura, pesca, transporte, mercado interno, investigação e desenvolvimento tecnológico e espaço, a União e os Estados Membros terão plenamente em conta as exigências em matéria de bem-estar dos animais como seres sensíveis, respeitando ao mesmo tempo as disposições legais ou administrativas e os costumes dos Estados Membros relativos, em particular, a ritos religiosos, tradições culturais e património regional (artigo 13 versão consolidada DOUE-C 83 de 30 Março 2010).»

As primeiras regras da União Europeia sobre os animais de produção surgiram em 1986, relacionadas com a protecção das galinhas poedeiras, surgindo em 1991 novas directivas relativas à protecção de vitelos e, posteriormente, de porcos. Em 1998, a Directiva 98/58/CE do Conselho, relativa à protecção dos animais mantidos para fins agrícolas, determinou as regras gerais, baseadas na Convenção Europeia para a Protecção dos Animais mantidos para fins agrícolas, para a protecção de animais de todas as espécies mantidas para a produção de alimentos, lã, pele ou pele, com ou sem pêlo, ou para outros fins agropecuários, peixes e répteis de anfíbios. A legislação tem evoluído, reforçando a protecção dos animais de produção, bem como estabelecendo padrões para o seu transporte e as condições necessárias no momento do atordoamento e do abate.

De forma sintética, apresentam-se as directivas (de transposição obrigatória para cada Estado-membro relativamente ao seu enquadramento jurídico) e regulamentos (de aplicação directa) que têm especial aplicação nesta temática específica.

Na exploração pecuária:

- Decisão do Conselho 78/923/CEE, de 18 de Junho de 1978, relativa à celebração do Convénio Europeu sobre protecção dos animais nas explorações de criação;
- Decisão do Conselho 92/583/CEE, de 14 de Dezembro de 1992, relativa à celebração do protocolo de emenda

do Convénio Europeu sobre protecção dos animais nas explorações de criação;
- Directiva 98/58/CE, do Conselho, de 20 de Julho de 1998, relativa à protecção dos animais nas explorações pecuárias;
- Directiva 1999/74/CE, do Conselho, de 19 de Julho de 1999, que estabelece as normas mínimas relativas à protecção das galinhas poedeiras;
- Directiva 2002/4/CE, da Comissão, de 30 de Janeiro de 2002, relativa ao registo de estabelecimento de estabelecimentos de galinhas poedeiras;
- Decisão 2006/776/CE, da Comissão, de 14 de Novembro de 2006, que estabelece os requisitos mínimos para a recolha de informação durante a inspecção de unidades de produção em que se mantenham determinados animais com fins pecuários;
- Directiva 2007/43/CE, do Conselho, de 28 de Junho de 2007, relativa ao estabelecimento de regras mínimas para a protecção dos frangos de carne;
- Directiva 2008/119/CE, do Conselho, de 18 de Dezembro de 2008, relativa às normas mínimas para a protecção de vitelos;
- Directiva 2008/120/CE, do Conselho, de 18 de Dezembro de 2008, relativa às normas mínimas para a protecção de porcos.

No transporte:

- Regulamento (CE) n.º 1255/97, do Conselho, de 25 de Julho de 1997, relativo aos critérios comunitários que devem cumprir os postos de controlo e que adapta a guia de marcha prevista no anexo da Directiva 91/628/CEE;
- Decisão 2001/298/CE, da Comissão, de 30 de Março de 2001, relativa à protecção dos animais durante o transporte;

- Regulamento (CE) n.º 639/2003, do Conselho, de 9 de Abril de 2003, relativo ao estabelecimento dos requisitos para a concessão de restituição por exportação referente ao bem-estar de animais vivos da espécie bovina durante o seu transporte;
- Decisão 2004/544/CE, do Conselho, de 21 de Junho de 2004, relativa à assinatura da Convenção Europeia sobre a protecção dos animais durante o transporte internacional;
- Regulamento (CE) n.º 1/2005, do Conselho, de 22 de Dezembro de 2004, relativo à protecção dos animais durante o transporte;
- Decisão de Execução 2013/188/UE, da Comissão, de 18 de Abril de 2013, relativa aos relatórios anuais sobre inspecções não discriminatórias realizadas ao abrigo do Regulamento (CE) n.º 1/2005 do Conselho, relativo à protecção dos animais durante o transporte e operações afins.

No abate/occisão:

- Directiva 88/306/CE, do Conselho, de 16 de Maio de 1988, relativa à aprovação do Convénio Europeu sobre a protecção dos animais no abate e/ou occisão;
- Directiva 93/119/CE, do Conselho, de 23 de Dezembro de 1993, relativa à protecção dos animais no abate e/ou occisão;
- Regulamento (CE) n.º 1099/2009, do Conselho, de 24 de Setembro de 2009, relativo à protecção dos animais no momento da occisão.

Todo este enquadramento tem uma particular relevância nas definições da Política Agrícola Comum (PAC), como pode constatar-se nos instrumentos legislativos relacionados com o bem-estar animal:

- Regulamento (CE) n.º 1782/2003, do Conselho, de 29 de Setembro de 2003, que no seu artigo 3 determina que todos os agricultores que recebam pagamentos directos devem cumprir os requisitos legais de gestão, entre os quais se incluem as três directivas relativas ao bem-estar animal;
- Regulamento (CE) n.º 882/2004, do Parlamento e do Conselho, de 24 de Abril de 2009, que regula os controlos oficiais efectuados para garantir a verificação do cumprimento da legislação relativa à alimentação animal e alimentos e a norma sobre saúde animal e bem-estar dos animais;
- Regulamento (CE) n.º 834/2007, do Conselho, de 28 de Junho de 2007, relativo à produção biológica e à rotulagem dos produtos biológicos;
- Regulamento (CE) n.º 889/2008, do Conselho, de 5 de Setembro de 2008, que estabelece normas de execução do Regulamento (CE) n.º 834/2007 do Conselho, relativo à produção biológica e à rotulagem dos produtos biológicos, no que respeita à produção biológica, à rotulagem e ao controlo;
- Regulamento de Execução (UE) n.º 836/2014, da Comissão, de 31 de Julho de 2014, que altera o Regulamento (CE) n.º 889/2008, que estabelece normas de execução do Regulamento (CE) n.º 834/2007 do Conselho, relativo à produção biológica e à rotulagem dos produtos biológicos, no que respeita à produção biológica, à rotulagem e ao controlo.

Deverá, ainda, ser valorizado o papel da EFSA (European Food Safety Authority; em português, Autoridade Europeia para a Segurança Alimentar), em particular o seu painel de saúde e bem-estar, na elaboração de pareceres, composto por peritos científicos cujos pareceres têm uma influência determinante na elaboração e adequação da norma europeia, em particular dos animais de produção (incluindo peixes).

1.2. Regulamentação nacional

A legislação portuguesa é profundamente influenciada pelas normas comunitárias, descrevendo-se de forma muito sucinta o principal enquadramento jurídico nacional que rege a temática do bem-estar animal.

Explorações pecuárias:

- Decreto-Lei n.º 64/2000, de 22 de Abril, estabelece as normas mínimas relativas à protecção dos animais nas explorações pecuárias e define as responsabilidades do produtor quanto às condições dos alojamentos, equipamentos, às necessidades de abeberamento, alimentação, bem como à obrigatoriedade de possuir pessoal que saiba cuidar desses animais;
- Decreto-Lei n.º 48/2001, de 10 de Fevereiro, relativo às normas mínimas de protecção de vitelos nas explorações pecuárias;
- Decreto-Lei n.º 72-F/2003, de 14 de Abril, relativo às normas mínimas de protecção de galinhas poedeiras nas explorações;
- Decreto-Lei n.º 135/2003, de 28 de Junho, relativo às normas mínimas de protecção de suínos para efeitos de criação e engorda.

Transporte:

- Decreto-Lei n.º 265/2007, de 24 de Julho, com as alterações introduzidas pelo Decreto-Lei n.º 158/2008, de 8 de Agosto, relativo à protecção dos animais no transporte, que estabelece o quadro sancionatório do Regulamento n.º 1/2005, as normas a aplicar ao transporte rodoviário efectuado em território nacional e as normas a aplicar ao transporte marítimo entre os Açores, a Madeira e o Continente e ao transporte entre ilhas.

Abate/occisão:

- Decreto-Lei n.º 28/96, de 2 de Abril, relativo à protecção dos animais no momento do abate ou occisão.

2. Ética na produção animal e na qualidade dos produtos

An animal's eyes have the power to speak a great language.

MARTIN BUBER

A interacção homem-animal foi desde sempre uma realidade, registando maior ou menor proximidade em função de diversos parâmetros, como a espécie animal e sua domesticação, o meio de produção ou os factores ambientais, alimentares, sociais ou comportamentais próprios. Foi após a Segunda Guerra Mundial que esta interacção alcançou nova dimensão, e preocupações éticas surgiram num novo relacionamento entre a sociedade, os animais, o seu modo de produção e respectivos produtos.

A intensificação da produção, com particular evidência e importância nos tipos de instalação, alimentação e maneio adoptados, originou, então, uma consciencialização dos cidadãos e uma preocupação da sociedade com o bem-estar, em particular após a publicação, em 1964, de *Animal Machines* de Ruth Harrison que, descrevendo as condições de produção intensiva e maneio em bovinicultura e avicultura, originou a constituição do Comité Brambell e consequente relatório consequente.

Este comité, promovido pelo governo inglês e presidido pelo Professor Roger Brambell, apresentou, no ano seguinte, um relatório – «Relatório do Comité Técnico para Inquérito ao Bem-Estar de Animais Mantidos sob Sistemas de Criação de Pecuária Intensiva», ou Relatório Brambell – que proclamava as diferentes liberdades dos animais – *levantar, deitar, virar, limpar* e *esticar os membros,* ou seja, as já anteriormente referidas e denominadas cinco liberdades de Brambell. Como resultado do relatório, foi criado o Farm Animal Welfare Advisory Committee, com a função de monitorizar o sector de produção pecuária, transformando-se, em 1979, em Farm Animal Welfare Council.

Na verdade, a transformação profunda do modelo de sociedade, com o crescimento demográfico intenso a exigir mais alimento e uma mudança de estilo de vida, reduzindo a população rural e aumentando a concentração em urbes, implicou maiores necessidades alimentares e consequentemente uma alteração do modelo de produção, quer no aspecto quantitativo (mais produção, mais animais) quer no aspecto qualitativo (alterando e exigindo mais de um sistema de produção mais intensivo).

Tornou-se, assim, imperativo conciliar os novos modelos produtivos (com mais imposições e necessariamente mais repercussões económicas para os agricultores) e as necessidades fisiológicas dos animais, na manutenção de uma fundamental qualidade de vida, e com as preocupações e exigências dos consumidores, relativas ao modelo de produção, ao bem-estar animal e à segurança alimentar.

As recentes crises alimentares reforçaram a importância de uma produção mais exigente do ponto de vista ético, com maior respeito pelos animais e pelo meio ambiente, e implicaram o necessário e obrigatório cumprimento de regras específicas quanto às normas relacionadas com a comercialização dos produtos alimentares, nomeadamente pelo rigor da informação ao consumidor.

É importante, no entanto, que esta consciencialização, e mesmo pressão do consumidor, se dissemine mundialmente, para que as condições de produção e a legislação que as suporta tenham uma abrangência global, numa filosofia mais justa do comércio internacional, particularmente na responsabilidade ética que obriga, no respeito das suas necessidades individuais e colectivas, à promoção de uma digna qualidade de vida dos nossos animais.

2.1. Ética e bem-estar na produção animal

A definição do tipo de produção animal e do seu modo de produção tem, desde logo, um elevado conteúdo ético, quando da análise das diferentes opções relativas a espécies ou raças, modo de produção, tipos de instalação, cuidados de higiene e saúde animal, bem-estar animal e, implicitamente, a qualidade do produto final. Com efeito, em todos os momentos de decisão, o produtor, mas igualmente os técnicos, são confrontados com decisões importantes que colocam a produtividade, o mercado, a eficiência, o comportamento próprio da espécie e a fisiologia como indicadores/influenciadores da qualidade de vida dos animais. Neste sentido, é fundamental a exigência de indicadores e metodologias de controlo que, integrados numa Política Agrícola Comum, possam ser eficazes numa monitorização de práticas e processos adequados num modo de produção que seja eticamente correcto.

Nesta perspectiva, devemos reconhecer a importância da PAC na evolução da agricultura dos diferentes Estados-membros, em particular nas suas últimas revisões (2003 e 2014), em que as condições de produção relacionadas com o meio ambiente e o bem-estar animal foram particularmente valorizadas. A reforma de 2014 está em plena consonância com os princípios fundamentais da PAC, que continuam a centrar-se no abastecimento de alimentos suficientes, seguros e de elevada qualidade, a preços acessíveis aos consumidores da UE e a nível mundial. A par disto, a reforma respeita plenamente as regras da UE em matéria de bem-estar animal e de ambiente e garante um nível de vida digno aos agricultores europeus.

Para o cumprimento destes objectivos e das normas comunitárias, cada Estado-membro criou sistemas de controlo próprios, com evidentes repercussões nos mecanismos de apoio aos agricultores – denominada condicionalidade. Este sistema de controlo aos produtores europeus suporta-se nas normas básicas da PAC e compreende obrigações em matéria de ambiente, alterações climáticas, boas condições agrícolas e ambientais das terras, saúde pública, saúde animal, fitossanidade e bem-estar dos animais na exploração agropecuária sujeitos, obrigações essas que se encontram sujeitas a fiscalizações periódicas condicionantes dos apoios comunitários aos próprios agricultores.

2.1.1. Na exploração animal

Merece, hoje, pormenorizada atenção o entorno animal, para que se permita evidenciar os comportamentos das diferentes espécies animais, em particular, o comportamento social, o uso dos espaços e a livre escolha da dieta (comportamento individual, de grupo e alimentar), assim como a sua interacção com o meio ambiente, em especial na sua preservação.

Com efeito, toda a reflexão ética que existe sobre os animais e sua produção não se limita, apenas, ao animal (ser biológico) e à sua relação com o homem, mas compreende toda uma envolvência social e ambiental, como as culturas e seu modo de produção, o uso do solo e correcta utilização de fitofármacos, o respeito pela natureza e pelos seres vivos. Vem, aliás, no aprofundamento destas preocupações, a maior adesão ao modo de produção biológico, uma forma de produzir alimentos respeitando os ciclos de vida da natureza, a conservação da biodiversidade e a protecção do meio ambiente, minimizando o impacto do Homem e intervindo o mais naturalmente possível.

As práticas inerentes a este modo de produção baseiam-se em práticas agrícolas de longa data, como a de manter os animais saudáveis através do exercício regular e do acesso livre à pastagem, valorizando conhecimentos científicos contemporâneos, como, por exemplo, a monitorização dos níveis de nutrientes para melhores índices de crescimento.

A agricultura biológica faz parte de uma extensa cadeia alimentar, que também inclui o processamento de alimentos, a distribuição e o retalho. Cada fase nesta cadeia visa oferecer os benefícios da produção de alimentos biológicos em termos de confiança do consumidor, garantidos por um logótipo, pela protecção ambiental, pela qualidade alimentar e pelo bem-estar animal.

2.1.2. Na exploração de bovinos

Os conceitos éticos relacionados com a produção bovina incluem não apenas o bem-estar dos animais, e até dos próprios agricultores, como, particularmente, as preocupações do consumidor e os seus hábitos de consumo, sobretudo a percepção que os cidadãos, principalmente os urbanos, têm das condições em que os animais são criados.

Toda a gestão da exploração deve providenciar a saúde, o bem-estar e as necessidades comportamentais dos animais, num equilíbrio entre a produção, a eficiência económica, o bem-estar animal e o uso adequado dos recursos naturais, dos produtos medicamentosos, da tecnologia e do conhecimento. Definições sobre o sistema de pastoreio, as instalações (luminosidade, materiais), o confinamento (seja de adultos, seja de jovens), o acesso à alimentação e à água, as práticas de registo (quer dos animais, quer dos medicamentos), as técnicas de maneio (como a descorna ou a castração), os sinais de saúde e bem-estar (como os problemas locomotores) são fundamentais para uma correcta forma de produzir.

Também a nível da cadeia alimentar o registo individual do animal desde o nascimento, o acompanhamento durante toda a fase produtiva e o controlo alimentar – assegurando a rastreabilidade e contribuindo para uma verdadeira segurança alimentar –, o processo tecnológico, o transporte e o abate têm uma repercussão relevante no produto final, seja leite ou carne – valorizando neste último caso o abate.

2.1.3. Na exploração de pequenos ruminantes

Animais altamente sociais, como os ovinos, permanecem entre outros que estão mais familiarizados e se isolam do *stress* do seu rebanho; formam hierarquias sociais fortes e às vezes mostram agressão para as manter; aglutinam-se sempre que se sentem ameaçados e tentam manter uma «distância de fuga» entre eles e uma ameaça potencial. Evidências científicas indicam que podem formar relacionamentos sociais complexos dentro dos seus rebanhos e têm habilidades e memórias de aprendizagem extremamente boas. Os ovinos apresentam ainda uma boa adaptação ao clima, dado que a sua lã contém uma substância cerosa chamada lanolina, que ajuda a permanecerem secos durante o tempo húmido.

As principais ameaças de bem-estar em explorações de pequenos ruminantes (especialmente de ovinos) são as mutilações (castrações e cortes de cauda), as elevadas taxas de mortalidade dos jovens (por insuficientes reservas corporais e inadequado pastoreio) e o transporte (quer por razões comerciais, quer para abate).

Uma intervenção neste tipo de produção implica uma grande sensibilidade do produtor, quer no maneio, quer na alimentação dos animais, valorizando a adaptabilidade da raça e o estado sanitário do rebanho, utilizando anestesia em intervenções como o corte de cauda e a castração (se necessárias), e adequando o transporte às exigências normativas.

2.1.4. Na exploração de suínos

Numa produção e indústria tão relevante economicamente e altamente competitiva, como é a suinicultura e a indústria da carne de porco, as decisões relativas a práticas de cuidados com animais terão de ser baseadas no equilíbrio do conhecimento científico, proveniente de diversos autores, com uma avaliação técnica e profissional no integral respeito dos valores da sociedade.

Dado o elevado consumo de carne de porco, nas últimas décadas procedeu-se a uma intensificação da produção e do alojamento, com o objectivo de máxima produção em tempo mínimo. As próprias instalações especializaram-se neste sentido, nomeadamente através da existência de pavilhões de engorda destinados para a fase final de produção.

As principais ameaças ao bem-estar animal prendem-se com as instalações, nas diferentes fases produtivas, com as mutilações e o transporte, todas com impacto na saúde física e mental dos suínos. De referir, no entanto, a recente Directiva comunitária que veio melhorar, na União Europeia, as condições de produção desta espécie animal. Relativamente às instalações, considera-se importante o acesso regular à alimentação e a água, o controlo do ruído, a intensidade da luz, a presença de materiais passíveis de manipulação (redução do *stress*).

Na gestação, estabeleceu-se a obrigatoriedade, na União Europeia, de manter as fêmeas em grupos, podendo interagir socialmente e desenvolver maior movimentação. Todavia, é também relevante um correcto dimensionamento do espaço que ocupam, impedindo agressões e adequando o fornecimento de alimento e água. A área disponível e a tipologia do pavimento e área de dejectos são particularmente considerados indicadores de bem-estar animal durante o período de gestação.

A maioria dos nascimentos, apesar da existência de algumas maternidades exteriores, realiza-se em celas de reduzidas dimensões, para evitar o pisoteio e o esmagamento dos leitões. Numa produção intensiva, o parto e o desmame são momentos particularmente tensos e que necessitam de especial atenção pelo produtor.

Nas engordas, a importância das instalações e parques, sua área, tipo de piso, ventilação, luminosidade, manutenção de grupo e controlo de agressividade é relevante para uma produção eticamente adequada.

As principais intervenções/mutilações em leitões, o corte de cauda e a remoção de caninos, devem ser feitas antes da primeira semana de vida, de forma não recorrente, com aplicação de anestésico e com a intervenção de um médico veterinário. Igualmente, a castração dos machos deve ser feita, só após o sétimo dia, pela intervenção de um veterinário e com aplicação de anestesia.

O transporte e o abate no matadouro são igualmente dois momentos fundamentais para uma análise ética de todo o processo, e encontram-se particularmente descritos e regulamentados. Importante, no entanto, referir a relevância do abate de urgência ou do abate por questões sanitárias, que devem ser imediatos e rápidos para que se minimize a agonia.

2.1.5. *Na exploração de aves*

A produção de aves tem sido profundamente discutida e eticamente avaliada, dado o conceito generalizado de uma produção muito intensiva, com um elevado número de animais por pavilhão (afastando-se das condições mais tradicionais) e alojamento predominantemente em gaiolas, no caso de galinhas poedeiras. Mesmo com a última Directiva comunitária – que veio alterar as condições de produção e instalação das galinhas poedeiras, particularmente em dimensões, área/animal e condições de instalação, dando origem às denominadas gaiolas modificadas –, mantém-se na sociedade, sobretudo nas mais desenvolvidas, a firme convicção, por razões de bem-estar animal, da necessidade de banir a produção neste tipo de instalação (gaiolas). A atitude firme por parte dos consumidores, que exigem uma rotulagem específica para o modo de produção – como *free-range* ou biológico – ou para a qualidade de vida dos animais e dos produtos, através de certificações próprias, tem muito contribuído para a evolução muito positiva de uma produção eticamente mais responsável.

Assim, além do conceito de bem-estar animal e das normas regulamentares na exploração, eticamente formuladas e em que se valoriza a «sensibilidade» das aves para a dor, bem como as condições sanitárias e de alojamento, a saúde ou a privação do alimento, os consumidores tendem igualmente a valorizar o bem-estar das aves, discriminando positivamente o acesso ao mercado e o produto final.

A pressão da opinião pública tem sido notória para uma alteração quer dos modos de produção de ovos, quer da produção de carne. O ciclo produtivo para frangos de carne exige condições óptimas de alojamento, áreas, ventilação, luminosidade, temperatura, camas e dejectos, acesso ao alimento e água; mas a intensidade produtiva, a tecnologia do processo de incubação, o tempo de produção, as condições sanitárias e o cuidado individual do animal com impacto no acesso à alimentação, as alterações fisiológicas e genéticas para originarem mais crescimento em menos tempo, o transporte e abate são hoje reflexões que introduzem igualmente a análise e ponderação de modelos produtivos alternativos.

Outros temas que continuam a merecer uma análise e reflexão ética, bem como uma avaliação de alternativas de modelos produtivos, referem-se ao modo de produção de ovos, ao estado sanitário individual em galinhas poedeiras, às doenças nutricionais e à falta de exercício por insuficiente espaço disponível, à luminosidade e ao fotoperíodo, às restrições provocadas quanto à luz e ao alimento pela «muda», que permite mais um ciclo produtivo.

2.1.6. Na aquicultura

A aquicultura, como todos os processos agrícolas e de produção de alimentos, suscita igualmente numerosos dilemas éticos. As preocupações éticas sobre a aquicultura aumentaram ultimamente, não apenas pelas razões intrínsecas às questões alimentares gerais, mas igualmente pelo rápido crescimento da aquicultura nos últimos anos.

Podem distinguir-se os seguintes estágios da produção em aquicultura: criação-reprodução, crescimento/engorda, outros tratamentos (processos terapêuticos, de transporte e de morte) e processamento/comercialização do produto final.

Na fase de criação e reprodução, as principais questões éticas são do domínio ambiental, no que se refere à manutenção da biodiversidade aquando da criação selectiva de uma espécie em relação a outros organismos que estão ecologicamente implicados (disputando os mesmos recursos, ou envolvidos na cadeia alimentar com a espécie seleccionada); e do domínio animal dos peixes, aquando do melhoramento da propagação com métodos artificiais consistindo numa violação da autonomia do organismo (determinando-se até que ponto isso acontece).

Na fase de crescimento e engorda, consideramos questões relacionadas com o bem-estar dos produtores (segurança dos métodos de produção e riscos profissionais – trabalho físico, exposição química e riscos tóxicos), do consumidor (valor nutricional e segurança alimentar – presença de contaminantes) e ambientais (poluição causada por matéria orgânica resultante do metabolismo do solo – fezes, excreção e muco, perdas de alimentação, alimentação não consumida, agentes anti-incrustantes). No que se refere ao meio ambiente, são preocupações éticas actuais e em permanente avaliação a redução da biodiversidade e o uso dos recursos ambientais, as alterações naturais do *habitat*, a geração de novos nichos ecológicos para agentes patogénicos devido à aquicultura e os impactos da aquicultura sobre os predadores naturais.

Durante o período de crescimento, será fundamental considerar, ainda, e valorizar a densidade produtiva (reduzindo o *stress*, as agressões e o canibalismo), a quantidade e qualidade da alimentação recebida pelos peixes, a qualidade da água, a exposição a doenças, a capacidade de expressar os comportamentos naturais e as actividades humanas relacionadas com o processo de aquicultura como profundamente influenciadoras do bem-estar do organismo.

Nos casos de doença e tratamento, as principais questões éticas prendem-se com a segurança do pessoal (contágio de agentes patogénicos ou de substâncias químicas nocivas), com o consumidor (microrganismos e biotoxinas, resíduos de antibióticos e aumento de resistência a agentes patogénicos e a antibacterianos com impacto evidente na saúde pública) e com o meio ambiente (transmissão de agentes patogénicos microbianos para as populações selvagens e poluição causada por substâncias químicas terapêuticas).

Em outras operações de maneio produtivo, as principais preocupações encontram-se no transporte (entre regiões – autonomia ambiental e biodiversidade, bem-estar, *stress*, aglomeração, idade e tamanho, qualidade e temperatura da água, presença de alimentos e jejum, condições climáticas e aclimatação), no procedimento de abate (método, sensibilidade, dor, segurança e qualidade do produto final), e na recente e inovadora tecnologia de vacinação de ADN (vacinas contra doenças virais que consistem num plasmídeo bacteriano contendo genes virais) e no seu impacto na saúde dos consumidores.

Na fase de processamento e comercialização de peixes, além da ética do preço justo, convirá olhar com particular atenção para os aspectos relacionados com o consumidor (segurança – rastreabilidade e rotulagem, acessibilidade e aceitabilidade, valor nutricional, impacto na saúde pública), com o meio ambiente (durante o processamento – resíduos, poluição, transmissão de doenças a populações selvagens) e com o impacto social (quer localmente quer na sociedade e economia global, em particular relativo a questões de desenvolvimento e sustentabilidade).

As questões éticas em aquicultura necessitam de uma grande avaliação e de um detalhado conhecimento científico, numa abordagem global, que deverá incorporar não apenas a produção intensiva de peixes para consumo humano, mas todos os factores decisivos para uma sustentabilidade e biodiversidade do meio, conjugado com as necessidades alimentares de uma população em crescimento e que valoriza este tipo de proteína animal.

2.2. Ética e bem-estar no transporte

O transporte de animais é realizado por vários motivos: deslocalizar animais para fins de venda e abate, para reprodução, para pastoreio, para eventos competitivos, para cuidados veterinários e para muitos outros fins. Este transporte e as práticas associadas de carregamento, descarga e maneio dos animais causam inevitavelmente *stress*, e podem ter efeitos significativos no seu bem-estar.

O transporte envolve uma combinação de inúmeras condicionantes de carácter físico (fome, sede, fadiga, lesões e temperatura) e psicológico (medo decorrente da restrição, manipulação e novidade ambiental), induzindo uma grande variedade de alterações fisiológicas, incluindo mudanças nos sistemas cardiovascular, endócrino, imunitário e reprodutivo.

Assim, o tempo de viagem deve ser curto, não superior a oito horas, e, para jornadas mais longas, deve recorrer-se a veículos de «especificação superior», em que os animais podem ser transportados por mais de oito horas em temperaturas de até 35 °C. Existem várias regras sobre se um animal se encontra «apto» para viajar, como a idade, ausência de lesões e o tempo de gestação, apesar dos factores próprios que condicionam a sua resposta ao transporte (maneio prévio e posterior ao transporte, a nutrição e a composição genética do indivíduo, o contacto com seres humanos e a resposta ao medo, a interacção com o transportador e a sua experiência). Algumas provisões especiais (como material de cama) devem ser administradas a animais muito jovens, e há limites para a inclinação das rampas usadas para carregar e descarregar. Os animais devem ainda ser preparados para transporte por pré-condicionamento e outras medidas de maneio alimentar e sanitário. Os animais não «aptos» a transporte, se destinados a consumo humano, devem ser abatidos na exploração, assim como os sujeitos a eutanásia realizada *in situ*, e o respectivo cadáver eliminado, segundo a regulamentação europeia.

As condições de transporte, no sentido de reduzir o *stress* animal, o sofrimento e a dor, as alternativas ao transporte, um produto final que valorize segurança e qualidade, são contributos fundamentais para uma análise ética de uma importante e sensível fase da cadeia alimentar.

2.3. Ética e bem-estar no abate/occisão

May all that have life be delivered from suffering.

SIDDHARTHA GAUTAMA

O abate de animais é um conceito difícil para muitos consumidores. A reflexão de que abater um animal o priva do resto da sua existência, que poderia ter sido uma boa existência, interpela um elevado número de consumidores, que questionam a necessidade de se privar de vida os animais quando existem muitas alternativas de consumo alimentar, igualmente saudáveis, nutritivas e saborosas.

Com efeito, os animais têm estatuto moral e o sofrimento conta, porque é um prejuízo para algo – ser (animal) que conta moralmente. Matar um animal prejudica o animal, dado que activamente o priva da vida futura. Mas, mesmo que se considere que a vida humana é mais importante do que a vida animal, e não há sentido em equiparar o valor das vidas humanas e animais, a oposição ao sofrimento animal implica consequentemente o valor significativo da própria vida animal. Ora, se a vida humana é o tipo mais valioso de vida e se, por exemplo, as vidas dos insectos são menos valiosas, então a vida de animais psicologicamente sofisticados, como mamíferos e pássaros, será localizada no espectro das «vidas valiosas» em algum lugar entre os dois extremos. E, dado o valor extraordinário que se coloca na vida humana, mesmo uma localização em torno do meio do espectro vai significar que a vida dos animais é bastante valiosa.

A maioria dos etólogos cognitivos e filósofos considera que os animais não têm conceito do futuro e não se podem imaginar nele. Esta falta de sofisticação psicológica, segundo a maioria dos especialistas em ética, significará que matar os animais sem dor não prejudica e, portanto, matar sem dor não suscitará um dilema ético particular. Muitas pessoas acreditam que se um animal leva uma boa vida, enquanto a morte for «veloz e misericordiosa», não há problema ético.

Proteger o bem-estar dos animais no abate trata de minimizar a dor ou o sofrimento dos animais de produção no momento da morte. Para tal, em todo o processo de abate, devem ser feitos controlos regulares para garantir que os animais não apresentam sinais de consciência ou sensibilidade entre o fim do processo de atordoamento e a morte. Neste contexto, os principais riscos estão ligados ao atordoamento (equipamento e seu funcionamento, posição correcta, período de tempo, tempo entre fases de abate, fluidez e precisão do processo), que tem uma importância fundamental na qualidade e bem-estar durante o abate.

De registar, ainda, a controvérsia perante os métodos de abate religioso, em particular o abate muçulmano (*halal*) e judeu (*kosher*), com preocupações relativas a possível *stress*, dor no corte do pescoço e tempo para perda de consciência, centrando-se a discussão na aceitabilidade do atordoamento. A legislação relativa ao abate religioso, embora muitas vezes conceda derrogações, está actualmente sujeita a pressões no sentido de mudanças e de proibição de certas práticas e métodos.

Um longo caminho tem sido decorrido, com uma profunda consciencialização de todos os actores, na promoção de um sistema de produção eticamente responsável. O papel dos consumidores e da opinião pública tem sido decisivo nesta importante evolução, que a regulamentação tem acompanhado e que a comunidade científica tem suportado. Existe ainda seguramente muito a fazer, em particular, no disseminar destas preocupações e conceitos a um nível mais global, e numa valorização da produção ética por parte dos consumidores, criando justo valor para todos os intervenientes da cadeia alimentar.

Leituras recomendadas

Alvarez, J. *et al.*, *Bienestar animal*, Manual para formadores, Ed. Xunta da Galicia, 2011.

Garner, R., *Animal Ethics*, Inglaterra, Ed. Polity Press, 2005.

Grigorakis, K., Ethical Issues in Aquaculture Production, *J. Agric. Env. Ethics*, Vol. 24, n.º 4, 2010, pp. 345–370.

http://www.oie.int/international-standard-setting/terrestrial-manual/access-online/ [consultado em 2 de Maio de 2017].

https://ec.europa.eu/food/animals/welfare_en [consultado em 2 de Maio de 2017].

http://www.dgv.min-agricultura.pt/portal/page/portal/DGV/genericos?actualmenu=59825&generico=96064&cboui=96064 [consultado em 2 de Junho de 2017].

A cadeia alimentar e a causa vegetariana

Marisa Quaresma dos Reis

Provedora dos Animais de Lisboa

Instituto Superior de Economia e Gestão da Universidade de Lisboa

1. Como começámos a comer animais: uma vantagem adaptativa

Não se pense que a Humanidade acordou num belo dia da Idade da Pedra Antiga (Paleolítico) e decidiu, dali em diante, começar a matar outros animais para se alimentar. Mais, que para optimizar essa opção, entendeu, imediatamente, que deveria aprisioná-los, reproduzi-los, criá-los rápida e eficazmente para potenciar, ao máximo, os recursos alimentares, e que iria fazê-lo de forma totalmente insensível para com o seu sofrimento e interesses próprios.

Na verdade, dificilmente terá havido opção ao consumo de proteína animal quando o Homem enveredou por essa via. Dificilmente também terá havido lugar a algum julgamento moral face ao aprisionamento, tratamento e abate das *presas* ao longo dos milhares e milhares de anos de que o Homem precisou para se adaptar a uma dieta inclusiva de proteína animal. Pelo contrário, os primeiros registos conhecidos de escrita humana são imagens gravadas em rocha alusivas a caçadas, muito provavelmente, como forma de celebração do sucesso na obtenção de comida, ou como ritual de natureza supersticiosa acreditando que tal traria sorte numa próxima emboscada (Giusepi, 2007).

Para que tenhamos uma ideia de todo o percurso, é necessário recorrermos aos achados da Antropologia. Estes indicam que os primeiros predecessores daquela que viria a ser, um dia, a espécie humana surgiram na Terra há cerca de quatro milhões de anos (Regal, 2004). Longe de ser a espécie dominante aquando do seu surgimento, os humanos tiveram de desenvolver as competências necessárias para garantir a sua sobrevivência, especialmente em épocas em que o clima arrefeceu drasticamente e o acesso aos seus alimentos habituais de origem vegetal se tornou muito difícil, ou mesmo impossível.

Nesse processo, os humanos desenvolveram duas actividades que modificariam, para sempre, a sua História: o cultivo de alimentos e a domesticação de animais selvagens a fim de utilizarem a sua carne para alimentação e/ou peles para agasalhos. Com este passo, puderam passar de uma vida nómada, repleta de perigos e privações, para uma vida estável e sedentária, partilhada com os seus semelhantes em aldeias comunitárias. Foi nas cidades que a vida humana foi construindo novas realidades, levando ao despontar daquilo a que hoje chamamos de *civilização.*

Como chegámos até aqui?

Só muito recentemente, já no século XIX, a questão de saber se os humanos teriam sido a obra «perfeita» de um Deus Criador ou se, pelo contrário, eram fruto da própria evolução e adaptação veio causar celeuma entre teólogos e cientistas. Até então, o tema parecia não carecer de nenhum esclarecimento, remetendo-se toda e qualquer explicação para o campo do divino, com a assunção de um Homem feito à imagem e semelhança de Deus.

1.1. A teoria de Charles Darwin

Os dois tratados de Charles Darwin, *The Origin of Species* (1859) e *Descent of Man* (1871), vieram agitar as convicções de então. A controvérsia arrastou-se pelo século XX, embora o choque das suas posições se fosse esbatendo, à medida que novas descobertas e achados fósseis foram dando razão às teses de Darwin. Todavia, seja-se ou não crente numa força criadora, a Teoria da Evolução não exclui a possibilidade da sua existência, e de que a mesma, na omnipotência de uma inteligência absoluta, tenha guiado (e continue a guiar) toda a evolução.

Quem foram, então, os antepassados dos primeiros seres humanos? Darwin (1871) aponta para uma ligação crucial entre primatas e seres humanos. Embora este tema ainda seja o mote para muitos artigos científicos, para Darwin o corte crucial ter-se-á dado quando a família dos primatas se dividiu entre aqueles que viviam nas árvores e os que passaram a viver em terra e que ficaram conhecidos por *hominídeos*.

1.2. Homo habilis, Homo erectus *e* Homo neanderthalensis

Desde meados do século XX, mormente após os anos 70, o que sabíamos acerca dos hominídeos e da sua relação com o género *Homo* foi largamente ampliado. A posição mais consensual, nos dias de hoje, é a de que os primeiros hominídeos *Australopithecus* foram sucedidos por três espécies distintas do género *Homo*: *habilis*, *erectus* e *sapiens* (GIUSEPI, 2007).

O *Homo habilis* terá vivido há cerca de 2 a 1,5 milhões de anos, teria cerca de um 1,20 m de altura e já assumia uma postura erecta. Vários restos fósseis do *Homo habilis* foram encontrados junto a ferramentas rudimentares que lhe valeram, certamente, o epíteto de *Homem habilidoso.*

O *Homo erectus,* que se estima que tenha vivido num período compreendido entre 1,8 milhões e 300 mil anos atrás, tinha já cerca de 1,65 m e também o cérebro maior do que o do *Homo habilis.* Esta superioridade craniana permitiu que fosse mais longe do que o *Homo habilis* e aprendesse a dominar o fogo, um passo decisivo no domínio do seu meio ambiente. Também foi o *Homo erectus* quem desenvolveu o machado, uma ferramenta que viria a ser determinante na nossa evolução.

Mais tarde, no início da última glaciação da Idade do Gelo, a Europa e algumas zonas de África e da Ásia (as mais próximas da Europa) eram povoadas pelo *Homo neanderthalensis.* Com a mesma altura aproximada do *Homo erectus,* tinha um crânio consideravelmente maior, mesmo se comparado com os humanos de hoje em dia. Esta espécie foi capaz de criar novas ferramentas que potenciaram exímios caçadores, ao mesmo tempo que conseguiu adaptar-se ao frio extremo através da manipulação do fogo, do aumento do consumo de carne e do uso das peles das suas presas.

No entanto, e apesar da sua grande capacidade craniana, a expressão coloquial tão usada «Homem das Cavernas», bem como o conteúdo da mesma, tiveram a sua inspiração nos Neandertais, que não só viviam realmente em cavernas, como também ganharam a fama de terem sido criaturas pouco desenvoltas para o seu período evolutivo. O seu desaparecimento parece ser, ainda hoje, um mistério.

1.3. A alimentação do Homo sapiens: *do Paleolítico ao Neolítico*

Muitos estudos defendem que a adopção de uma dieta inclusiva de proteína animal terá impulsionado a nossa evolução (Bunn, 2007).

Na Era do Paleolítico, que se estendeu por cerca de 2,5 milhões de anos até há cerca de 10 mil anos, os humanos ainda viviam da recolecção de alimentos de origem vegetal como frutos e raízes, tendo, porém, iniciado o consumo alimentar de animais. O Homem do Paleolítico, ao mesmo tempo que aproveita os restos de carcaças de outros animais mortos e consumidos primeiramente por outros predadores, começa também ele a caçar e a pescar.

Henry Bunn dividiu em três etapas o processo da evolução carnívora dos humanos no Paleolítico, de acordo com a sua mestria na concepção de utensílios destinados à obtenção de carne ou peixe. No início, separavam a carne dos ossos das carcaças de animais, fazendo uso, para tal, de utensílios de pedra, mostrando ainda uma insuficiente capacidade para obter directamente carne ou peixe. Numa segunda fase, já manuseavam a carne além de terem começado a aproveitar o tutano dos ossos para alimentação. Passaram também a transportar as carcaças de animais que encontravam para lugares mais convenientes e seguros. Foi também nesta fase que a actividade da caça e da pesca teve início, paralelamente ao comportamento necrófago já descrito (e que mantiveram). A terceira fase caracterizar-se-ia pelo retalho meticuloso dos restos das carcaças, ou mesmo pela obtenção de carcaças intactas, resultado do desenvolvimento de novas competências na apropriação das presas de outros carnívoros ou da prática da caça, agora já mais comum.

Com efeito, no final da Era Paleolítica, os humanos tinham uma aparência física e capacidade mental aproximadas das que temos hoje em dia. A nossa espécie *Homo sapiens* competiu com outros ramos da espécie humana durante quase 30 mil anos, tendo sido paulatinamente mais bem-sucedida do que as outras. A junção de um cérebro maior e de mãos livres permitidas pela postura erecta, bem como o desenvolvimento de polegares em pinça, tornaram possível que os humanos criassem ferramentas cada vez mais sofisticadas. Estas marcas evolutivas compensaram a acentuada inferioridade dos humanos em força e velocidade face a outros predadores, como sejam lobos ou gatos selvagens e até muitos dos animais que os próprios humanos levaram à extinção.

O cérebro humano, altamente desenvolvido, também permitiu que transformassem gritos e grunhidos em sons padronizados que viriam a formar uma *linguagem*. A linguagem aumentou consideravelmente as possibilidades de cooperação, bem como o sentido de coesão entre os pequenos grupos, iniciando-se também, nesta Era, os primeiros modelos de organização social humana.

Nesta fase final do Paleolítico, as vantagens adaptativas do *Homo sapiens* tornaram-no numa espécie com características únicas capaz de dominar o planeta.

Se há cerca de 165 mil anos os humanos apenas recolhiam e cozinhavam marisco, há 90 mil anos já produziam ferramentas de pesca altamente especializadas. Nos últimos 12 mil anos, o *Homo sapiens* fez a transição da recolecção e da caça para a produção de alimentos.

Efectivamente, a entrada do Homem na cadeia alimentar carnívora, em concurso com as drásticas alterações climáticas do final da Era Glaciar ocorridas no Mesolítico, terá, muito provavelmente, mudado de forma drástica o ecossistema da referida região do leste africano. Também a Europa terá sofrido, nessa altura, grandes alterações climáticas, cobrindo-se de densas florestas verdejantes (Giusepi, 2007).

Enquanto várias espécies se extinguiram e outras migraram, os humanos, de locomoção mais lenta e com menor capacidade de mobilidade, mostraram uma forte capacidade adaptativa às condições pós-glaciais e desenvolveram novas formas de vida nos locais onde se fixaram. Muitas das comunidades humanas mesolíticas fixaram-se ao longo da costa, dedicando-se à pesca e à recolecção de marisco, enquanto as que se fixaram no interior se adaptaram ao seu meio ambiente e desenvolveram arcos e flechas para caçar animais de terra.

Foi também no Mesolítico que se deu a domesticação (quase passiva) do cão, que, ao contrário das outras espécies domesticadas activamente para consumo da carne e aproveitamento de peles, se tornou, até aos dias de hoje, na espécie emocionalmente mais próxima do Homem. Na verdade, vários estudos demonstram que foi o lobo quem se domesticou *per se*, ao aproximar-se do Homem quando percebeu que seria mais fácil obter alimento através do consumo dos restos deixados pelos humanos, criando uma relação de cooperação e amizade entre ambas as espécies, na qual o lobo se viria a transformar, através (também) da selecção humana, no cão dócil e protector que acompanha lealmente o seu humano. Talvez, por esta mesma razão, seja mais fácil para a maioria de nós sentir compaixão por um cão do que por um porco. A nossa História explica isso: enquanto a relação milenar do cão com o Homem sempre se pautou por elos de companhia e cooperação, a aproximação com porcos, vacas e cabras deu-se por razões exclusivamente alimentares. O Homem sempre os associou a comida, ao passo que o cão sempre foi um companheiro (Joy, 2011).

Na verdade, o *Homo sapiens* descobriu que poderia controlar a criação e o crescimento de certas plantas e animais, e essa descoberta levou ao desenvolvimento de uma nova actividade: aquilo que ousamos aqui chamar de «proto-agro-pecuária». Esta iniciaria uma nova Era por volta de 12/10 mil anos a. C. e viria a durar até ao terceiro milénio a. C.: a Era Neolítica. Tal actividade, que foi evoluindo até aos dias de hoje, culminando na agricultura moderna e na criação e exploração intensivas de animais, transformou para sempre as paisagens naturais da Terra bem como as espécies vegetais e a própria fauna.

À medida que os seres humanos investiam mais tempo na produção de alimentos, as aldeias tornaram-se cidades e as cidades tornaram-se grandes metrópoles. Com mais comida disponível e mais acessível, a população humana começou a aumentar dramaticamente. A nossa espécie teve tanto sucesso, que colocou o Homem, contra todas as probabilidades iniciais, no topo da cadeia alimentar.

À medida que o ambiente se tornou mais imprevisível, o aumento da capacidade cerebral ajudou os nossos antepassados a sobreviverem: foram por isso capazes de criar ferramentas especializadas e de usar ferramentas para fazer outras ferramentas; diversificaram a sua alimentação; controlaram o fogo; passaram a viver em abrigos; construíram redes sociais amplas; trocaram recursos; criaram arte, música e um mundo simbólico complexo (Bunn, 2007).

Os humanos espalharam-se por todos os continentes e multiplicaram-se ao mesmo tempo que foram capazes de transformar a superfície da Terra em seu benefício. Mas essa transformação teve consequências terríveis, mesmo que não intencionais, para outras espécies e para nós mesmos, criando novos desafios de sobrevivência à nossa própria espécie e no plano da Ética.

2. A actualidade: «*L'enfer n'existe pas pour les animaux, ils y sont déjà...*»

Não conseguimos encontrar título mais adequado, para a segunda parte deste artigo, do que a famosa frase de Victor Hugo que, na nossa tradução livre, significa «Os animais não vão para o Inferno porque eles já lá estão». De facto, o exponencial aumento da população humana e consequente aumento do consumo de proteína animal, bem como uma concepção egoísta própria de um ser que, durante milhões de anos, lutou por um lugar no topo da pirâmide, contra as permanentes ameaças de fome, levou a que a criação de animais extrapolasse os seus objectivos iniciais e viesse hoje a assentar noutras premissas, como sejam o prazer de comer, a cultura, o apelo ao consumo (amparado por estratégias de *marketing* agressivas) e o próprio enriquecimento da indústria alimentar. Isto levou a uma objectificação ainda maior dos animais destinados ao consumo alimentar e a utilizações várias para nosso contentamento, bem como a um tratamento bárbaro e contrário à sua natureza, justificado por pretensas necessidades humanas (Civard-Racinais, 2010).

Todavia, nesta fase da evolução, não é credível pensar que o Homem «não sabe o que faz». Aliás, se pararmos para pensar um pouco, a grande parte dos romances e filmes de terror e ficção científica espelha bem o medo inconsciente que a nossa espécie tem de poder vir a ser ultrapassada por uma outra, terrestre ou extraterrestre, que nos trate e utilize da mesma forma que fazemos com as outras espécies que hoje dominamos.

Nos dias de hoje, os humanos continuam no topo da pirâmide alimentar, no qual, habilmente, se souberam colocar ao longo do seu processo evolutivo.

Na sua relação com os animais, o Homem foi seleccionando algumas espécies com as quais estabeleceu laços de afecto e cooperação e que hoje conhecemos como «animais de estimação», em particular, os cães, como vimos atrás, e, mais tarde, também os gatos (Joy, 2011). Ele é, também, capaz de se preocupar com a preservação de animais selvagens, em especial, com as espécies que consiga respeitar ou admirar como, por exemplo, tigres ou golfinhos. Mas, por outro lado, ele também consegue olhar para outras espécies como meros produtos, usando-as como alimento, vestuário, cobaias ou mero entretenimento (Joy, 2011).

Podemos argumentar que *matar para comer* é mais ético do que *matar para divertir.* À partida, assim seria. Porém, esse raciocínio ignora algumas variáveis que interessa aqui ver aclaradas (Naconecy, 2016; Foer, 2009). Neste preciso momento, mais de 22 mil milhões de animais terrestres em todo o planeta estão a ser criados, em ambiente não natural, para alimentação humana (entre eles, cerca de mil milhões de porcos, um milhão e trezentas mil cabeças de vacas para carne, cabras e ovelhas e cerca de 15 mil milhões e meio de galos e galinhas). Acrescem a este número os 5 mil milhões de galinhas poedeiras e os 200 milhões de vacas leiteiras que estão a ser criadas para que possamos, respectivamente, consumir ovos e leite. Por ano, 50 mil milhões de animais são abatidos «para a panela», sendo que, muitas vezes, o desperdício de carne leva a que muitos milhões dessas mortes sejam ainda mais incompreensíveis.

Fora do contexto da produção alimentar, os números descem consideravelmente. «Apenas» algumas dezenas de milhões de animais por ano morrem na investigação científica. *Grosso modo,* os animais usados na investigação, para companhia do Homem ou em espectáculos constituem uma ponta muito pequena de um gigantesco icebergue.

Não hierarquizando, de um ponto de vista ético, as finalidades da utilização dos respectivos animais, parece-nos ser muito urgente debruçarmo-nos sobre aqueles que são sacrificados para alimentação, já que o número absoluto desses animais ultrapassa, muito largamente, o dos restantes. Todavia, devido às culturas humanas enraizadas que teimam em identificar esses animais com *matérias-primas* para o fabrico de produtos alimentares, como se a sua existência apenas fizesse sentido tendo em vista esse mesmo fim, os defensores dos direitos dos animais, incluindo os próprios activistas, acabam por se bater em menor escala por eles quando comparamos com a sua actividade em prol dos animais de companhia.

A realidade dos animais criados para consumo também é extremamente relevante por outro motivo: as condições sob as quais a criação intensiva de animais ocorre são muitas vezes cruéis e desrespeitam os interesses e a natureza próprios de cada espécie. Elas implicam uma vida inteira de privação e *stress*. Na verdade, controla-se toda a vida destes animais, do momento do nascimento até ao da morte: como nascem, o que comem, onde e como vivem, como e quando se reproduzem, modificando severamente o seu comportamento natural (Naconecy, 2016; Foer, 2009). Estamos perante, nada mais, nada menos, do que a última fronteira da escravatura.

É muito provável que a grande maioria dos consumidores não conheça os bastidores da criação industrial de animais, mantendo uma imagem bucólica de animais que crescem livres e saltitantes num campo verde até ao momento em que são abatidos. Mas não é assim que acontece.

2.1. *Desnaturação do comportamento de espécie*

O sistema de criação intensiva de animais implica várias limitações ao seu comportamento. Eles não estão apenas impedidos de pastar como também de mudar de posição, de mover os membros, de se deitar ou aliviar uma simples comichão. Os porcos, as vacas e as galinhas (entre outros) são mantidos em clausura durante toda a vida, o que os leva ao *stress* crónico e à degeneração física. A utilização de cercas e de gaiolas individuais impede o contacto social do animal com os outros da sua espécie e nem as crias crescem acompanhadas pelos progenitores. Este é o caso das crias das vacas leiteiras, que lhes são imediatamente retiradas após o nascimento, com destino ao abate imediato ou para serem deixadas a morrer à fome (com a promessa de recebimento de um qualquer subsídio...), sob grande *stress* da progenitora. Tudo isto em nome da rendibilização do leite para consumo humano.

Vejamos em detalhe alguns dos aspectos *negros* da criação intensiva de animais para alimentação humana, que ainda hoje se verificam um pouco por todo o mundo.

2.2. *Privação de espaço e criação selectiva em prol da rendibilidade do «produto»*

A comum técnica da engorda de animais implica que eles vivam em cubículos exíguos, obrigados a ingerirem alimento de forma contínua e sem espaço para se movimentarem, não desgastando, assim, o acréscimo calórico excessivo que lhes é imposto. Desta forma, crescem mais depressa e podem ser abatidos mais jovens.

Fácil é perceber que estas limitações lhes provocam grande angústia e geram agressividade por não poderem expressar o seu comportamento natural. As galinhas, por exemplo, não conseguem construir o seu ninho, e as porcas reprodutoras adoptam comportamentos repetitivos, como sejam morder as barras de ferro das cercas que as confinam para a gestação.

Outras consequências perversas: o esqueleto e o coração dos galos de engorda tornam-se incapazes de suportar os seus corpos e, não raras vezes, acabam por sofrer fracturas e ataques cardíacos. Também as vacas leiteiras são tratadas com hormonas para que consigam produzir o máximo de leite (im)possível, o que origina uma carência metabólica muito grande, além de sofrerem mastites agudas com muita frequência.

2.3. *Quebra de elos familiares e sociais a fim de optimizar o espaço e a produção*

Na produção de carne, progenitores e filhos são, como já referimos, separados, de acordo com a conveniência do produtor. Desta forma, ficam privados de exercitar os seus afectos, que constituem, como nos seres humanos, um instinto natural.

Os animais que são mantidos em grupos excessivamente numerosos sentem insegurança pela impossibilidade de reconhecer todos os elementos desse mesmo grupo.

2.4. *Mutilações para compensar as consequências comportamentais da desnaturação*

Na maior parte das indústrias de carne, é comum, tendo em conta o tipo de produção em causa, cortar-se a cauda e amputar os dentes aos leitões, bem como cortarem-se os cornos das vacas ou os bicos das galinhas. Com estas medidas, tenciona-se reduzir o impacto da agressividade dos animais, agressividade essa motivada pelo *stress* de quem vive fora do seu ambiente e circunstâncias naturais. Também é usual castrar-se vitelos e leitões, sendo que todas estas ingerências no corpo do animal são quase sempre executadas sem anestesia e são, por isso, terrivelmente dolorosas, podendo ainda causar dor crónica.

2.5. *A desumanidade do transporte de animais vivos*

Antes de serem abatidos, os animais são muitas vezes transportados em longas viagens (e quantas vezes expostos ao calor e frio extremos...), durante as quais ficam exaustos. Não raro, morrem desidratados antes da chegada ao destino. Devido ao espaço confinado, raramente se conseguem acomodar e descansar, acabando por se ferir acidental ou propositadamente devido ao *stress* profundo em que fazem o percurso. Por estes motivos, a exportação de animais oriundos de Portugal para o Médio Oriente (e a fim de serem, muito provavelmente, sacrificados em rituais religiosos atentatórios das normas de bem-estar animal vigentes no espaço europeu) tem criado tanta celeuma nos últimos meses.

2.6. O abate de animais para alimentação

Se formos honestos connosco mesmos, sabemos que os animais não desejam morrer e que, na hora da morte, não querem morrer com dor.

A expectativa de morrer violentamente, e num ambiente desconhecido e não natural, causa grande sofrimento tanto aos humanos como aos outros animais. Alguns deles antecipam o que está prestes a acontecer-lhes e seguem para o abate em grande pânico, agitando-se desesperadamente. Os animais, na fila de espera para o abate, ouvem, vêem e cheiram a morte, provocando-lhes um intenso desespero que os leva a tentar fugir para evitar o seu trágico destino.

Porque a lei, considerando os contextos português e europeu, o impõe, os animais são primeiro atordoados. Em Portugal, o atordoamento faz-se por um dos seguintes meios: pistola de êmbolo retráctil; concussão; electronarcose ou; exposição ao dióxido de carbono. Porém, estas formas de atordoamento não são infalíveis e, dada a rapidez de todo o processo, nem sempre é fácil aferir do estado de consciência do animal no momento da morte por occisão ou abate.

3. Por uma *Ética Alimentar*?

Como decorre do que acabámos de expor, ao longo dos tempos, o uso de animais pelos humanos ultrapassou as finalidades de alimentação e agasalho, passando aqueles também a ser usados como meios de maximização da força e defesa ou em actividades de entretenimento e em experiências científicas. Aliás, num período histórico bem mais recente, Descartes trouxe ao mundo uma visão puramente mecânica dos animais, motivando e justificando o uso e abuso das vidas dos outros seres animais sem que nesse processo houvesse lugar a nenhum julgamento moral.

Relativamente à alimentação, não nos podemos esquecer de que a mesma se tornou, desde cedo, num processo de socialização, reflexo também das marcas culturais de determinada comunidade, relacionando-se com as suas tradições e crenças, usos e costumes enraizados e com o seu próprio sentido de identidade.

Tudo isto somado ao estímulo sensorial do paladar e a um instinto de sobrevivência inconsciente que herdámos das fases históricas em que a obtenção de alimento era tão difícil, que fomos forçados a enveredar por um processo de adaptação e reformulação da nossa alimentação natural inicial, levou a que, ao longo da nossa evolução, se desenvolvesse um forte apelo à diversidade nutricional, ampliando as nossas opções de escolha e a busca por novos sabores. Na época contemporânea, com o surgimento de uma indústria alimentar que foi cada vez mais auxiliada pela publicidade e pelos meios de comunicação social, o incentivo a essa diversificação foi-se acentuando, levando a um aumento do número de espécies animais consumidas bem como da quantidade ingerida *per capita*.

Não deixa de ser curioso que a inclusão da carne na alimentação já tenha sido associada ao aumento da libido e da agressividade e relacionada com a degradação moral e física dos seus consumidores, tendo a sua ingestão chegado a ser contra-indicada no caso das mulheres, principalmente na Época Vitoriana, a fim de pretensamente preservar a sua natureza biológica mais serena e a dedicação emocional ao esposo, igreja ou sociedade.

Embora o consumo de carne se tenha consolidado na pré-história da humanidade, muitos abstêm-se hoje consciente e voluntariamente do consumo de proteína animal.

Uma dieta vegetariana, *lato sensu*, refere-se àquela que exclui qualquer tipo de carne incluindo a dos animais de mar, admitindo, porém, variações específicas como o *lactovegetarianismo*, que integra o consumo de leite e seus derivados no cardápio, e o *ovolactovegetarianismo*, que junta os ovos aos lacticínios. Actualmente, o vegetarianismo tem sido abordado, em estudos exploratórios, nos quais os vegetarianos podem ainda ser categorizados como *vegetarianos em razão da saúde* ou *vegetarianos em razão da Ética*, sendo os primeiros motivados pela saúde física, mental ou espiritual e os últimos impulsionados por uma concepção de *Ética animalista*, adoptando um caminho de responsabilidade para com os animais e o Ambiente (Rollin, 1981). Esse sentido de responsabilidade reflecte uma preocupação com o bem-estar animal em todo o processo produtivo, da sua criação ao transporte e occisão ou abate, bem como com o impacto ambiental do seu consumo.

Existe ainda uma outra modalidade de dieta vegetariana que extrapola a mera dimensão alimentar, acabando por ser mais bem descrita como um *estilo de vida*, conhecida por *veganismo*, que se caracteriza pela abstinência absoluta do consumo de quaisquer produtos (não apenas de produtos alimentares) que sejam de origem animal ou tenham utilizado animais no seu processo de fabrico (por exemplo, cosméticos testados em animais).

Numa época em que um novo olhar sobre o estatuto moral dos animais tem levado a um crescimento do número de vegetarianos um pouco por todo o planeta, como forma de protesto e abolição da exploração animal – considerando que a forma como são gerados e mantidos os animais destinados à alimentação excede, em muito, quaisquer outras formas de maus-tratos (SINGER e MASON, 2006) –, surge uma nova corrente que motiva cada vez mais pensadores e investigadores no campo da Ética e áreas científicas afins: a acima referida *Ética animalista*. A mesma assenta os seus fundamentos na consciência do sofrimento dos animais e no reconhecimento do direito destes a serem respeitados, de acordo com a sua natureza e interesses. Ao seu lado, uma nova disciplina jurídica desponta: o Direito Animal (ROLLIN, 1981; REGAN, 1985; REGAN e SINGER, 1989; FRANCIONE, 2013).

Peter Singer defende a libertação animal (SINGER, 1975) recorrendo a princípios utilitaristas que justificam o uso dos animais pelos homens, desde que seja realmente necessário e não existam métodos alternativos ou substitutos e que as condutas humanas sejam alicerçadas em paradigmas morais a fim de evitarem e prevenirem o sofrimento e a dor. Essa linha de pensamento é a base da ciência do bem-estar animal (*animal welfare*), a qual visa o desenvolvimento de metodologias e tecnologias orientadas para a minimização do desconforto, do sofrimento e da dor dos animais no sistema de criação, incluindo o manejo, transporte e abate.

Numa outra linha de pensamento, Tom Regan e Gary Francione (2013) advogaram uma ética abolicionista ou conferente de direitos aos animais (*animal rights*). Para esta corrente, já não é lícito utilizar-se animais como objectos, uma vez que possuem interesse em não sofrer e interesse em viver. Têm, assim, um valor intrínseco e o direito de ser tratados com dignidade.

Perante o galopante aumento da consciência social face à crueldade da produção de carne, uma dieta vegetariana ou o mais aproximada possível é cada vez mais um imperativo ético (Foer, 2009), em particular, no dito mundo civilizado e globalizado.

4. Um último contributo para o debate

No nosso entendimento, não é na opção de comer carne (oriunda de animais de terra, ar ou mar) que reside a questão ética fundamental, mas sim na opção de comer carne que é produzida desrespeitando a natureza, comprometendo a continuidade da vida neste planeta e maltratando os animais na sua curta e angustiante vida.

Na realidade, o ser humano precisou de se adaptar ao seu ambiente e aprender a caçar e pescar para fazer frente às constantes ameaças de fome que o acompanharam ao longo de milhões de anos, tornando-se, assim, omnívoro. *Predar* tornou-se, assim, num comportamento natural do Homem, comportamento esse que é partilhado com várias outras espécies.

Aliás, em vários casos em todo o mundo, ainda existem povos caçadores-recolectores, destacando-se o caso dos esquimós do povo esquimó (que significa «comedores de carne crua»), também conhecidos por inuítes, cuja alimentação, por imposição do seu ambiente natural que não é mais do que um deserto de gelo, assenta necessariamente em carne de foca (incluindo vísceras cruas) e peixe.

Contudo, concordamos que *predar* é cabalmente diferente de *escravizar* e *maltratar*.

Os abolicionistas poderão ripostar, defendendo que basta que os animais tenham interesse em viver e em não sofrer para que, do ponto de vista ético, comer carne deixe de ser aceitável. Pensamos que esse não é o verdadeiro argumento em prol da adopção de uma alimentação vegetariana.

Consideramos que resulta claro, em especial da *secção 1* deste artigo, que é da Natureza que exista uma cadeia alimentar que se auto-regula a si mesma, de acordo com a capacidade de sobrevivência e adaptação das espécies às mudanças climáticas e à escassez de alimento no seu ambiente natural. Parece-nos ser também sensato, para o próprio equilíbrio do planeta (e das espécies que o habitam), que a alimentação humana se adeqúe o mais possível ao contexto dos seus diferentes ecossistemas, e, nesta linha de pensamento, teremos sempre de incluir as *excepções à regra* numa visão ética mais alargada. Os Esquimós são um bom exemplo desta excepcionalidade: um povo carnívoro, por natural necessidade, alheio à desumanidade da produção industrial de carne e que nunca poderia ser estritamente vegetariano sem que se condenasse a si mesmo à extinção ou à emigração (sendo que dificilmente o seu organismo se adaptaria a uma dieta vegetariana). No funcionamento da natureza a Ética não consegue interferir.

Podemos, também, (num contexto ambiental em que seja possível a escolha entre várias opções alimentares), preferir uma dieta vegetariana porque sentimos empatia suficiente para com os outros animais, a ponto de, para nós, se tornar insuportável imaginar a sua morte ou o seu sofrimento físico e emocional, que sempre seria inevitável, mesmo se respeitadas todas as regras de bem-estar animal ou se a sua morte ocorresse em estado natural. Contudo, até posto esse cenário, a nossa vontade estaria condicionada pelas nossas próprias emoções e deixaria o caminho aberto a todos aqueles que simplesmente *não gostam de animais* para continuarem a consumir carne. Assim, o amor ou a empatia pelos animais também não nos parece ser o melhor argumento para defender a adesão a uma dieta vegetariana ou próxima dela.

Quer se adopte uma perspectiva bem-estarista da questão animal (em que se admite que os animais possam ser fonte de alimento humano, embora respeitando o mais possível a sua natureza e minimizando o seu sofrimento até ao momento da morte), ou defensora de direitos subjectivos atribuíveis aos animais (e aqui a ideia dos animais como recursos ou meios fica totalmente afastada), no momento actual, uma dieta vegetariana, sempre que seja uma opção válida e não havendo alternativa à exploração industrial de animais, sempre será a opção eticamente mais defensável, uma vez que é a única que não compactua com a violência e desnaturação dos animais sacrificados e não compromete o equilíbrio da fauna marinha.

Ainda que, no estado natural, o ser humano se tenha tornado omnívoro, incluindo-se, assim, na sua dieta a carne e o peixe, o certo é que a obtenção destes alimentos deixou de ser feita através de um processo natural e justo, processando-se com base na captura, produção, reprodução e crescimento artificiais e alteração do ciclo natural dos animais, com pouca ou nenhuma consideração pelo seu sofrimento.

Este, sim, parece-nos ser o verdadeiro argumento em prol do vegetarianismo: que o valor absoluto da justiça e o reconhecimento de que o tratamento cruel e degradante a que os animais são sujeitos ao longo das suas vidas exploradas, em benefício dos caprichos da espécie humana, independentemente de gostarmos das outras espécies animais ou de sentirmos (ou não) compaixão para com elas, nos mostrem que comer carne é inaceitável e contrário à nossa própria dignidade enquanto seres morais. Não somos dignos se não tratamos os outros com dignidade.

Tendo em conta o dramático impacto ambiental que a produção animal e a indústria pesqueira já demonstraram exercer, aliado à própria evolução do *Homo sapiens*, que muitos defendem estar já a transformar-se no *Homo ethicus*, numa Era em que, pela primeira vez, o ser humano limita voluntariamente a sua própria acção, tendemos a antecipar que o vegetarianismo ou, pelo menos, uma alimentação com menor consumo de produtos de origem animal, possa ser o futuro da alimentação humana para grande parte da população, abrindo uma janela para uma nova Era da sua evolução, sem a qual, provavelmente, a própria espécie humana não subsistirá.

Referências e leituras recomendadas

BUNN, Henry T., «Meat Made Us Human», *in* UNGAR, Peter S. (org.), *Evolution of the Human Diet: The Known, the Unknown, and the Unknowable*, Nova Iorque, Oxford University Press U. S., 2007.

CIVARD-RACINAIS, Alexandrine, *Dictionnaire Horrifié de la Souffrance Animale*, Paris, Fayard, 2010.

DARWIN, Charles, *The Origin of Species*, Londres, J. Murray, 1859.

DARWIN, Charles, *The Descent of Man*, Nova Iorque, D. Appleton and Company, 1871.

FOER, Jonathan Safran, *Eating Animals*, Boston, Little Brown, 2009.

FRANCIONE, Gary Lawrence e CHARLTON, Anna, *Eat Like You Care: An Examination of the Morality of Eating Animals*, Newark, Exempla Press, 2013.

GIUSEPI, R. A., «The Development of the Human Race – The Civilizations of the Ancient Near East», *in* Civilizations Past and Present: http://history-world.org/paleolithic1.htm, 2007.

JOY, Melanie, *Why We Love Dogs, Eat Pigs, and Wear Cows: An Introduction to Carnism*, Berkeley, Conari Press, 2011.

NACONECY, Carlos Michelon, Ética & Animais: um Guia de Argumentação F*ilosófica*, Porto Alegre, EDIPUCRS, 2016.

REGAL, Brian, *Human Evolution – A Guide to the Debates – Controversies in science*, Santa Bárbara: Califórnia, ABC-CLIO, 2004.

REGAN, Tom, *The case for Animal Rights*, Oakland, University of California Press, 1985.

REGAN, Tom e SINGER, Peter, *Animal Rights and Human Obligations*, 2.ª ed., Nova Jérsia, Prentice Hall, 1989.

ROLLIN, Bernard E., *Animal rights and human morality*, Nova Iorque, Prometheus Books Publishers, 1981.

SINGER, Peter, *Animal Liberation: A New Ethics for Our Treatment of Animals*, Nova Iorque, New York Random House, 1975.

SINGER, Peter e MASON, James, *The Ethics of What We Eat*, Nova Iorque, Rodale Press, 2006.

O equilíbrio ecológico e as espécies ameaçadas

Rute Saraiva

Faculdade de Direito da Universidade de Lisboa

1. O equilíbrio da Terra numa sociedade tecnológica

Até meados do século XX, a crença no equilíbrio ecológico e na capacidade do planeta de se autocompensar reina praticamente incontestada. No entanto, a visibilidade crescente das externalidades negativas de uma sociedade de risco, com uma degradação ambiental acelerada e global, acorda e anima uma consciência ecológica mais lata do que a perspectiva conservacionista e utilitarista dos finais de oitocentos, alterando a percepção pública quanto ao ambiente e, em particular, quanto à causa animal, pese embora o seu estatuto moral e ético ainda suscite controvérsia.

A aparente sexta vaga de extinção em massa da fauna[1], a primeira por razões humanas associadas à sobreexploração

---

[1] Veja-se CEBALLOSA, Gerardo; EHRLICH, Paul R. e DIRZO, Rodolfo, «Biological annihilation via the ongoing sixth mass extinction signaled by vertebrate

dos recursos e à deterioração dos *habitat*, obriga a uma reflexão transdisciplinar que contemple tanto os factos empiricamente recolhidos e verificados por cientistas, como as preocupações e implicações socioeconómicas e éticas subjacentes.

Nas páginas que se seguem, procura-se averiguar algumas das questões que suscitam a ameaça de extinção da vida animal, mormente do ponto de vista ético, começando pela relação entre espécies e espécimes para avançar para a sua possível dignidade moral e valoração. Depois, atenta-se na delimitação conceptual de ameaça, extinção e irreversibilidade para abordar o fenómeno específico do tráfico animal e, antes de concluir, a problemática da biotecnologia para protecção animal.

2. Espécie *versus* Indivíduo?

2.1. Farão as espécies parte da comunidade moral?

Na discussão em torno da aplicação da ética a espécies ameaçadas, inevitavelmente terá de se começar por indagar da pertença dos animais, em geral e depois em particular, à comunidade moral, num debate que vai da sua concepção mecanicista e instrumental, que vigorou durante séculos, até, no pólo oposto, a uma defesa ecocêntrica construída em redor do reconhecimento de direitos dos animais. Em suma, a eterna dicotomia antropocentrismo/ecocentrismo. Não cabe, no entanto, aqui, retomar e desenvolver esta problemática, assumindo-se que, com base na senciência – isto é, na capacidade

---

population losses and declines, Proceedings of the National Academy of Sciences of the United States of America», 2017; e também Barnosky, A. D. *et al.*, «Has the Earth's Sixth Mass Extinction Already Arrived?», *Nature* 471, 2011: pp. 51–57.

de sentir sofrimento e felicidade –, os animais são membros da comunidade moral. Este critério não se apresenta isento de críticas, até pela incerteza e ignorância científicas quanto à sua validade para certos animais, para não falar do problema prévio do próprio recorte da senciência e da categoria animal. Ademais, reconhecer a dignidade moral dos animais não significa necessariamente que todos tenham o mesmo valor moral, e que os seus direitos e correspectivos deveres por parte do homem sejam iguais. Poderá aceitar-se uma gradação especista, pese embora a «superioridade» senciente não justifique, *per se*, uma superioridade moral.

A aceitação da inclusão animal na comunidade moral é, amiúde, feita a título do indivíduo e não da espécie, abarcando assim um cão ou o elefante Dumbo, e não o *Canis lupus familiaris* (cão) ou o *Elephas maximus* (elefante asiático)[2]. Esta distinção, porém, importa para o tema em análise, pelo que se apresentam, de seguida, os argumentos recorrentes para a exclusão ou integração das espécies no âmbito da dignidade moral.

A favor da exclusão:

i. uma espécie é uma mera categoria taxonómica, abstracta, artificialmente criada pelo homem por questões de sistematização científica e mutável por razões de avanços científicos ou de alterações na própria metodologia, mas também por motivos utilitaristas;
ii. a espécie representa mais do que um agregado de indivíduos, visto que traduz e liga um passado, um presente e um futuro. Trata-se da forma dinâmica de um processo evolutivo duradouro, sendo que respeitar formas de vida mutáveis não significa preservar uma forma

[2] Sandler, Ronald, «The Ethics of Reviving Long Extinct Species», *Conservation Biology* 28/2, 2013: pp. 354-360, 355.

(espécie), mas, quando muito, um processo formativo (especialização). Tanto é mais verdade se atendermos ao facto de que todas as formas de vida e, portanto, todas as espécies, estão interligadas pela evolução;

iii. a constatação empírica de que as espécies existem não determina que estas devam existir enquanto tal. Não se consegue tirar do ser um dever ser;
iv. a espécie, ao contrário do indivíduo, não apresenta nenhuma senciência que justifique um estatuto moral, até pela sua insusceptibilidade de exercício de direitos ou de ser destinatária de deveres de respeito e protecção;
v. a inexistência de um qualquer contrato social com as espécies;
vi. apenas o indivíduo terá um mérito próprio definido independentemente de outrem;
vii. o conceito de bem-estar animal[3], isto é, uma «*espécie de reserva moral face à submissão animal*»[4], dificilmente se aplica a uma categoria, revelando-se conceptualmente inadequado;
viii. no caso de extinção de uma espécie, deixa de haver suporte para qualquer estatuto moral, sobretudo se o seu desaparecimento se dever a causas «naturais», ao contrário do que sucede com o falecimento de um determinado indivíduo.

Em sentido contrário, a favor da integração das espécies no âmbito da dignidade moral:

---

[3] Por todos, ver Araújo, Fernando, *A Hora dos Direitos dos Animais*, Coimbra, Almedina, 2003, pp. 99–104.

[4] Gomes, Carla Amado, «Direito dos Animais: Um Direito Emergente», *Revista Jurídica Luso Brasileira* 2, 2015: pp. 359–380 (375).

i. vários fundamentos acima expostos também poderiam justificar a não dignidade moral dos indivíduos. Afinal, como se conhecem e determinam os interesses e fins prosseguidos individualmente e que devem ser respeitados? Como pode o Dumbo defender os seus direitos ou exigir o cumprimento de deveres?;

ii. a espécie abarca formas de vida e dá azo a indivíduos. Mais, não deixa de integrar indivíduos que podem ser identificados e apontados como sujeitos sencientes;

iii. se a vida for entendida como um puro *conatus* (inclinação inata para continuar a existir e melhorar) – um esforço de ser causa de si própria e de perseverar no seu ser –, então não se pode contentar com uma existência meramente etérea, devendo encarnar numa forma determinada para poder ser pelo menos definida, a saber, as espécies na sua dimensão de forma evolutiva conferidora de uma interpretação e perspectiva únicas sobre a vida. Por outras palavras, o respeito pela vida implica o respeito pelas suas várias formas e, consequentemente, pelas espécies[5];

iv. se aceitarmos a concepção lata de responsabilidade face ao ser, em particular devido a uma reverência pela vida atestada pela sua sacralidade e inviolabilidade, dificilmente se poderá afastar ou minimizar a sua extensão às espécies, até porque estas englobam vidas individuais;

v. será tanto mais verdade quanto mais social for a natureza da espécie e o isolamento do indivíduo lhe proporcionar sofrimento;

vi. com o fim da preservação da própria vida do indivíduo, surge um fim de protecção e conservação da espécie

---

[5] Cohen, Shlomo, The Ethics of De-Extinction, *Nanoethics* 8, 2014: pp. 165–178, 175.

para lá do indivíduo. Na natureza, podem observar-se vários exemplos de (auto-)sacrifício individual em prol do conjunto[6];

vii. o indivíduo não consegue ter uma noção subjectiva dos seus interesses e do seu próprio bem-estar, sendo que, para os avaliar, se usam critérios especistas, até porque os seus interesses, por questões de lógica evolucionária, se tendem a alinhar pelos da espécie;

viii. para que haja a potencial detenção de direitos subjectivos, basta que algo seja no interesse de x, mesmo que x não tenha consciência nem capacidade de assumir e exercer esses mesmos direitos[7]. Mesmo aceitando uma diferença substantiva entre indivíduo e espécie, há actos que envolvem indivíduos que podem beneficiar ou prejudicar a espécie como um todo, influenciando o bem-estar total;

ix. sendo a capacidade da Humanidade de deter direitos, deveres e património um dado adquirido, por que razão, a não ser um preconceito especista, afastar desta susceptibilidade outras espécies?;

x. as normas jurídicas que encerram um mínimo ético, sejam elas nacionais ou internacionais como a Convenção para a Diversidade Biológica (CDB) ou a CITES (Convention on International Trade in Endangered Species of Wild Fauna and Flora), versam sobre espécies (e subespécies)[8]. O direito é do animal enquanto categoria abstracta e não tanto de um animal, ainda que na Lei n.º 92/95, de 12 de Setembro, se ensaie uma tentativa de individualização;

---

[6] Kasperbauer, T. J., Should We Bring Back the Passenger Pigeon? The Ethics of De-Extinction, *Ethics Policy & Environment* 20/1, 2017: pp. 1–14, 8.

[7] Cohen, Shlomo, *op. cit.*, pp. 169–170.

[8] Araújo, Fernando, *op. cit.*, pp. 265–266.

xi estudos[9] indicam, no perfil psicológico humano, uma preferência pela existência de espécies por si mesmas e pelas gerações futuras, reconhecendo-lhes valor intrínseco e existencial, destacadas dos indivíduos e avaliadas em termos de disposição de pagar pela sua preservação.

Sintetizando, a relação entre espécie e indivíduo não se demonstra sempre simbiótica, apresentando tensões. Podem verificar-se factos benéficos para o indivíduo, mas prejudiciais para a espécie ou, ao contrário, prejudiciais para os indivíduos e benéficos para a espécie. Aliás, em torno desta temática, muitas perguntas se levantam não se podendo aqui responder-lhes[10].

2.2. *Um problema de valor?*

O conflito de interesses pode igualmente envolver a espécie humana e espécies animais, colocando a questão de saber se todas têm igual valor e como se define esse valor. Recorde-se apenas a consideração de vários tipos de valor que ajudam não só quanto à gradação do estatuto moral, mas também quanto à análise custo-benefício instrumental e auxiliar no estabelecimento de políticas e normas ambientais e, em particular, na priorização de protecção de espécies ameaçadas e no recurso à biotecnologia[11] para a sua preservação; minimizando, desta maneira, litígios numa alocação de recursos escassos e adequando-se às preferências maioritárias do público.

Deste modo, atente-se:

---

[9] Kasperbauer, T. J., *op. cit.*, pp. 8–9.

[10] Colocando algumas destas questões, Cohen, S., *op. cit.*, p. 172.

[11] Sandler, Ronald, *op. cit.*

i. no valor extrínseco, isto é, no valor atribuído em função da sua utilidade marginal para o homem;
ii. no valor ecológico, isto é, no valor para o ecossistema em que se integra, revelando a dimensão axiológica ambiental subjacente. Em termos de conservação e restauração natural, porém, levanta-se o problema de saber se a intervenção humana diminui o valor ecológico da espécie pela «artificialidade» introduzida pela sua acção directa (por exemplo, a criação em cativeiro) ou indirecta (por exemplo, as proibições legais de caça);
iii. no valor intrínseco, isto é, no valor não instrumental e utilitário para o homem. A sua concepção decorre sobretudo num plano metafísico e se é verdade que, em última análise, a sua ponderação é antropogénica, todavia, na sua essência, não se pretende que seja antropocêntrica, mas, pelo contrário, ecocêntrica;
iv. no valor existencial, isto é, no valor que o homem atribui à espécie por esta existir independentemente do uso que lhe possa dar (valor de não uso) ou de alguma vez a conhecer (valor de uso indirecto). Para o seu cálculo, muitos dos métodos propostos assentam na disponibilidade de pagar, declarada ou revelada, para garantir essa existência, sendo meras estimativas e alvos recorrentes de críticas.

Na prática, longe de qualquer cientificidade pura, na determinação das opções de política conservacionista e ambiental, a determinação antropocêntrica do valor da espécie terá mais que ver com critérios de afinidade, identificação, «maravilhamento» ou de potencial mediático e pedagógico do que com critérios de relevo para o equilíbrio ecológico.

No final, no apuramento de todos estes valores há que não perder de vista o *télos* (fim), ou seja, o que acaba por determinar a unicidade da espécie (a «canidade» do cão) e, no que aqui nos interessa, o valor da sua ameaça ou extinção e o impacto da sua modificação pela biotecnologia, designadamente para efeitos de conservação.

3. Da ameaça-fantasma?

3.1. Animal Armageddon

À beira de um iminente armagedão (ou combate decisivo) animal de fonte antropogénica, importa recortar conceitos e positivações nascidas de uma consciência de ética ambiental e animal e, concludentemente, de um dever de respeito e de reverência pelas espécies (e pelos indivíduos que as constituem).

Em primeiro lugar, reitere-se que, no plano jurídico, a narrativa e pauta de comportamento se debruçam sobre as espécies (ou, até de forma mais ampla, sobre os ecossistemas e o equilíbrio ecológico) mais do que sobre os indivíduos. Veja-se, a título de exemplo, os artigos 3.º, 8.º e 10.º das Bases da Política do Ambiente (BPA), a Lei n.º 19/2014, de 14 de Abril, com referências a equilíbrio biológico, recursos naturais, biodiversidade, fauna e flora. Já a anterior Lei de Bases (LBA), a Lei n.º 11/87, de 7 de Abril, seguia no mesmo caminho. Na CITES, a lógica assenta na protecção de espécies, definidas de modo formal e pouco elucidativo na alínea a) do artigo 1.º, que integra as listas anexas, recebendo os seus espécimes [explanados na alínea b) do artigo 3.º, com remissão para os anexos] um acompanhamento regulatório directo quanto ao seu comércio. Isto significa que se o referencial é a espécie e a protecção dela deriva, então, não apreciando a sua dimensão formal, não se consegue determinar que espécime deverá ser protegido e obrigar a um processo burocrático específico e individual. Na Convenção sobre a Diversidade Biológica (CDB), o discurso centra-se ainda mais na esfera das espécies, contabilizando, no total, mais de uma vintena de vezes o uso da expressão.

Em segundo lugar, note-se que a expressão «ameaça» se faz normalmente seguir nestes diplomas por «extinção» [ex. artigo 2.º, n.º 1 e 2, da CITES, ou 16.º, n.º 3 alínea h), da LBA]. Todavia, deverá distinguir-se «ameaça» de «ameaça de extinção» e ainda de «extinção», uma vez que a primeira é mais lata do que a segunda, pois poderá existir outros tipos de intimidação ou risco, e a segunda não contempla, como a terceira, uma concretização, mas apenas uma potencialidade com probabilidades mais ou menos elevadas de efectivação. «Ameaça» deve igualmente ser diferenciada de «dano», que pressupõe a materialização de um prejuízo, e de «agressão», que assume a substancialização de uma acção danosa e coactiva. Mais do que uma diferença de grau ou de probabilidades, encontra-se uma questão de hiato temporal entre uma promessa de dano e a sua realização. Não deixa de ser curioso, porém, que, ao contrário do que sucede em outras sedes, o legislador não integrou um critério de iminência da ameaça. Com efeito, importaria esclarecer o limite temporal, já que a remissão para um futuro mais ou menos próximo se afigura fundamental para determinar o grau e tipo de ameaça e a resultante priorização da acção interventiva e preventiva. Afinal, qualquer facto ou acto humano pode ter impacto directo ou indirecto no ambiente e no bem-estar animal.

Por extinção, expoente máximo da degradação ambiental e de potencial desequilibrador ecológico, entende-se a inexistência, no presente, de qualquer espécime vivo. Em rigor, em termos científicos, pode refinar-se esta definição ao acolher uma extinção funcional, isto é, a não possibilidade de reprodução sustentável devido à afectação de uma porção significativa da sua diversidade[12]. Por outras palavras, a temática

---

[12] Sobre este tema, veja-se: NELSON, Michael P.; VUCETICH, John A. e

da extinção e da ameaça de extinção remete para a problemática da irreversibilidade[13], que vem preocupando e dividindo os ambientalistas, num contexto de incerteza e risco, quanto ao tipo e intensidade de acção a tomar precaucionariamente[14]. A dimensão da irreversibilidade encontra-se prevista em alguns instrumentos internacionais, como no Princípio 15 da Declaração do Rio, na CDB (ponto 9 do Preâmbulo) ou no artigo 3.º, n.º 3, da Convenção Quadro das Nações Unidas sobre as Alterações Climáticas, que parece consagrar um «princípio da precaução de danos irreversíveis»[15]. Note-se, todavia, a confusão entre três conceitos diferentes: o risco de irreversibilidade, o patamar de irreversibilidade e a irreversibilidade como um resultado consumado[16]. Ora, salvo raras excepções, a incerteza latente impossibilita a confirmação da irreversibilidade de facto, até devido à indeterminação do desenvolvimento tecnológico e à ignorância científica quanto ao inventário completo de todas as espécies e da sua classificação.

Phillips, Michael K., Normativity and the Meaning of *Endangered*: Response to Waples *et al.*, 2007, *Conservation Biology* 21/6, 2007: pp. 1646–1648.

[13] Retoma-se aqui Saraiva, Rute, *A Herança de Quioto em Clima de Incerteza: Análise Jurídico-Económica do Mercado de Emissões num Quadro de Desenvolvimento Sustentado*, Tese de Doutoramento, Lisboa, FDUL, 2009, pp. 161–162.

[14] Weitzman, Martin L., *Structural Uncertainty and the Value of Statistical Life in the Economics of Catastrophic Climate Change*, NBER Working Paper n.º W13490, 2007.

[15] Sunstein, Cass R., *Two Conceptions of Irreversible Environmental Harm*, The University of Chicago, The Law School, John M. Olin Law & Economics Working Paper n.º 407, 2008, 2, 12.

[16] Saraiva, Rute, *A Aposta no Desenvolvimento Sustentado. Breve Perspectiva, em especial no Âmbito do Direito Internacional*, Tese de Mestrado, Lisboa, FDUL, 2001, p. 89; Lavieille, Jean-Marc, *Droit International de l'Environnement*, [*s.l.*], Ellipses, 1998, p. 47.

São possíveis duas interpretações sobre a irreversibilidade[17]: por um lado, uma leitura operativa característica da economia ambiental, associada à manutenção de um valor de opção; por outro, um entendimento ético de incomensurabilidade qualitativa. No primeiro caso, recuperando Arrow e Fisher[18], sugere-se que «os benefícios esperados de uma decisão irreversível devem ser ajustados para reflectir a perda de opções que daí resulta»[19]. Isto é, mais esforços devem ser desenvolvidos na prevenção de danos irreversíveis: no confronto entre a possibilidade de irreversibilidade ou de reversibilidade e na hipótese de o decisor político não estar certo dos benefícios e custos da precaução, a ponderação de um valor de opção permite manter alguma flexibilidade futura à medida que o conhecimento aumenta através do pagamento de um «prémio de irreversibilidade» (evitar danos irrecuperáveis)[20]. Embora cativante, esta interpretação de pré-compromisso[21] envolve alguns problemas. A intervenção pronta pode fomentar o risco moral e uma apatia crescente em relação a passos futuros e pode gerar desequilíbrios quiçá irreversíveis. Num contexto de escassez, a alocação de recursos para garantir um valor de opção implica a não satisfação de uma outra necessidade, nomeadamente

---

[17] SUNSTEIN, Cass R., *op. cit.*; SUNSTEIN, Cass R., *Irreversible or Catastrophic*, The University of Chicago, The Law School, Public Law and Legal Theory Working Paper n.º 88, Abril ou AEI-Brookings Joint Center Working Paper n.º 05–04, Março de 2005.

[18] ARROW, Kenneth J. e FISHER, Anthony C., Environmental Preservation, Uncertainty and Irreversibility, *Quarterly Journal of Economics* LXXXVIII, 1974: pp. 312–319.

[19] *Idem, ibidem*, p. 319.

[20] SUNSTEIN, Cass R. (2008), pp. 9-10; WEISS, Charles, Scientific Uncertainty and Science-Based Precautions, *International Environmental Agreements: Politics, Law and Economics* 3, 2003: pp. 137–166, 138; FISHER, Anthony C., *Uncertainty, Irreversibility, and the Timing of Climate Policy*, Paper, 2001, p. 9.

[21] SUNSTEIN, Cass R. (2008), pp. 23–24 e (2005), p. 25.

presente, constituindo um custo irreversível[22]. A irreversibilidade é, portanto, bilateral. Assim, pode manifestar-se uma tensão quanto à justiça intergeracional e intrageracional. Assumindo que o dever ético deve, em primeiro lugar, ser assumido perante a geração actual, prefere-se menos intervenção em nome do futuro e mais investimento no presente, procurando, deste modo, responsabilizar cada geração pelas suas opções e acautelar, em primeira linha, a flexibilidade presente – até porque a relação entre a reversibilidade e a irreversibilidade é linear em termos cronológicos. A decisão deve ser casuística e ponderada.

A irreversibilidade ecológica prende-se, de forma simples, com o carácter definitivo da destruição de um bem ou serviço ambiental, ou seja, com a impossibilidade ou elevada onerosidade da sua restauração, o que, num cenário catastrófico, se traduz no comprometimento da renovabilidade ecológica. Nesta linha, e em sentido mais estrito[23], refere-se à perda irreparável de um elemento qualitativo único ou infungível que não pode ser compensado, nem natural nem pecuniariamente, num alinhamento com a aceitação da sustentabilidade forte, se se aceitar a unicidade de todo e cada um dos bens ambientais, e da sustentabilidade fraca, se apenas se considerarem alguns bens como fundamentais. Este entendimento, muito pouco operativo, recorda a incomensurabilidade da lesão, apontando para o valor intrínseco do bem perdido e para a importância do seu cálculo. Resumindo, o seu recorte e posterior avaliação obrigam a uma abordagem transdisciplinar e a uma ponderação informada de interesses multidimensionais.

Não deixa de ser significativo que legalmente se tenda a não definir o que se entende por espécies ameaçadas, com a

---

[22] Sunstein, Cass R. (2008), p. 10 e ss. e (2005), p. 21 e ss.

[23] Sunstein, Cass R. (2008), pp. 17–19.

sua delimitação a ser feita, na CITES, através de remissões para anexos que as listam de acordo com o grau de risco de extinção, e cuja revisão é facilitada, constatando-se uma preferência por mamíferos, sobretudo com características de «maravilhamento», mesmo que o seu valor ecológico e grau de ameaça sejam inferiores aos de outros. Ou seja, factores não apenas científicos influenciam o seu valor, classificação e protecção.

3.2. The Freshman*: o tráfico de animais*

Várias são as causas antropogénicas do armagedão animal anunciado. A principal razão reside na natureza de recurso comum dos principais animais afectados (não domesticados) que, devido à ausência de direitos de apropriação definidos e à conjugação de liberdade de acesso e de rivalidade no uso, provocam o sobreaproveitamento e a subprodução destes bens e, consequentemente, a denominada tragédia dos baldios, com a sua extinção.

Sublinhe-se, contudo, que a inexistência de direitos de apropriação e a tendência trágica não significam a ausência de valor. Pelo contrário, a raridade de uma espécie pode aumentar significativamente o seu valor económico, fomentando a sua comercialização e, no caso de imposição de regras apertadas para a sua concretização, estimular situações de tráfico ilegal. O reconhecimento do seu valor económico ajuda a explicar a razão pela qual a CITES, numa aplicação especista, não envereda por evitar o tráfico, mas antes por o regular[24].

É verdade que o preço elevado deveria promover a diminuição da procura e a tentação de garantir um maior número

---

[24] Sollund, Ragnhild, Animal Trafficking and Trade: Abuse and Species Injustice, *Emerging Issues in Green Criminology*, 2013, p. 73.

de exemplares para aumentar a renda dos traficantes, diligenciando, deste modo, alguma iniciativa de conservação e de regeneração. Todavia, vários factores contribuem para a depredação das espécies e dos últimos espécimes existentes. Estes não se encaixam na lei da procura, visto constituírem verdadeiros bens de ostentação. Mais, no mercado negro potenciado por instrumentos jurídicos restritivos, o preço elevado deve-se, em boa parte, mais à margem de lucro e de risco somada pelos intermediários ilegais do que ao valor de uso aos olhos dos contrabandistas que os facilitam, capturam e/ou criam em cativeiro. Tal implica que o acréscimo de valorização na rede paralela não se repercuta no ponto de origem e, portanto, não motive a conservação e regeneração das espécies afectadas, e que gere situações de logro. Por último, a comparação entre os custos de conservação e de regeneração (que poderiam, como investimentos, gerar rendimentos futuros) e os custos (presentes) de abdicar da captura e comercialização conduz, face a uma enviesada preferência pelo presente, à escolha da segunda opção.

O tráfico – que acaba por colocar em causa o equilíbrio ecológico e o bem-estar das espécies e dos indivíduos que as compõem, em benefício de alguns humanos que os querem como animais de companhia de luxo – revela, no fundo, uma discrepância em favor destes últimos, entre a sua disposição de pagar individual pela ostentação dos espécimes raros e a disposição de pagar social pela sua conservação e regeneração. Porém, não deixa de parecer paradoxal que, amiúde, e apesar dos custos significativos na sua obtenção, os proprietários acabem por os libertar em ambientes não nativos, porque já cumpriram a sua função de exibição, se tornaram demasiado onerosos ou porque pretendem ver-se livres de uma prova incriminadora. A sua libertação, em oposição ao que poderia pensar-se, pode atentar contra a sua dignidade, causando-lhes sofrimento por os confrontar com um *habitat* inadequado. Da mesma forma, a sua introdução fora do seu ecossistema de origem pode prejudicar as espécies autóctones, em especial se a espécie nova for de natureza invasiva. Planear a sua correcta reintrodução ambiental é, portanto, fundamental em termos ecológicos; mas também em termos éticos, para a garantia de equilíbrio e de vidas que merecem ser vividas, respeitando-se a sua existência e *télos*.

Acrescente-se que mesmo a comercialização legal destas espécies ameaçadas de extinção para zoológicos ou equivalentes pode, também ela, vir a constituir uma violação da justiça ambiental, mesmo se levada a cabo com o propósito de preservação. Se a entrega dos últimos exemplares a zoos para os preservar parece colocar em primeiro lugar o estatuto moral da espécie em detrimento do indivíduo, no final também aquela é prejudicada, pois teve de se desenraizar e abdicar do seu *habitat* e de vários dos seus interesses e fins intrínsecos. Ou seja, apesar de na perspectiva da espécie lhe ser feita justiça com a salvaguarda da sua continuidade, não deixa de se verificar injustiça no plano ambiental, e não deixa de se suscitar a questão de saber se pode haver justiça de espécie à custa de espécimes[25].

3.3. Do Jurassic Park *ao* Clone Wars*: a biotecnologia e a conservação*

Os actuais avanços científicos e tecnológicos no plano da biotecnologia permitem antecipar algumas novas questões éticas em torno das espécies ameaçadas e até extintas, revisitando a temática da irreversibilidade.

Passos significativos vêm sendo dados na modificação genética e na clonagem, antecipando a possibilidade de expe-

---

[25] *Idem, ibidem*, p. 87.

rienciarmos feitos até agora do foro da ficção científica, como a ressurreição de espécies extintas.

Brevemente, os possíveis métodos de preservação e de de-extinção consistem em:

i. Criação selectiva;
ii. Engenharia genética;
iii. Clonagem.

Ora, o seu recurso suscita questões éticas relevantes. Afinal, não parece que a sua aplicação a chitas, mamutes ou neandertais deva ser equivalente[26].

Como argumentos contra a biotecnologia invocam-se[27]:

i. o carácter artificial da intervenção humana na manutenção e recuperação da espécie, por oposição ao processo natural do balanço da Terra;
ii. o fazer de Deus, ou seja, o excesso de arrogância humana na sua intervenção sobre o ambiente e sobre as outras formas de vida, que se traduz na sobrestimação por parte dos cientistas das suas capacidades, e no tratamento sintomático;
iii. como estabelecer por motivos de justiça restaurativa a responsabilidade de recuperação animal ao homem,

---

[26] COTTRELL, Sariah; JENSEN, Jamie L. e PECK, Steven L., Resuscitation and Resurrection: The Ethics of Cloning Cheetahs, Mammoths, and Neanderthals, *Life Sciences, Society and Policy* 10/3, 2014: pp. 1–17.

[27] Esgrimindo os argumentos que aqui se repescam: COTTRELL, Sariah; JENSEN, Jamie L. e PECK, Steven L., *op. cit.*; COHEN, Shlomo, *op. cit.*; KASPERBAUER, T. J., op. cit; FIESTER, Autumn, Ethical Issue in Animal Cloning, *Perspectives in Biology and Medicine* 48/3, 2005: pp. 328–343; JORGENSEN, Dolly, Reintroduction and De-Extinction, *Bioscience* 63/9, 2013: pp. 719–720; STRAUGHAN, Roger, *Ethics, Morality and Animal Biotechnology*, Swindon, Biotechnology and Biological Science Research Council, 1998; SANDLER, Ronald, The Ethics of Reviving Long Extinct Species, *Conservation Biology* 28/2, 2013: pp. 354–360.

em particular através do recurso à melhor tecnologia existente, quanto a formas de vida extintas e individualmente irrecuperáveis, e quando provavelmente já não estão vivos os que causaram a ameaça ou a extinção?;

iv. algumas das tecnologias existentes causam sofrimento físico, psicológico e emocional aos indivíduos[28]. Pode além do mais referir-se, na hipótese da de-extinção, a solidão imposta aos indivíduos «ressuscitados»;

v. a biotecnologia levanta riscos para o ambiente e para a saúde humana, devendo, numa lógica precaucionária, ser suspensa enquanto houver incerteza científica;

vi. a comodificação (ou tratamento em massa como mercadoria) dos indivíduos que são encarados apenas numa perspectiva instrumental, tanto na óptica da investigação científica como da recuperação das espécies e do equilíbrio ecológico;

vii. face à escassez de fundos para a conservação e protecção ambientais, a sua alocação, mesmo que parcial, para o desenvolvimento de tecnologias mais onerosas, desvia recursos e inviabiliza acções tradicionais, com custos ambientais, e animais, elevados, gerando um problema de justiça distributiva, sobretudo se estiverem em causa dinheiros públicos;

viii. o conhecimento da existência da biotecnologia e do seu potencial em matéria de conservação e regeneração pode induzir a um desinvestimento actual na protecção e conservação ambiental por se saber que tudo passa a ser reversível.

Como contra-argumentos, a favor da intervenção biotecnológica:

[28] Fiester, A., *op. cit.*, pp. 331–332.

i. a delimitação das espécies, além de ser ela própria artificial, é algo difusa. Também na natureza ocorrem fenómenos de hibridização genética interespécie, que, aliás, integram o próprio processo evolutivo. Ademais, desde tempos imemoriais que se vem, quer na agricultura, quer quanto aos animais de companhia, misturando o material genético sem que se venham levantando objecções éticas, da mesma forma que hoje vem sendo aceite o seu uso no plano biomédico[29];
ii. empiricamente, verifica-se que, devidamente monitorados e balizados, sobretudo no plano ético, os cientistas têm conseguido lidar de forma adequada com os riscos ambientais. Certas pesquisas e desenvolvimento tecnológicos podem, na verdade, apresentar uma vertente altruísta e ecocêntrica;
iii. a concretização dos imperativos de uma justiça restitutória não torna necessário que os verdadeiros implicados paguem a sua dívida. A compensação poderá ser levada a cabo pela humanidade como um todo e em relação a um equilíbrio ecológico global ou a uma espécie que, por acção antropogénica, desapareceu ou está em risco. Em termos éticos, essa responsabilidade deverá ser primeiro para com as espécies ameaçadas e depois para com as extintas, ponderando, neste último caso, o grau da culpa humana e o tempo decorrido[30]. Por outro lado, a compensação restaurativa poderá passar por reconhecer os erros passados e assegurar a correcção adequada dos comportamentos futuros, visto que

---

[29] Tentando distinguir natural de artificial, COHEN, Shlomo, pp. 166–168, alertando para um paradoxo: é necessária a intervenção humana para garantir a naturalidade do ambiente, que, porém, só tem valor intrínseco se for autónomo.

[30] SANDLER, Ronald, p. 359.

o dever de respeito não nasce de novo com a extinção, mas é um contínuo;

iv. o sofrimento individual causado serve um objectivo maior, pelo que numa perspectiva utilitarista e consequencialista se justifica. Além disso, qualquer argumento relativo ao bem-estar animal tem de ter por referência o patamar que hoje se aceita eticamente para a experimentação animal ou utilização agrária e económica[31];

v. os avanços biotecnológicos podem beneficiar o bem-estar humano e ambiental, por permitirem encontrar soluções que minimizem o sofrimento e que ajudem a construir vidas que merecem ser vividas. Equacionando a moral aceite actualmente, apenas no caso de os custos impostos aos espécimes serem superiores aos benefícios humanos e/ou de outras espécies mais valorizadas se enfrentará um comportamento não ético. Quanto à questão da libertação, o problema será igualmente reduzido se forem atendidas e aplicadas analogicamente as orientações que se encontram estabelecidas quanto à reintrodução no âmbito da UICN (União Internacional para a Conservação da Natureza)[32];

vi. a biotecnologia sublinha o valor ético atribuído aos indivíduos, assim como às várias espécies. A atribuição de valor não significa, porém, que, numa lógica especista, todos tenham a mesma dignidade moral;

vii. muitos dos fundos utilizados no desenvolvimento biotecnológico são privados e dificilmente seriam alocados

---

[31] No entanto, modificações genéticas que até possam diminuir o sofrimento, como a criação de animais acéfalos ou com a síndrome de Riley-Day, levantam questões éticas mais delicadas, em especial atendendo ao desrespeito da dignidade animal e do *télos*.

[32] KASPERBAUER, T. J., p. 4.

a outros projectos, pois são atraídos pela sua espectacularidade e inovação, assim como pela sinalização que o investimento poderá dar ao mercado ou pelo prazer de ter um determinado indivíduo;

viii. face aos altos custos da biotecnologia e ao seu estado de desenvolvimento, não parece que, pelo menos num horizonte temporal próximo, se suscite uma questão de risco moral.

Concluindo, não pode classificar-se a biotecnologia como não ética sem uma análise casuística e contextualizada, social e temporalmente.

4. Uma aliança entre Ciência e Ética em prol do equilíbrio ecológico

A avaliação da ameaça e da extinção de espécies animais e dos meios para as controlar passa pela contribuição científica que identifica e quantifica os riscos e os impactos ambientais, determina a exequibilidade técnica da preservação e regeneração, e estima os seus impactos, custos e benefícios. No entanto, se se pretende uma cidadania informada e participativa, consciente dos desafios enfrentados, não basta a narrativa científica, amiúde imperceptível para os leigos. Para que a comunidade aceite a demanda ambiental e animal, além de ser necessário «mastigar» os dados, importa esclarecer as baias do comportamento a adoptar, para assegurar o sucesso da causa. A ética desempenha aqui um papel fundamental. Afinal, os cientistas não só erram, como, apesar de todo o seu conhecimento, não são senhores da verdade.

Em suma, nenhum desenvolvimento científico-tecnológico, só por existir, está isento de um juízo ético. Os cientistas devem perguntar-se «devo fazer isto?» em vez de «posso fazer isto?».

Leituras recomendadas

Araújo, Fernando, *A Hora dos Direitos dos Animais*, Coimbra, Almedina, 2003.

Cohen, Shlomo, The Ethics of De-Extinction, *Nanoethics* 8, 2014: pp. 165–178. doi: 10.1007/s11569-014-0201-2.

Cottrell, Sariah; Jensen, Jamie L. e Peck, Steven L., Resuscitation and Resurrection: The Ethics of Cloning Cheetahs, Mammoths, and Neanderthals, *Life Sciences, Society and Policy* 10/3, 2014: pp. 1–17. doi: 10.1186/2195-7819-10-3.

Fiester, Autumn, Ethical Issue in Animal Cloning, *Perspectives in Biology and Medicine* 48/3, 2005: pp. 328–343.

Kasperbauer, T. J., Should We Bring Back the Passenger Pigeon? The Ethics of De-Extinction, *Ethics Policy & Environment* 20/1, 2017: pp. 1–14. doi: 10.1080/21550085.2017.1291831.

Rolston III, Holmes, Duties to Endangered Species, *Bioscience* 35/11, 1985: pp. 718–729.

Sandler, Ronald, The Ethics of Reviving Long Extinct Species, *Conservation Biology* 28/2, 2013: pp. 354–360. doi: 10.1111/cobi.12198.

Sollund, Ragnhild, Animal Trafficking and Trade: Abuse and Species Injustice, *Emerging Issues in Green Criminology*, 2013: pp. 72–92. doi: 10.1057/9781137273994_5.

Uma ética clínica na veterinária

Lisa Mestrinho

CIISA, Departamento de Clínica da Faculdade de Medicina Veterinária da Universidade de Lisboa

Ricardo R. Santos

Centro de Bioética da Faculdade de Medicina da Universidade de Lisboa

Uns procuram ramas de ouro. Outros, filões de púrpura unindo sono a sono. Há quem estenda os dedos para tocar as queimaduras no escuro. Há quem seja terrestre.

HERBERTO HELDER, *Flash* (1980)

A nossa relação com os nossos animais de companhia mudou. Porventura, ainda não nos demos conta dessa mudança. Talvez a distância seja ainda demasiado curta para a vermos com um mínimo de clareza. Mas a verdade é que os sinais pululam e não é necessário grande esforço para acusarmos a sua existência.

Talvez não nos tenhamos apercebido de que um cão deixou de ser um cão, embora continue a ser um cão. De facto, entre a casota do quintal do «dono» e a cama do quarto do «tutor» há uma pletora relacional, com implicações práticas no modo como cuidamos dos nossos animais de companhia, em particular no que diz respeito à sua saúde. A este propósito, um estudo[1] realizado nos Estados Unidos da América observou que existiam três categorias relacionais entre as pessoas e os seus animais: donos (*owners*), tutores (*guardians*) e donos-tutores (*owner-guardians*). Embora esta categorização seja evidentemente artificial, ela expõe a existência de uma continuidade, e não de uma ruptura, na forma como representamos e valorizamos os nossos animais de companhia, com implicações reais e muito concretas no modo como exercemos o nosso poder, mais ou menos responsável, em relação aos cuidados de saúde que lhes são prestados.

Esta mudança de estatuto, que teve início muito aquém e vai muito além de uma mudança na letra da lei, obrigou a que o sistema de prestação de serviços veterinários se renovasse e se transformasse em todas as suas dimensões (lugares, equipa, equipamentos, serviços, relação com o cliente, etc.). A medicina veterinária, na sua vertente de clínica dos animais de companhia, já não é o que era. Hoje, o veterinário é um clínico; hoje, o dono é um tutor; hoje, o animal é um doente.

No presente capítulo, iremos dar especial atenção à recente construção de uma relação clínica que, neste contexto, à semelhança da pediatria, é necessariamente triádica (veterinário-animal-cliente). Iremos também dar conta do modo como o sofrimento, a dor e a morte, a par da complexidade das

---

[1] Cf. Carlisle-Frank, P. e Frank, J. M., Owners, guardians, and owner-guardians: Differing relationships with pets, *Anthrozoös* 19, 2006: pp. 225–242. doi: 10.2752/089279306785415574.

decisões clínicas cada vez mais deliberativas, começaram a ser problematizados como questões éticas e não apenas técnicas, e das múltiplas dificuldades em lidar com estes tipos de questões na trama complexa da relação clínica. Veremos ainda como, além das muitas fragilidades que possamos identificar, além das ideologias e das utopias, que coexistem e persistem, e além também dos radicalismos devaneadores impróprios, o que se apresenta, o que se impõe, o que nos interpela, enfim, o que é real, é o caso concreto, é o caso clínico, e, portanto, a necessidade de uma decisão concreta, de uma decisão clínica. Dito de outro modo, veremos como, no fim de muitas conjecturas e de portentosos discursos, de eloquentes demonstrações de um pensamento lógico impecável e da proclamação de gloriosos e finos tratados de ética e de leis escritas dentro de palácios, por mais necessário que tudo isto seja, a verdade insofismável, sem alternativa, sem reservas, é que, perante o caso concreto, é ainda preciso «quem estenda os dedos para tocar as queimaduras no escuro», é ainda preciso «quem seja terrestre».

1. Medicina veterinária: ventos de mudança

A evolução da medicina veterinária, nas últimas décadas, tem sido pujante e notável: não apenas o número de clínicas e hospitais veterinários tem vindo a aumentar rapidamente, como também a variedade de serviços disponibilizados é esfuziante. De facto, o apetrechamento desses lugares e os serviços ali prestados podem funcionar como um bom aferidor do estado actual da clínica dos animais de companhia. Há duas décadas, dispor de um aparelho de raio-x não estava ao alcance de qualquer clínica; hoje, além de ser comum, é digital. Aliás, do ponto de vista do *marketing*, deixou de ser interessante a adopção de estratégias de captação de novos clientes que passem pelo anúncio de raio-x. Hoje, estamos já na fase da tomografia e da ressonância magnética. Todavia, não é só ao nível dos meios de diagnóstico, em particular os imagiológicos, que se nota a evolução da medicina veterinária, mas também no domínio terapêutico. A área da oncologia é, porventura, aquela que denota o modo como a clínica dos animais de companhia tem passado por grandes transformações. Hoje, tanto ao nível do diagnóstico como do tratamento oncológico – com especial destaque para a aplicação de protocolos quimioterápicos ou intervenções cirúrgicas em tudo semelhantes às que são usadas no tratamento de humanos –, observa-se, por um lado, uma maior competência, por parte dos profissionais de saúde animal, para diagnosticarem *mais* e *melhor* e, portanto, tratarem *mais* e *melhor*; e, por outro, também uma maior disponibilidade, por parte dos clientes, tanto ao nível financeiro como emocional, para investirem em abordagens mais complexas e agressivas (por exemplo, a remoção cirúrgica de um membro ou de tumores intracranianos, ou da maxila/mandíbula, ou do nariz) e/ou em tratamentos paliativos. Com efeito, não há dúvida acerca da expansão da clínica dos animais de companhia, à qual os mercados têm estado muito atentos. Começam a surgir, em Portugal, os primeiros grupos empresariais nesta área, adquirindo clínicas aqui, hospitais ali, assim reconhecendo, muito provavelmente, nesta área de negócio um potencial de rendibilidade. O mesmo é válido para o investimento que a indústria dos seguros tem vindo a fazer, oferecendo não apenas planos com coberturas, vantagens, benefícios e descontos, mas também o acesso a um conjunto de serviços de conveniência.

2. Médico veterinário: de «polícia sanitário» a «clínico»

A primeira escola de medicina veterinária surge no século XVIII, em Lyon, durante o reinado de Luís XV, *o Bem-Amado.*

Impulsionada em grande parte por Claude Bourgelat, é dedicada sobretudo ao cavalo, um animal pelo qual Bourgelat tinha uma profunda admiração e interesse pessoais, e sobre o qual tinha já escrito, em 1747, um notável tratado intitulado *Le Nouveau Newcastle*.

Historicamente, a medicina veterinária começa assim por ser uma arte quase exclusivamente centrada no cavalo, em grande parte devido à sua importância no contexto militar. Um pouco mais tarde, haveria de abranger também as espécies pecuárias, depois o cão e, finalmente, os outros animais de companhia, incluindo os animais exóticos e selvagens. Em Portugal, a criação de uma escola de medicina veterinária, em 1830, justamente designada de Real Escola Veterinária Militar, e da qual é herdeira a actual Faculdade de Medicina Veterinária da Universidade de Lisboa, atesta bem a missão prioritária da veterinária daquele tempo, isto é, a «*conservação e criação de toda a espécie de gado cavalar, vacum e lanígero*»[2] – competências que viriam a constar no *Regulamento geral de saude pecuaria, policia hygienica e sanitaria dos animais*, de 1889, precedido de uma organização dos serviços pecuários realizada em 1886. Neste regulamento, o veterinário é, acima de tudo, um funcionário que integra os serviços de polícia sanitária animal, tratando-se, portanto, de um técnico que tem o dever superior de policiar a saúde dos animais, de modo a prevenir o contágio de certas doenças dos animais para as pessoas. Quer isto dizer que o veterinário se encontra, neste contexto, subjugado, quase em absoluto, ao primado da saúde pública. Curiosamente, neste mesmo regulamento surge um capítulo dedicado à raiva, enquanto «moléstia contagiosa» de cariz especial, em que se

---

[2] Cf. Preâmbulo dos Estatutos da Faculdade de Medicina Veterinária da Universidade de Lisboa, publicados em *Diário da República* n.º 216/2013, 1.º suplemento, série II, de 7 de Novembro.

evidencia que «*incumbe a qualquer auctoridade administrativa ou de policia mandar abater todo o animal, seja qual for a sua especie, que se damnar, ou o carnivoro domestico mordido por cão damnado, sem que seja licito, sob qualquer pretexto, adiar a execução d'esta providencia sanitaria*»[3]. O cão entra, então, no âmbito da medicina veterinária, não como um fim em si mesmo, ou seja, como doente, mas como um risco potencial para a saúde pública, isto é, como doença. A luta contra a raiva animal constituía-se, assim, como um meio para atingir um fim, isto é, a profilaxia da raiva humana.

É justamente com este propósito que é decretada, em 1925, a obrigatoriedade da vacinação anti-rábica dos cães, em supremo benefício público e com o objectivo prático de estabelecer, ao nível municipal, um conveniente regime de polícia relativa aos cães. Sessenta anos depois, o Programa Nacional de Luta e Vigilância Epidemiológica da Raiva, cujo sucesso é hoje inegável, veio actualizar e inovar as medidas sanitárias dispersas em sucessivos diplomas publicados nas últimas décadas, mas manteve intacto o princípio subjacente à sua pertinência: vacinar obrigatoriamente os cães e também os gatos contra a raiva para prevenir o contágio de humanos. É até hoje a única vacina obrigatória, não para benefício exclusivo da saúde do animal, mas para benefício prioritário da saúde pública. Com efeito, todas as vacinas para benefício exclusivo da saúde do cão ou do gato são, em bom rigor, opcionais e a decisão de vacinar ou não vacinar depende da consciência de cada um. Contudo, embora o programa referido vise sobretudo constituir uma medida importante na prevenção de acções que podem facilitar a propagação da raiva, nomeadamente através da fixação de um quadro contra-ordenacional relativo ao aban-

---

[3] Cf. *Regulamento geral de saude pecuaria, policia hygienica e sanitaria dos animais*, publicado em 7 de Fevereiro de 1889, Capítulo XVIII, Artigo 90.°, p. 59.

dono voluntário de cães e gatos, menciona tratar-se de uma medida que visa também assegurar a protecção dos animais contra os maus-tratos.

Eis-nos, então, diante de um sinal ténue de que algo estava a mudar. Ainda assim, no campo da clínica dos animais de companhia, o veterinário assume o papel de «polícia sanitário», devendo sobretudo conformar a saúde dos animais com os preceitos legais impostos pelos princípios fundamentais da saúde pública. No limite, o veterinário actua como uma espécie de «polícia transfronteiriço», que tem por dever garantir que determinadas doenças não cruzem a «fronteira» entre o animal e o humano. Por conseguinte, vacinar contra a raiva e desparasitar acabariam por dominar a rotina de grande parte dos veterinários.

3. A construção de uma relação clínica

No domínio da clínica dos animais de companhia, uma das grandes implicações da transformação do estatuto do cão de «animal» em «familiar» foi justamente a emergência de uma «nova» medicina veterinária. Esta é, em primeiro lugar, uma medicina que não circunscreve o seu domínio de actuação às doenças zoonóticas (isto é, doenças infecciosas dos animais que podem ser transmitidas aos humanos), nem tão-pouco às doenças, mas que promove a saúde do doente e a prevenção da doença e investe cada vez mais nelas. Mais do que prevenir eventuais surtos epidémicos que possam constituir uma ameaça para a saúde pública, começa também a preocupar-se com a prevenção de doenças que afectam exclusivamente os animais.

Em segundo lugar, é uma medicina que se confronta com um novo quadro nosológico (estudo, descrição e classificação das doenças). De facto, o processo de familiarização dos animais de companhia implicou um custo para a sua própria saúde. Expostos a novos factores de risco, ambientais (entre os quais o fumo do tabaco e a poluição citadina parecem ser os mais relevantes) e de hábitos (sedentarização), passam a sofrer de um conjunto de doenças causadas por este novo estilo de vida «familiar» (por exemplo, a prevalência da diabetes e da obesidade na população canina e felina torna-se problemática). Neste contexto, as doenças crónicas ganham expressão, cada vez mais, e desafiam a medicina veterinária e a própria indústria farmacêutica a investigarem e a desenvolverem novas moléculas, novos equipamentos de diagnóstico, novas terapêuticas.

Em terceiro lugar, é o próprio conceito de veterinário que se transforma. Embora as universidades mantenham os cursos de medicina veterinária com um perfil multissectorial – mantendo-se assim surdas e cegas à mudança dos tempos que acontece, com estrondo, do outro lado do muro da academia –, a verdade é que o veterinário deixou de ser apenas um «funcionário» ao serviço de uma polícia sanitária, tendo como núcleo da sua preocupação a saúde pública, e passou a ser um «clínico», que tem como preocupação central a saúde do seu doente.

Em quarto lugar, verifica-se que a medicina veterinária se especializa, sendo o corpo de conhecimentos de tal forma portentoso que torna difícil a sobrevivência solitária do veterinário generalista. Eis que surgem os oncologistas veterinários, os cardiologistas veterinários, os patologistas veterinários, os oftalmologistas veterinários, os dermatologistas veterinários, etc. Neste movimento de especialização, o veterinário sabe cada vez mais sobre cada vez menos. Por isso, a eficácia de uma qualquer intervenção passa a depender, em grande parte, de uma equipa, envolvendo não apenas veterinários, especialistas e não-especialistas, mas também enfermeiros veterinários, auxiliares e técnicos, e também da forma como ela é capaz de funcionar de um modo cooperativo e interdisciplinar.

Em quinto lugar, sublinha-se que à medida que a medicina veterinária se ramifica em múltiplas especialidades, também os lugares onde esses serviços são prestados se reorganizam. Passámos, pois, do pequeno consultório para o lugar amplo e metodicamente compartimentado de um hospital veterinário, com uma arquitectura muito peculiar. Digamos que não foi apenas a medicina veterinária que se especializou, que progrediu, mas foram também os lugares onde ela se pratica que se especializaram, que se reinventaram.

Em sexto e último lugar, considera-se a relação veterinário-cliente, muito provavelmente a dimensão de maior ambiguidade, mas também a mais interessante. Se, num primeiro momento, o veterinário é confrontado com um cliente que considera o seu animal de companhia *doméstico*, num segundo momento, ele é confrontado com um novo género de cliente que passa a considerar o seu animal um *membro da família*. As diferenças entre ambos são extraordinárias. No primeiro caso, a relação veterinário-cliente é presidida por um interesse que é exterior ao interesse do animal. Aqui, o animal, enquanto animal que é, vale pouco. O cliente, que é o dono, faz depender os cuidados médicos – leia-se, *conformidades sanitárias* – do valor que aquele determinado animal tem para si. E, note-se, pode ser um valor puramente afectivo (cão de infância, gato da avó, cão do pai que faleceu, etc.) ou um valor económico (cão de reprodução, gato de exposição, etc.). A sua relação com o seu animal é, neste sentido, uma relação essencialmente despótica (no seu sentido original, o déspota[4] – do

[4] Embora o termo tenha ganho, actualmente, uma conotação negativa, a verdade é que, no seu sentido original, o «senhor» considerava os seus «escravos domésticos», ou «criados», como fazendo parte da família.

grego antigo *despótes* – é justamente aquele que é «senhor», «amo», «dono da casa», «patrão»), ou seja, uma relação que tem como prioridade o benefício do dono e não do animal. Por conseguinte, a actuação do veterinário depende mais da necessidade do cliente – que funciona aqui como uma espécie de «senhor» – e menos da necessidade do animal. Não é que o primeiro obedeça de um modo cego à vontade do segundo, mas a verdade é que um qualquer acto veterinário depende sempre do consentimento do cliente. Além do mais, o veterinário não dispõe de um quadro legal que funcione como seu aliado, podendo valer-se tão-somente da força da lei no que diz respeito à vacinação anti-rábica, pelas razões evocadas, e de um código deontológico que, a este respeito, se revela inútil e inconsequente.

Entanto, no segundo caso, a relação veterinário-cliente transforma-se numa relação *clínica* centrada nas necessidades, no interesse do animal, quer dizer, na interpretação daquilo que fazemos acerca dessa necessidade ou interesse. Neste sentido, embora ainda na ausência de um quadro legal, o veterinário tem agora, pela primeira vez, a oportunidade de tomar como sua principal preocupação a saúde do seu doente, isto é, de tomar como fio condutor da sua prática as necessidades do animal e, portanto, de agir em benefício deste. Em bom rigor, tem finalmente a oportunidade de ter um doente e de ser, enfim, um «clínico». Ainda que esta relação continue a ser mediada, já não por um «dono», mas por um «tutor», a verdade é que, quer um quer outro, estão agora mais ou menos focados no interesse de um animal concreto (do *Rocky*, da *Minnie*, etc.). Dito de outro modo, a relação entre as pessoas e os seus animais deixa de ser despótica e passa a ser uma relação paternalista, isto é, uma relação em que o «dono/tutor», à semelhança da relação entre um pai e os seus filhos (*pater*, em latim, significa justamente pai), age em benefício, já não de si mesmo, mas do animal.

Seria, porém, ingenuidade nossa pensar que o interesse exclusivo do animal passou a ter, neste contexto, um valor absoluto. Na prática, verifica-se uma ponderação, um confronto de interesses, uma clarificação das opções em jogo, uma reflexão conjunta sobre o caso concreto, uma gestão de expectativas e de vontades diversas, e chega-se então a um compromisso, a uma decisão, que já não é serva de princípios categóricos, porventura demasiado abstratos, mas que serve agora fundamentalmente os interesses do animal («Pobre coitado! Ele merece não sofrer. Por favor, senhora doutora, faça o que for preciso para que ele não sofra mais.»). Esta «nova» relação deixa, assim, de ter a profundidade de um pires e ganha a densidade de uma vida. Por sua vez, ela oferece ao veterinário novos desafios, técnicos e sobretudo éticos, ao mesmo tempo que lhe é exigida uma maior responsabilidade, pois, afinal, o animal é também de um membro da família humana que o veterinário tem de cuidar. Além disso, o veterinário começa a recentrar as suas preocupações clínicas mais no interesse e em benefício do animal e menos no interesse e em benefício do seu «dono/tutor», pese embora esse interesse e benefício não sejam evidentemente declarados pelo próprio animal, mas antes resultem de uma interpretação dos mesmos, com base na prova científica, na experiência clínica, etc.

A relação veterinário-animal-cliente apresenta, neste sentido, uma certa semelhança com a relação pediatra-criança-família. Trata-se, em ambos os casos, de uma relação centrada em «sujeitos» (criança e animal) que não são autónomos e que, por isso mesmo, se efectua à conta de uma «dupla tutela»[5], ou seja, por um lado, o profissional de saúde, de quem se espera

---

[5] A razão pela qual nos referimos a uma «dupla tutela» é que, na prática, aquilo que um profissional de saúde considera ser os interesses desses «sujeitos» pode não coincidir com a interpretação dos tutores, dando assim lugar àquilo que comummente se designa por «conflito de interesses».

que defenda os interesses dos «sujeitos», e, por outro, o tutor, de quem se espera também que defenda os interesses desses mesmos «sujeitos». Há, portanto, no caso do veterinário, uma clara complexificação relacional, pois o «interesse» do animal é, neste contexto, interpretado por dois pontos de vista não necessariamente coincidentes (o do veterinário, enquanto profissional, e o do «dono/tutor»). A realização desse interesse depende, portanto, do «encontro» desses dois pontos de vista. É esta a verdadeira orgânica desta nova relação clínica; aliás, um termo cujo sentido a língua inglesa expressa exemplarmente: *clinical encounter* (= encontro clínico). Porém, há ainda um terceiro elemento que, não estando presente nesta relação clínica, lhe estabelece, pelo menos virtualmente, os seus limites: trata-se, por um lado, do código deontológico do médico veterinário e, por outro, da lei que protege os animais. Contudo, a verdade é que, no caso concreto de uma relação clínica, quer o código deontológico quer a lei – tal como existem, sublinhe-se – são como o atrito e, portanto, desprezáveis.

Esta nova relação clínica aparece, assim, no contexto e em resultado de uma profunda transformação no modo como nos relacionamos com os nossos animais de companhia, não surgindo de repente, de um só fôlego. De facto, há uma continuidade, uma sobreposição, uma convivência entre os dois modos. Do ponto de vista do veterinário, o busílis reside justamente aqui, pois passa a ser confrontado diariamente com uma excessiva abundância de regimes relacionais que têm implicações directas na forma como exerce a sua profissão e, por conseguinte, no cumprimento do seu dever de agir em benefício dos seus doentes. Neste sentido, o veterinário é arrastado, cada vez mais, para situações problemáticas, mas também para um terreno de conflitualidades intensas e desgastantes («Mas, minha senhora, o *Júpiter* precisa deste tratamento, pois ele está com dores excruciantes! – Ah, senhor doutor, mas eu não quero. Não vale a pena. É muito caro. Afinal, ele é só um cão!»).

Impreparados, embora conscientes da sua impreparação, os veterinários tornam-se assim vulneráveis. Perante o dever de agir em benefício do animal, mas blindado pela vontade, transformada em direito, do «dono/tutor» desse animal («Senhora doutora, desculpe, mas a última palavra é minha. Quem manda no bicho sou eu.»), o veterinário vê-se na intricada situação de gerir emoções, expectativas, negligências, indiferenças, inclusive culpas, tendo sempre na mira o benefício de um animal concreto. Por vezes, num ambiente de grande conflitualidade, procura influenciar, clarificar, orientar, educar, consensualizar, comunicar e, por vezes, salvar. Outras vezes, procura que a decisão seja a melhor possível, embora isso possa significar que não seja a que trará o máximo benefício ao animal. O veterinário é agora exposto, também, ao sofrimento alheio, isto é, daquelas pessoas que sofrem, por exemplo, a doença ou a perda do seu animal, bem como das condições humanas e socioeconómicas em que muita gente vive actualmente e às quais o veterinário não é indiferente. Ora, a par com um clima laboral cada vez mais periclitante, dominado por uma mercantilização dos serviços, esta exposição a múltiplos factores, facilitados por uma nova relação clínica, resulta num significativo e progressivo desgaste físico e emocional do veterinário, tanto no domínio profissional como pessoal. O peso torna-se, por vezes, insuportável, contribuindo assim para a exaustão emocional, o *stress* moral, o *burnout*, as ideações suicidas, o suicídio, ou desencadeando até uma radical mudança de vida. De facto, não será por mero acaso que o risco de suicídio nos veterinários é duas vezes superior ao de outros profissionais, como médicos e enfermeiros, e quatro vezes superior ao da população em geral.

4. Ver através do espelho

Além das competências sociais dos animais de companhia mais tradicionais, como o cão ou o gato, que constituem uma vantagem evolutiva na resolução de problemas do seu quotidiano, o que sabemos hoje, em concreto, sobre a sua vida emocional? Serão eles capazes de sentir emoções, sejam elas primárias – como medo, surpresa, raiva, tristeza, curiosidade, ansiedade, afeição, entre outras – ou secundárias – como empatia, orgulho, culpa, inveja, luto ou vergonha?

Perante a ausência de dados empíricos, alguns investigadores têm vindo a adoptar uma estratégia complementar que passa por conhecer a percepção que o público em geral tem sobre os tipos de emoção que crêem que os animais são capazes de sentir. Por exemplo, em 2008, Paul Morris e seus colaboradores[6] inquiriram 907 proprietários de cães, gatos, cavalos, roedores e pássaros sobre os tipos de emoção que eles observaram nos seus animais, a partir de um repertório de emoções primárias e secundárias previamente estabelecido. Sem grande surpresa, as emoções primárias foram referidas com maior frequência e com um maior grau de confiança. Curiosamente, no domínio das emoções secundárias, os respondentes referiram a «inveja» em 59% dos animais, em média, variando entre 17% nos hámsteres e 81% nos cães. Por sua vez, a capacidade para fazerem luto devido à perda de um conspecífico foi identificada em apenas 39% dos animais, em média.

Num outro estudo, conduzido em 2013 por Nicky McGrath e seus colaboradores[7], procurou avaliar-se a capacidade específica dos animais para fazerem luto, tendo-se realizado um inquérito a 999 pessoas residentes na Austrália. Os resultados confirmaram o que já se sabia: o cão é novamente referido como o animal que tem uma maior capacidade para expressar

---

[6] Cf. Morris, Paul *et al.*, Secondary emotions in non-primate species? Behavioural reports and subjective claims by animal owners, *Cognition and Emotion* 22, 2008: pp. 3–20. doi: 10.1080/02699930701273716.

[7] Cf. McGrath, Nicky *et al.*, Public attitudes towards grief in animals, *Animal Welfare* 22, 2013: pp. 33–47. doi: 10.7120/09627286.22.1.033.

uma resposta emocional perante a perda de um conspecífico, seguido de chimpanzé, golfinho, elefante, gato, porco, vaca, etc. Em ambos os estudos, a espécie animal que surge sempre no topo, quer no que diz respeito às emoções primárias, quer às secundárias, é justamente o cão. Estes resultados, porém, quando analisados mais cautelosamente, estão enviesados. De facto, nos dois estudos ocorre uma prevalência de respondentes, superior a 95%, que têm um cão como animal de companhia, pelo que a sua percepção é afectada por essa condição. Vale a pena referir ainda que, segundo estes estudos, os homens são mais relutantes do que as mulheres em reconhecer, nos animais, emoções secundárias, tais como depressão, ansiedade, amor ou luto.

Finalmente, um aspecto importante tem que ver com uma diferença significativa entre o cão e o gato, sendo que neste são reconhecidas sobretudo emoções mais básicas, digamos assim, e naquele são reconhecidas emoções mais complexas. É, pois, provável que esta diferença esteja relacionada com o tipo de relação e a natureza específica da espécie, mas também com a história da domesticação de cada um. Seja como for, o que estes estudos mostram, ainda que com assinaláveis limitações, é que a nossa relação com os animais de companhia é singular e, por isso, especial, em todos os seus domínios, e que essa proximidade relacional acaba por introduzir um viés na avaliação que fazemos sobre a sua vida emocional, uma vez que há uma tendência para, consciente ou inconscientemente, antropomorfizarmos os animais que vivem connosco, que nos são familiares, que nos estão próximos. Este viés acaba por resultar numa sobrevalorização da vida emocional dos animais de companhia, em particular do cão, e numa subvalorização da vida emocional das restantes espécies.

É claro que este tipo de viés, além do confundimento que gera, acaba também por contaminar o sistema de atitudes dos veterinários na avaliação que fazem da competência, da capacidade e do estado emocional dos animais que tratam. Com efeito, algumas dessas atitudes acabam por se tornar implícitas, manifestando-se assim de um modo automático e inconsciente em qualquer circunstância. Em medicina, este sistema de atitudes particular pode ter efeitos perniciosos. Um dos aspectos mais estudados está relacionado com um possível enviesamento, em função da «raça», na relação que o médico estabelece com o seu doente, mas também no diagnóstico e no tratamento que prescreve[8].

Contudo, há certas atitudes implícitas e certos estereótipos que, perante o acumular de provas científicas, vão sendo purgados ao longo do tempo. É o caso, por exemplo, da analgesia em bebés. Até aos anos 60 do século passado, os bebés não eram medicados para a dor, em particular em contexto pós-operatório. Usavam-se relaxantes musculares (e para alguns procedimentos usava-se até a sacarose como analgésico), mas a convicção generalizada era a de que os bebés não dispunham ainda de um sistema nervoso central suficientemente desenvolvido para processar a dor e, por isso, pressupunha-se que seriam incapazes de a sentir. A este respeito, encontramos um paralelo na veterinária. Durante muito tempo, o corte de cauda, em determinadas raças de cães (*dobermann*, bóxer, *yorkshire*, etc.), era uma prática comum e o procedimento habitual não implicava a administração de nenhum anestésico e/ou analgésico, desde que o corte fosse feito durante os primeiros 15 dias de vida. O argumento era o de que os cachorros, à semelhança dos bebés, dispunham ainda de um sistema nervoso central imaturo e, por isso, não seriam capazes de sentir dor. E se, porventura, como era a regra, manifestassem todos os

---

[8] Cf., por exemplo, Green, Alexander R. *et al.*, Implicit bias among physicians and its prediction of thrombolysis decisions for black and white patients, *J Gen Intern Med* 22, 2007: pp. 1231–1238. doi: 10.1007/s11606-007-0258-5.

sinais típicos de dor, estes eram desvalorizados, pois considerava-se que não passavam de meras respostas reflexas. Tratava-se, é claro, em ambos os casos, de uma atitude mais baseada na convicção e menos na prova científica.

A este propósito, há alguns estudos, feitos em França[9], no Canadá[10], em Inglaterra[11] e na Nova Zelândia[12], que procuraram conhecer as atitudes dos veterinários em relação à dor e ao uso de drogas analgésicas em cães e gatos. Os resultados desses estudos são muito consistentes e mostram que, por um lado, os veterinários recorrem com frequência à analgesia, sobretudo quando se trata de procedimentos cirúrgicos muito agressivos, como é o caso das intervenções ortopédicas, mas também de condições que causam dor intensa (por exemplo, osteoartrite, trauma ou cancro ósseo), e, por outro lado, mostra que há uma parte significativa de veterinários que admite que os seus conhecimentos acerca do tratamento da dor são ainda inadequados. Dificuldades na avaliação da dor ou falta de conhecimento sobre o uso apropriado de analgésicos, passando pelo receio dos efeitos adversos, são algumas das razões apontadas. O recurso a drogas opióides, como a morfina ou o fentanil, é ainda pouco frequente, sobretudo devido à falta de conhecimento acerca do perfil farmacológico destas

[9] Cf. Hugonnard, Marine *et al.*, Attitudes and concerns of French veterinarians towards pain and analgesia in dogs and cats, *Veterinary Anaesthesia and Analgesia* 31, 2004: pp. 154–163. doi: 10.1111/j.1467-2987.2004.00175.x.

[10] Cf. Dohoo, Susan E. e Dohoo, Ian R., Factors influencing the postoperative use of analgesics in dogs and cats by Canadians veterinarians, *Can Vet J* 37, 1996: pp. 552–556.

[11] Cf. Capner, C. A. *et al.*, Current British veterinary attitudes to perioperative analgesia for dogs, *The Veterinary Record* 145, 1999: pp. 95–99. doi: 10.1136/vr.145.4.95.

[12] Cf. Williams, V. M. *et al.*, Current attitudes to, and use of, peri-operative analgesia in dogs and cats by veterinarians in New Zeland, *New Zeland Veterinary Journal* 53, 2005: pp. 193–202. doi: 10.1080/00480169.2005.36504.

drogas. No que diz respeito à avaliação da dor, importa referir que as mulheres atribuem pontuações mais elevadas na escala da dor do que os homens, e que os veterinários com mais anos de experiência tendem a atribuir pontuações mais baixas comparativamente aos veterinários com menos anos de experiência.

Um outro dado interessante é a tendência generalizada para se usarem analgésicos mais em cães e menos em gatos, o que resulta claramente de um viés na forma como os veterinários percepcionam e avaliam a dor diferentemente em função da espécie. Daqui resulta ser importante que os veterinários continuem a apostar numa formação contínua de actualização e de aperfeiçoamento, mas também mais baseada na prova científica e menos em convicções, opiniões ou preconceitos. É igualmente importante que a avaliação da dor se faça com recurso a escalas validadas e amplamente consensuais na comunidade científica internacional e que a sua aplicação seja feita de um modo o mais objectivo possível, sem interferências ou vieses de qualquer natureza, nomeadamente se o doente é cão ou gato, ou se o doente coopera ou não coopera, etc.

5. A dor torna-se clínica, enfim

A dor e o sofrimento são, sem dúvida, questões centrais na clínica dos animais de companhia; e são, antes de tudo, questões reais, isto é, que têm um interesse directo e prático para os animais, que lhes tocam na pele. Mas, será que, nesta matéria, se faz hoje algo de diferente do que se fazia, por exemplo, há 15 ou 20 anos? Por certo que, dispomos actualmente de um manancial de novas drogas, mais específicas, mais potentes, mais seguras, e dispomos de novos protocolos terapêuticos. Também dispomos hoje de técnicas e tecnologias mais sofisticadas que permitem avaliar melhor o grau de dor dos animais, com maior fiabilidade, de um modo mais rigoroso e mais científico. E dispomos ainda de uma geração de profissionais cada vez mais preocupada com os seus doentes, com aquilo que é o seu interesse exclusivo, e que por isso investe em mais e melhor formação, pelo que cada dia que passa contribui para que a medicina veterinária ganhe espessura e se afirme como uma medicina centrada nos seus doentes (*patient-centered medicine*). E temos de reconhecer, uma vez mais, que é a própria medicina veterinária que está em transformação, que está a deixar de ser um nome, só um nome, para passar a ser um acto de responsabilidade.

No campo da clínica, a dor, enquanto sinal vital, é investigada, medida, antecipada, avaliada, tratada. Porém, o conhecimento acerca da dor, em particular dos seus mecanismos e dos seus modos de expressão, é ainda incompleto e, na verdade, não há sequer um consenso sobre a sua definição. No caso dos animais, esta incompletude de conhecimento é acompanhada por uma grande dificuldade na sua avaliação clínica. Ainda assim, têm vindo a ser construídas escalas de avaliação dos diferentes tipos de dor que contemplam diversos parâmetros fisiológicos (por exemplo, frequência cardíaca, frequência respiratória) e comportamentais (expressão facial, postura corporal, vocalização, etc.), mas cuja aplicação está dependente de uma série de variáveis externas, algumas delas impossíveis de serem controladas, que interferem nessa avaliação (a temperatura ambiental, o ruído, a presença de outras espécies, a luminosidade, o sexo do animal, entre outras). Há, por certo, uma preocupação cada vez maior, por parte do veterinário, não apenas em avaliar a dor de modo rigoroso e com base em escalas validadas, no caso em que já existem, mas também em a antecipar preventivamente, sobretudo quando são executados procedimentos médicos ou cirúrgicos que a possam suscitar. Paralelamente, o esforço de compreensão e de investigação continua, bem como o debate, tanto técnico como ético, sobre os limiares de dor aceitáveis, recomendáveis ou desejáveis, as circunstâncias em que uma dor mínima pode ser considerada um benefício em vez de um malefício (por exemplo, no caso de animais sujeitos a procedimentos cirúrgicos em que uma ausência total de desconforto pode conduzir à automutilação), o equilíbrio crítico entre dose e segurança (este é um ponto sensível para o veterinário e a razão pela qual, em grande parte dos casos, se verifica uma analgesia insuficiente, dado o receio de a droga poder causar mais mal do que bem), a obstinação terapêutica, etc.

6. Trilogia do clínico: curar, paliar, eutanasiar

Na trama complexa do quotidiano da clínica, o veterinário é confrontado com casos clínicos, concretos, particulares. Cabe-lhe a tarefa difícil de, em primeira instância, examinar, ponderar, testar, medir, diagnosticar, confirmar, e, em segunda instância, dependendo do caso concreto, de curar, paliar ou eutanasiar. Idealmente, o tratamento curativo será sempre o grande objectivo. Porém, nos casos em que isso não é possível, nos casos em que a intenção de curar saiu frustrada, uma vez e outra vez ainda, a abordagem passa para uma outra dimensão, a das escolhas difíceis: tratamento paliativo ou eutanásia?

Será este, porventura, um dos dilemas mais comuns, ainda que dos mais corrosivos, e é interessante observar que, no contexto da clínica dos animais de companhia, há uma tendência para se decidir cada vez mais pelos cuidados paliativos e cada vez menos pela eutanásia. Ora, isto não significa que aquele que opta pela eutanásia esteja necessariamente menos preocupado com o sofrimento do animal do que aquele que opta pelos cuidados paliativos. De facto, estes tipos de decisão dependem de muitos factores, incluindo experiências pessoais prévias. Por exemplo, no caso daquelas pessoas que tiveram a experiência de acompanhar o fim de vida do seu animal, com uma perda progressiva da sua qualidade de vida, quando voltam a confrontar-se, mais tarde, com uma situação semelhante, a tendência é, então, para decidirem logo pela eutanásia, justamente porque querem evitar, por um lado, que o animal sofra, como o anterior sofreu, e, por outro, que elas próprias tenham de voltar a passar por aquele calvário.

Contudo, não podemos ignorar que há, de facto, uma tendência para os cuidados paliativos[13]. Em Inglaterra, por exemplo, são já comuns aquilo que se designa por «*veterinary hospice care*», isto é, lugares onde uma equipa multidisciplinar oferece um conjunto de cuidados centrados no conforto do animal moribundo, bem como da sua família, com vista a proporcionar ao animal um fim de vida *mais digno*, sem sofrimento, e proporcionar à família uma experiência de perda menos traumática. Nos Estados Unidos da América, há veterinários que se dedicam exclusivamente a prestar este tipo de serviço ao domicílio, tendo sempre como objectivo manter o conforto e a qualidade de vida dos animais com doença terminal até à sua morte natural ou até ao momento em que a família se decide pela eutanásia. Estranhamente, à medida que se exige, para os animais, menos eutanásia, observa-se uma situação inversa nas pessoas, isto é, reclama-se a possibilidade de se praticar a eutanásia, justamente com base no argumento de evitar a dor e o sofrimento. De facto, continuando com o

[13] Note-se que as primeiras normas de orientação clínica, nesta matéria, foram publicadas em 2001 pela American Veterinary Medical Association e, em 2009, viria a ser criada, nos Estados Unidos da América, a International Association for Animal Hospice and Palliative Care. Para quem tem interesse em ler mais sobre este assunto, sugerimos os seguintes artigos: Marocchino, Kathryn D., In the shadow of a rainbow: The history of animal hospice, *Vet Clin Small Anim* 41, 2011: pp. 477–498. doi: 10.1016/j.cvsm.2011.03.008; Shearer, Tamara S., Delivery systems of veterinary hospice and palliative care, *Vet Clin Small Anim* 41, 2011: pp. 499–505. doi: 10.1016/j.cvsm.2011.03.001.

exemplo anterior, perante um cancro maligno, há duas decisões possíveis: a eutanásia ou o tratamento paliativo. É difícil resumir a diversidade de motivações que estão na base desta decisão, em particular conhecer os tipos de valor que estão em causa (valor sentimental, valor afectivo, valor utilitário, valor monetário, etc.), mas podemos adivinhar que o processo de decisão é presidido pelo interesse de fazer o bem e, ao mesmo tempo, de não fazer o mal, isto é, de evitar sempre, seja em que circunstância for, o sofrimento do animal. É verdade que, por vezes, prevalecem razões mais egoístas, sobretudo se o tratamento implicar uma deformação estética («Não sou capaz de andar com ele na rua sem nariz, senhor doutor, as pessoas vão todas olhar para mim e pensar que sou uma *freak*»), ainda que sem implicações funcionais («Mas, minha senhora, ele continua a fazer a sua vida perfeitamente, consegue respirar bem, cheirar. Tem a certeza que quer optar pela eutanásia?»), mas também é verdade que há casos em que o tratamento paliativo tem como principal motivação o usufruto, a qualquer custo, da companhia daquele animal o maior tempo possível («Doutora, era o cão da minha mãe e ela deu-mo antes de morrer e pediu-me que nunca deixasse que nada de mal lhe acontecesse»), mesmo que isso implique sacrificar um pouco a sua qualidade de vida («Podemos tentar esse tratamento, mas isso vai causar-lhe muito desconforto e imensa dor, e ele está já muito fraco, não come, não se levanta. Tem a certeza que quer optar por mais este tratamento?»).

7. Em jeito de conclusão

Os tempos são de mudança. No domínio da clínica dos animais de companhia, talvez o que mais sobressai seja a construção de uma relação clínica. É esta, pois, na nossa opinião, a grande novidade destes tempos. Aliás, esta relação distingue-se por uma confluência de interesses que nem sempre coincidem, que nem sempre se conhecem (referimo-nos aqui, em concreto, aos interesses próprios do animal, que apenas conhecemos indirectamente), interesses esses que, por vezes, entram em conflito, que se esgrimem, que se discutem, mas apontados sempre no sentido de se produzir uma decisão clínica que seja prudente, que faça o bem, que não faça o mal, enfim, que seja justa.

Sublinhamos, assim, o carácter eminentemente prático destes interesses, aliás, da própria relação clínica. E se o sublinhamos é justamente para impor a necessária demarcação entre retórica e realidade, entre teoria e prática. Não é que as teorias não sejam necessárias (ainda que, segundo Jean Rostand, «as teorias passam, mas a rã fica»); mas é a prática – e a medicina é sempre uma experiência prática – que trata, que cura, que toca o doente. A este propósito, escreveu o filósofo e médico francês François Dagognet: «Há um abismo entre a doença tal como a imagino, enquanto filósofo, e a doença da qual me aproximei enquanto médico. A doença é a dor. Fiz então a constatação de que eu, enquanto filósofo, não tinha nenhuma ideia da infelicidade, da morte e do sofrimento»[14]. Quer isto dizer que é sempre de um ser concreto que se trata, porque é sempre um ser concreto que sofre. Neste sentido, enquanto clínico, o veterinário foca-se cada vez mais no ser concreto que se apresenta no seu consultório, na sua sala, na sua marquesa; um ser sobre o qual se produz uma anamnese concreta, uma história clínica igualmente concreta; um ser que o veterinário examina metodicamente, que toca, que ausculta, que avalia, que mede, que pesa, que pondera, e ao qual dedica, por breves momentos que seja, a sua total atenção e

---

[14] Cf. DAGOGNET, François, *Pour une philosophie de la maladie*, Paris, Éditions Textuel, 1996.

preocupação, sobre o qual pode ficar a remoer durante mais algum tempo, sobretudo em situações mais complicadas que exigem uma investigação ou a consulta de outros veterinários que possam trazer alguma luz àquele caso concreto. Os diferentes casos, ainda que subsumidos nessa designação técnica de «casos clínicos», conservam em si a sua concretude.

O «veterinário moderno», que é agora clínico, tem, pois, pela frente uma tarefa abissal. É preciso que ele «estenda os dedos para tocar as queimaduras no escuro», mas é preciso que o faça cuidadosamente, prudentemente, sem causar mais danos (*primum non nocere*), que o faça antecipando desde logo como resposta uma carga de dor e sofrimento, e também que o faça sem se queimar a si próprio (*burnout*). E talvez esta «nova» relação clínica, que está actualmente em construção no contexto veterinário, e que não tem precedentes, não seja mais, ou seja pouco mais, do que um sucedâneo do que surge matizado em outros contextos e que é a assunção de que o desafio do «veterinário moderno» é, sem dúvida e acima de tudo, um desafio ético.

Será preciso concluir aqui, mas o debate é interminável. Os tempos que vivemos hoje na nossa relação com os animais de companhia são tempos marcados, em toda a sua totalidade, por um profundo polimorfismo de sentidos, de experiências e de valorações. Não é, portanto, uma totalidade homogénea, pacífica, antes uma constelação em movimento, que chega de muitas maneiras ao brilho do aparecer, do ser, do compreender. Talvez esta dispersão diga respeito ao que há de mais fundamental nestes novos tempos. Perante esta «nova» condição do animal de companhia, perante esta «nova» medicina veterinária que surge como resposta ao futuro, que já não é igual ao que era antes, o que podemos nós fazer? O que devemos nós fazer? Na trajectória multifacetada de respostas possíveis, e impossíveis, talvez, antes de mais, podemos e devemos pensar. E depois, só depois, recomeçar.

Leituras recomendadas

KIMERA, Sharadhuli I. e MLANGWA, James E. D., «Veterinary Ethics» (pp. 1–12), *in* HAVE, H. (org.), *Encyclopedia of Global Bioethics*, Dordrecht, Springer International Publishing, 2015.

MULLAN, Siobhan e FAWCETT, Anne, *Veterinary Ethics: Navigating Tough Cases*, Sheffield, 5M Publishing, 2017.

ROLLIN, Bernard E., *An Introduction to Veterinary Medical Ethics: Theory and Cases*, 2.ª edição, Ames: Iowa, Wiley-Blackwell, 2006.

TANNENBAUM, Jerrold, *Veterinary Ethics*, Baltimore, William & Wilkins, 1989.

O activismo animalista: fundamentos éticos

Pedro Galvão

Universidade de Lisboa

Quem quer que esteja autenticamente envolvido no activismo animalista terá, sem dúvida, as convicções seguintes:

(1) Os animais têm interesses;
(2) Esses interesses são eticamente significativos;
(3) Em diversos domínios, tratamos os animais sem atender devidamente aos seus interesses, pelo que é preciso tomar medidas para alterar esta situação.

Estas convicções deixam espaço para divergências muito importantes dentro do movimento de defesa dos animais. Antes de mais, os activistas discordam a respeito dos interesses que os animais têm efectivamente. A primeira secção deste capítulo incide, pois, no problema de saber que interesses têm os animais.

Ainda que os animais tenham interesses, isso não significa que estes tenham importância moral – ou que tenham a importância moral que lhes é atribuída no activismo animalista. Na segunda secção, apresentam-se e discutem-se perspectivas éticas que, negando que os interesses dos animais sejam fonte de deveres ou obrigações consideráveis, colidem com as pretensões dos activistas.

De seguida, na terceira secção, examina-se a oposição entre as duas correntes principais do activismo animalista: uma delas baseia-se exclusivamente numa preocupação com o *bem-estar* dos animais; a outra, à partida mais radical, centra-se na perspectiva de que os animais têm *direitos morais* propriamente ditos.

1. Os interesses dos animais

Do que falamos quando falamos de interesses? Importa assinalar uma ambiguidade: a expressão «X tem um interesse em Y» pode querer dizer «X está interessado em Y», mas também pode ser entendida como «Y é do interesse de X». Assim, quando nos referimos aos interesses de um indivíduo, podemos ter em mente uma noção subjectiva de interesse, ou seja, podemos estar a pensar naquelas coisas em que esse indivíduo está interessado – naquilo que ele efectivamente prefere, deseja ou valoriza. Contudo, podemos estar a empregar antes uma noção objectiva de interesse, caso em que estaremos a pensar no que é realmente preferível, desejável ou bom para um indivíduo – e que poderá estar em conflito com as suas preferências, desejos ou convicções valorativas. Um exemplo simples será suficiente para ilustrar esta distinção: ainda que um certo fumador não esteja interessado em deixar de fumar, é de presumir que a cessação do vício seja do seu interesse.

Deixando de parte a noção subjectiva de interesse, concentremo-nos no problema de saber o que é do interesse dos animais. Se os animais, à semelhança das plantas e dos artefactos, não tivessem uma vida mental consciente, seria difícil reconhecer-lhes interesses. Contudo, a evidência científica tem confirmado inequivocamente algo que o senso comum não estranhará: os mamíferos e as aves, bem como os répteis, os peixes e outros animais, são seres sencientes. Têm experiências. Sentem dor e prazer. Mesmo os insectos poderão estar no domínio da senciência, ainda que seguramente não tenham uma vida mental cuja «riqueza» seja equiparável à dos mamíferos. Além de experiências, muitos animais têm estados mentais como memórias e crenças, intenções e desejos, expectativas e emoções. A sua vida consciente torna-os sujeitos de *bem-estar*, isto é, indivíduos com vidas que podem ser boas ou más, que podem correr melhor ou pior, *para si mesmos*. E afigura-se bastante evidente que, assim sendo, os animais têm um interesse no seu próprio bem-estar.

Dentro deste interesse geral, destaca-se, pela sua presumível importância prática, o interesse em não sofrer. Muitos animais são vulneráveis não só à dor passageira, mas também ao sofrimento propriamente dito, tanto físico como psicológico: estão sujeitos, por exemplo, à agonia, ao tédio e à angústia. É óbvio que, tanto para nós como para os animais, algum sofrimento é instrumentalmente bom, pois permite evitar males ou obter bens maiores. Contudo, intrinsecamente, o sofrimento é sempre um mal para quem sofre. Quem entenda que o sofrimento é intrinsecamente mau para os seres humanos, mas não para os animais, terá um grande mistério para explicar.

Será que, além de um interesse em não sofrer, os animais têm um interesse em continuar a viver? Suponha-se que um certo animal morre de uma forma inteiramente indolor. Poderá a morte, nessas circunstâncias, ter sido um mal para ele mesmo? Para examinar esta questão, podemos começar por tentar explicar, pensando nos seres humanos, o que torna a morte num mal (quando esta é um mal). O passo seguinte será descobrir o que a explicação oferecida implica quanto aos animais.

A respeito do mal da morte, alguns filósofos, como Peter Singer (2000a, 2000b), advogam uma ou outra versão da *perspectiva dos desejos*, que admite a formulação seguinte: a morte de um indivíduo é má para ele mesmo só se (e na medida em que) frustra o seu desejo de continuar a viver ou os seus planos de vida (que consistem, claro, em certos desejos orientados para o futuro).

Se a perspectiva dos desejos for correcta, poucos ou nenhuns animais terão um interesse em continuar a viver, pelo que matá-los de uma forma indolor não será infligir-lhes um mal. É que desejar continuar a viver (algo que ultrapassa um mero «instinto de sobrevivência») ou ter planos de vida implica uma forma robusta de consciência de si: quem deseja continuar a existir, ou tem planos de vida, tem de ser capaz de se conceber a si mesmo como alguém que existe ao longo do tempo e poderá existir no futuro. Talvez os grandes símios ou alguns cetáceos tenham esta consciência de si. No entanto, não parece razoável atribuí-la à generalidade dos animais.

Se aceitarmos a perspectiva dos desejos, poderemos afirmar que a morte não é um mal para os animais. Contudo, teremos de dizer o mesmo acerca dos bebés humanos, por exemplo: também eles não desejam ainda continuar a existir, nem têm planos para o seu próprio futuro. Matá-los, então, não seria infligir-lhes um mal.

Opondo-se à perspectiva dos desejos, a maior parte dos filósofos interessados no problema do mal da morte subscreve alguma versão da *perspectiva da privação*, que pode ser formulada nestes termos: a morte de um indivíduo é má para ele mesmo se (e na medida em que) o priva de uma vida futura globalmente boa. De acordo com esta perspectiva, o mal da morte não é intrínseco, mas comparativo: a morte é má por comparação com aquilo que exclui. Normalmente, a morte de um ser humano é má para ele mesmo, e isso porque, de um modo geral, a morte exclui um futuro que, ponderados os seus aspectos positivos e negativos, teria sido bom. Em alguns casos, claro, a morte será (comparativamente) boa: se o futuro que resta a um ser humano consiste em algumas semanas de agonia, por exemplo, então é de presumir que a continuação da vida não é do seu interesse.

À luz da perspectiva da privação, faz todo o sentido reconhecer a muitos animais um interesse em continuar a viver: quando a morte privará um animal de uma vida consciente futura que teria sido boa para ele mesmo, matá-lo, mesmo sem lhe causar nenhuma dor, será infligir-lhe um mal. Não importa que o animal seja incapaz de conceber o seu futuro e, assim, de se aperceber da privação que a morte lhe irá impor.

Quem subscreva a perspectiva da privação, no entanto, poderá alegar que, normalmente, a morte de um ser humano é muito pior do que a morte de um animal. Isto significa que, normalmente, os seres humanos têm um interesse em continuar a viver muito mais forte do que o dos animais. Consideremos duas das razões para pensar assim.

Uma delas é bastante óbvia: de um modo geral, os animais têm vidas mais curtas, pelo que a morte os priva de menos. A um cão de treze anos, por exemplo, a morte tirará apenas alguns anos adicionais de vida futura, ao passo que, a uma criança da mesma idade, poderá facilmente impor uma privação de um futuro constituído por muitas décadas de vida valiosa.

A segunda razão respeita à qualidade do bem-estar perdido. Arguivelmente, certos ingredientes do bem-estar humano – por exemplo, o prazer estético, o conhecimento, a virtude moral, o exercício da autonomia – são especialmente valiosos e não estão presentes, ou estão presentes num grau muito inferior, nas vidas dos animais. Assim sendo, a privação que a morte impõe aos animais tenderá a ser muito menos grave[1].

---

[1] Os seres humanos têm vidas psicológicas mais unificadas ao longo do

Julgar que, normalmente, as vidas dos seres humanos importam muito mais do que as vidas dos animais torna justificável, por exemplo, salvar uma criança em vez de um cão quando é impossível salvar ambos. Todavia, isso não significa que o interesse dos animais em continuar a viver seja insignificante, suplantável por interesses triviais dos seres humanos, como o de saborear carne.

Presume-se por vezes que, além dos interesses indicados, os animais têm um interesse na liberdade. Se assim for, manter um animal confinado, mesmo em condições que salvaguardem o seu bem-estar, será infligir-lhe um mal. Será isto verdade? Que os seres humanos tenham normalmente um interesse muito forte na liberdade não é muito misterioso: a liberdade tem um valor inestimável para o exercício da autonomia, para a concepção e execução de planos de vida. O fundamento para reconhecer aos animais um interesse na liberdade, a existir, terá de ser outro.

2. Éticas adversas ao activismo animalista

De acordo com a posição que podemos designar por *antropocentrismo radical*, os interesses dos animais nada importam moralmente, não temos obrigações *para com* os animais e todos os deveres a respeito dos animais deixam-se reduzir completamente a obrigações para com seres humanos.

Aqueles que advogam esta posição tendem a condenar a crueldade para com os animais. No entanto, a sua condenação baseia-se em interesses humanos: não devemos tratar os animais cruelmente apenas porque isso degrada o nosso carácter

---

tempo. Segundo Jeff McMahan (2002, 2010), esta é outra razão para considerarmos que o nosso interesse em continuar a viver é superior ao dos animais.

ou fomenta disposições para agir que são socialmente perigosas. Além do mais, entende-se aqui a crueldade de uma forma muito estrita, considerando-se que esta só ocorre quando o agente causa sofrimento com a *intenção* de fazer sofrer. A esta luz, o sofrimento dos animais criados intensivamente para fornecer produtos alimentares, por exemplo, não costuma envolver crueldade, visto que quem trabalha na criação intensiva geralmente não é movido pelo sadismo.

Na ética filosófica actual, embora o antropocentrismo radical seja uma posição minoritária, não deixa de ter defensores perspicazes. Podemos encontrá-los sobretudo na corrente contratualista. De acordo com o contratualismo moral, a ética baseia-se num *acordo* – não num acordo real, mas num acordo hipotético ou ideal, estabelecido entre agentes que satisfazem certos padrões de racionalidade. Os princípios morais válidos, dizem os contratualistas, são aqueles que seriam acordados entre agentes racionais empenhados em definir os termos da sua interacção social. Esses princípios são válidos ou correctos precisamente *porque* seriam acordados.

Há muitas maneiras possíveis de caracterizar a situação contratual, não sendo por isso surpreendente que a literatura filosófica ofereça versões significativamente diferentes de contratualismo. Adoptando uma linha hobbesiana, alguns contratualistas apresentam as partes contratantes como agentes que têm uma motivação fundamentalmente egoísta. Estes agentes sabem que, caso cada indivíduo se limite a procurar satisfazer as suas preferências sem nenhum tipo de consideração pelas preferências dos outros, todos ficarão a perder, pelo que concordarão seguir normas que se revelem mutuamente vantajosas. Aceitarão assim, por exemplo, uma proibição de matar. Esta proibição limitará o que cada agente poderá fazer de modo a satisfazer as suas preferências, mas esse custo será amplamente compensado pelos benefícios de viver numa sociedade em que os outros estejam inibidos de matar quem lhes seja inconveniente.

Se, como alega o contratualista hobbesiano, a ética se justifica apenas como uma espécie de negócio mutuamente vantajoso para as partes envolvidas, afigura-se bastante óbvio que não temos obrigações para com os animais. Os animais não têm a capacidade de participar num acordo geral acerca de normas de conduta, pelo que ficam excluídos do contrato ético. E, como salienta Jan Narveson (2010), que defende esta perspectiva, não precisamos de lhes reconhecer importância moral para obter deles os bens que desejamos. Nada teremos a ganhar, e teremos bastante a perder, se adoptarmos restrições à nossa conduta para seu benefício.

Embora este género de contratualismo implique a desconsideração dos interesses dos animais, há boas razões para o rejeitarmos. Por exemplo, do mesmo modo que exclui os animais da ética, inviabiliza o reconhecimento de deveres para com os seres humanos das gerações vindouras. Pois aqueles que viverão dentro de duzentos anos, digamos, nada poderão dar-nos em troca caso adoptemos restrições à nossa conduta para seu benefício.

Noutras versões de contratualismo, entre as quais se destaca a de T. M. Scanlon (1998), as partes contratantes não estão motivadas unicamente pelo interesse pessoal: concebe-se o contrato ético como um acordo em que os agentes visam acima de tudo encontrar princípios que sejam justificáveis perante os outros, de tal forma que ninguém os possa rejeitar razoavelmente. Peter Carruthers (1992, 2011) argumenta que esta perspectiva, à semelhança da hobbesiana, justifica um antropocentrismo radical. No entanto, não é óbvio que assim seja. Pode argumentar-se que, entre as partes contratantes, deveremos incluir representantes dos animais, que zelem pelos seus interesses. Ou pode alegar-se que, sendo o sofrimento objectivamente um mal, as partes contratantes poderão rejeitar razoavelmente princípios que permitam a inflicção de sofrimento desnecessário aos animais.

Examinemos agora uma posição ética que nada tem de antropocêntrica, mas que é igualmente incompatível com o activismo animalista: o *ambientalismo radical*, como podemos chamar-lhe. Uma das melhores expressões desta perspectiva é a ética da terra, tal como J. Baird CALLICOTT (2010a) a propôs inicialmente. O princípio moral *supremo*, segundo esta ética, é o de que devemos promover a integridade, estabilidade e beleza dos ecossistemas.

A ética da terra tem um carácter radicalmente *holista* – ou, o que é o mesmo, anti-individualista. Diz-nos que os seres vivos, considerados individualmente, têm importância moral apenas enquanto componentes de um todo, que é o ecossistema. Cada planta e cada animal, portanto, tem valor apenas na medida em que contribui para a integridade, estabilidade e beleza do ecossistema. Um corolário desta perspectiva é que alguns animais não têm nenhum valor ou são mesmo desvaliosos. Os animais de espécies introduzidas por seres humanos num dado ecossistema, por exemplo, deverão ser eliminados se afectarem adversamente as qualidades desejáveis desse ecossistema. Que a sua eliminação seja contrária aos seus interesses, nada importa moralmente.

Será plausível este ambientalismo radical? Está longe de ser óbvio que *todo* o valor intrínseco resida fundamentalmente em entidades como ecossistemas e que o bem-estar dos animais, por si mesmo, seja insignificante. Além disso, as perspectivas deste género têm implicações profundamente misantrópicas: se a exigência ética fundamental fosse a de promover a estabilidade, integridade e beleza dos ecossistemas, deveríamos empenhar-nos no extermínio dos seres humanos, pois a nossa espécie constitui seguramente a maior ameaça ambiental em curso.

Tendo-se apercebido das verdadeiras implicações da sua perspectiva, o próprio CALLICOTT (2010b) acabou por enveredar por um ambientalismo moderado. Embora não tenha abdicado do princípio distintivo da ética da terra, deixou de o ver como um princípio absoluto, acima de todos os outros, passando assim a reconhecer princípios adicionais que salvaguardam os interesses tanto dos seres humanos como dos animais.

Um ambientalismo moderado não é incompatível com o activismo animalista. No entanto, sempre que os interesses dos animais, considerados individualmente, entrem em conflito com a preservação da biodiversidade ou dos ecossistemas, é de esperar que, no plano do activismo, haja desacordo entre ambientalistas e animalistas. Muitos destes últimos, aliás, não reconhecerão nenhum valor *intrínseco* à biodiversidade ou aos ecossistemas. Defenderão antes que tudo o que há de intrinsecamente bom reside em sujeitos de bem-estar – isto é, em indivíduos com uma vida consciente, que pode correr melhor ou pior para eles mesmos.

3. Bem-estar animal e direitos dos animais

Uma das clivagens mais importantes na ética filosófica é aquela que separa *consequencialistas* de *deontologistas*. Os primeiros alegam que agir de uma forma moralmente correcta é *apenas* uma questão de fazer aquilo que, de um ponto de vista abrangente e imparcial, resultará nas melhores consequências, isto é, no estado de coisas com maior valor intrínseco[2]. Em suma, o nosso dever fundamental é simplesmente o de maximizar o bem.

---

[2] Em rigor, só os consequencialistas de actos pensam assim. Os consequencialistas de regras, por exemplo, defendem antes que devemos agir segundo as regras ou princípios cuja aceitação geral resultaria nas melhores consequências.

Os deontologistas discordam. Em seu entender, a maximização do bem está sujeita a limites morais muito importantes. Entre esses limites, sobressaem, na perspectiva deontológica, aqueles que consistem em direitos morais negativos – que são, *grosso modo,* direitos a *não* sofrer certas formas de interferência. Se um indivíduo tem direitos deste género, há certas coisas que, moralmente, não podemos fazer-lhe, ainda que fazer-lhas resultasse em consequências globalmente melhores. Por exemplo, se uma pessoa inocente tem o direito moral à vida, então será inaceitável matá-la intencionalmente, sem o seu consentimento, ainda que isso seja necessário para salvar cinco pessoas.

Dentro do movimento de defesa dos animais, encontramos, em certa medida, esta oposição entre consequencialismo e deontologia. A corrente do *bem-estar animal* não está comprometida com a existência de direitos morais, concebidos deontologicamente: mesmo que os seres humanos (ou alguns seres humanos) tenham direitos, os animais não os têm. Aos animais, devemos somente uma consideração adequada pelos seus interesses – o que implica, antes de mais, opormo-nos a práticas que envolvam infligir-lhes sofrimento desnecessário. Na corrente dos *direitos dos animais,* decididamente deontológica, entende-se que os animais têm certos direitos negativos e que a nossa prioridade, enquanto agentes morais, deverá ser respeitar esses direitos. Dar um certo peso aos interesses dos animais, ou mesmo ponderar esses interesses da forma mais imparcial, pura e simplesmente não basta.

O uso de animais na investigação científica oferece-nos um bom exemplo da oposição entre estas correntes. De quem se situe na corrente do bem-estar animal, podemos prever uma posição crítica a respeito desta prática: o uso de animais na investigação deverá ser reduzido, bem como reformado de forma a minimizar a dor infligida. Suponha-se, no entanto, que alguns tipos de experimentação animal se afiguram necessários para obter grandes benefícios – uma suposição que é especialmente credível no domínio da biomedicina. O que fazer nesse caso? Segundo a perspectiva do bem-estar animal, poderá muito bem justificar-se realizar as experiências em causa. De um defensor dos direitos dos animais, é de esperar um juízo diverso: em virtude desses direitos, os animais não podem ser sacrificados para assim se alcançar um maior bem. Fazê-lo seria injusto.

Como este exemplo deixa entrever, a corrente do bem-estar animal é *tendencialmente* mais moderada do que a dos direitos dos animais. A respeito de diversas práticas em que os interesses dos animais são seriamente desconsiderados, um activista da primeira corrente bater-se-á por *reformas* apropriadas, ao passo que o defensor dos direitos dos animais julgará que essas práticas devem ser *abolidas*.

Dentro de cada uma destas correntes, no entanto, há espaço para divergências éticas consideráveis, pelo que, por vezes, quem esteja no campo do bem-estar animal poderá advogar consistentemente mudanças mais radicais do que as exigidas por alguns dos que se revêm numa perspectiva dos direitos dos animais. A título de exemplo, considere-se a prática do «carnivorismo benigno», para usar a expressão de Jeff McMahan (2010). Nesta prática, os animais criados para proporcionar certos produtos alimentares (dos quais não precisamos realmente) são mortos de uma forma indolor, vivem em condições aprazíveis e têm vidas bastante longas. Será esta prática eticamente defensável? McMahan, embora negue que os animais tenham direitos, argumenta que não, pois entende que esta não atende devidamente ao interesse dos animais em continuar a viver. Ora, um defensor dos direitos dos animais que não reconheça esse interesse – e que, por essa razão, não inclua o direito à vida entre os direitos dos animais – poderá sustentar que o carnivorismo benigno é aceitável.

Na corrente do bem-estar animal, uma das perspectivas éticas mais influentes é o utilitarismo. Os utilitaristas, como Peter

SINGER (2000a, 2000b), são aqueles consequencialistas que identificam o bem a maximizar simplesmente com o bem-estar agregado. A seu ver, portanto, o nosso dever moral mais básico é o de promover tanto quanto possível, e com toda a imparcialidade, o bem-estar daqueles que serão afectados pelas nossas escolhas, *seja qual for a sua espécie*. Segundo o utilitarismo, o sofrimento de um animal merece tanta consideração como o sofrimento análogo de um ser humano – e o dever de evitar o sofrimento será, à partida, tão forte no primeiro caso como no segundo.

A posição do bem-estar animal, no entanto, pode basear-se em perspectivas éticas significativamente diferentes do utilitarismo e, de uma forma ou de outra, mais próximas do antropocentrismo. Alguns filósofos, como MCMAHAN (2002), argumentam que, embora os interesses dos animais sejam importantes, só os seres humanos têm direitos morais propriamente ditos. E Shelly KAGAN (2016), por exemplo, sugere que os interesses dos seres humanos têm mais importância moral do que os interesses similares dos animais – e isto porque os seres humanos são pessoas (isto é, seres racionais, conscientes de si), têm a potencialidade para se tornar pessoas ou, no mínimo, poderiam ter sido pessoas. Assim sendo, infligir uma certa dor a um animal será, à partida, menos grave do que infligir uma dor similar a um ser humano. Ao avaliar imparcialmente o mal da dor, então, temos de atender não só à natureza da dor em questão, mas também à natureza do sujeito que a sente, reconhecendo que aqueles sujeitos que são pessoas, pessoas em potência ou simplesmente pessoas possíveis têm um estatuto moral mais elevado do que aqueles indivíduos que não estão em nenhuma destas categorias.

Na corrente dos direitos dos animais, muitas das divergências éticas deixam-se perceber a partir de duas questões. Que direitos, afinal, têm os animais? E que animais têm esses direitos?

Neste campo, a perspectiva ética mais influente é, sem dúvida, a de Tom Regan (1983). Um conceito central na sua teoria é o de *sujeito-de-uma-vida*. Para contar como um sujeito-de-uma-vida, um indivíduo, além de ser senciente, tem de ter uma vida psicológica razoavelmente unificada ao longo do tempo – uma vida constituída por estados mentais como memórias, desejos, preferências e intenções. No entanto, um sujeito-de-uma-vida não tem de ser um agente moral, não precisa de ter o tipo de racionalidade necessária para avaliar razões para agir ou para participar num contrato ético. A classe dos sujeitos-de-uma-vida, portanto, é mais restrita do que a dos seres sencientes, mas mais ampla do que a dos agentes racionais, na medida em que inclui, pelo menos, a generalidade dos mamíferos e das aves.

Segundo Regan, todos os sujeitos-de-uma-vida têm o mesmo *valor inerente* – um tipo especial de valor, distinto do da qualidade da sua vida – e, em virtude desse facto, têm o direito moral fundamental a um tratamento respeitoso. Deste direito, defende Regan, decorrem direitos negativos mais específicos: o direito à integridade física e psicológica (que inclui o direito a não sofrer), o direito à vida e o direito à liberdade. Estes direitos salvaguardam os interesses mais importantes dos sujeitos-de-uma-vida e, sugere-nos Regan, jamais podem ser violados simplesmente para se alcançar um maior bem global.

O que dizer daqueles animais que, embora sejam sencientes, não têm as capacidades mentais próprias dos sujeitos-de-uma-vida? Terão também direitos morais? Regan não se compromete com uma resposta para esta questão. Gary L. Francione (2000, 2010), pelo contrário, defende a perspectiva mais radical de que *todos* os seres sencientes têm o mesmo direito fundamental a não serem tratados como propriedade – o que implica, por exemplo, que todos os seres sencientes têm um direito igualmente forte à vida.

Não é fácil decidir entre as diversas perspectivas éticas que apoiam o activismo animalista. O utilitarismo – e, de um modo mais geral, o consequencialismo – parece inaceitável a muitos em virtude de não admitir direitos morais. Num enquadramento deontológico, no entanto, nenhuma posição está isenta de dificuldades. Por um lado, a perspectiva de que só os seres humanos têm direitos (embora os interesses dos animais sejam importantes) carece de uma justificação apropriada[3]. Por outro lado, a perspectiva de que os animais também têm direitos, ainda que superficialmente menos arbitrária, tem implicações práticas tão radicais, que poucos estarão dispostos a aceitá-las.

Mesmo quando estão de acordo tanto na sua posição ética de base como quanto ao que vai mal na forma como tratamos os animais, os activistas podem discordar a respeito da natureza das medidas apropriadas para os proteger. Gary Francione tem sido uma voz peculiarmente crítica da actuação da generalidade das organizações de defesa dos animais. À luz da sua teoria ética, abolir *todas* as práticas que envolvem usar animais é nada menos do que uma exigência ética. Este ideal abolicionista, no entanto, afigura-se extremamente difícil de concretizar, para dizer o mínimo, pelo que quem o subscreva poderá entender que, na prática, há que adoptar uma estratégia reformista – isto é, há que lutar pela introdução de reformas que, gradualmente, melhorem a situação dos animais. Dentro desta estratégia, fará todo o sentido, por exemplo, advogar medidas que reduzam o sofrimento dos animais criados para a alimentação.

Francione rejeita a estratégia reformista, pois entende que esta se tem revelado ineficaz e que, perversamente, contribui para que as pessoas se sintam confortáveis com certas formas

---

[3] Para uma tentativa de justificação, veja-se P. Galvão (2016), «Rule-Consequentialism and the Significance of Species».

de exploração dos animais. Qual é a alternativa, então? Para Francione, os activistas deverão empenhar-se essencialmente na educação para o veganismo, isto é, para a adopção de um modo de vida caracterizado pela abstenção do uso de quaisquer produtos de origem animal – e por isso livre de toda a exploração dos animais. A justificação ética e a eficácia desta estratégia são objecto de controvérsia. O debate de Robert Garner com Francione (2010) é, a este respeito, muito elucidativo.

Leituras recomendadas

Carruthers, Peter, *The Animals Issue*, Cambridge, Cambridge University Press, 1992.

Carruthers, Peter, «Against the Moral Standing of Animals», *in* Morris, C. (org.), *Practical Ethics: Questions of Life and Death*, Oxford, Oxford University Press, 2011, pp. 274–283.

Callicott, J. Baird, «Uma Questão Triangular», *in* Galvão, Pedro (ed.), *Os Animais Têm Direitos?*, Lisboa, Dinalivro, 2010a, pp. 121–176.

Callicott, J. Baird, «Libertação dos Animais e Ética Ambiental: Novamente Juntas», in Galvão, Pedro (ed.), *Os Animais Têm Direitos?*, Lisboa, Dinalivro, 2010b, pp. 201–218.

Francione, Gary L., *Introduction to Animal Rights: Your Child or the Dog?* Filadélfia, Temple University Press, 2000.

Francione, Gary L. e Garner, Robert, *The Animal Rights Debate: Abolition or Regulation?*, Nova Iorque, Columbia University Press, 2010.

Galvão, Pedro, Rule-Consequentialism and the Significance of Species, *Utilitas* 28, 2016, pp. 396–414.

Kagan, Shelly, What's Wrong with Speciesism?, *Journal of Applied Philosophy* 33, 2016, pp. 1–21.

McMahan, Jeff, *The Ethics of Killing: Problems at the Margins of Life*, Oxford, Oxford University Press, 2002.

McMahan, Jeff, «Comer Animais com Amabilidade», *in* Galvão, Pedro (ed.), *Os Animais Têm Direitos?*, Lisboa, Dinalivro, 2010, pp. 219–238.

Narveson, Jan, «Moralidade e Animais», *in* Galvão, Pedro (ed.), *Os Animais Têm Direitos?*, Lisboa, Dinalivro, 2010, pp. 83–96.

Regan, Tom, *The Case for Animal Rights*, 2.ª ed., Berkeley e Los Angeles, University of California Press, 1983.

Scanlon, T. M., *What We Owe to Each Other*, Cambridge: MA, Harvard University Press, 1998.

Singer, Peter, Ética Prática, 2.ª ed., Lisboa, Gradiva, 2000a.

Singer, Peter, *Libertação Animal*, Coimbra, Via Optima, 2000b.